Paul Wietzorek

DIE SCHÖNSTEN BURGEN IN DEUTSCHLAND

MICHAEL IMHOF VERLAG

Titelbild: Burg Hohenzollern (Foto: Sven Scharr)
Umschlagrückseite: Wartburg bei Eisenach

Vorsatz: Stadt Freyburg an der Unstrut mit der Neuenburg (Sachsen-Anhalt)
Seite 4: Luftaufnahme der Burg Münzenberg (Hessen)

Nachsatz: Burg Burghausen (Bayern)

Bildnachweis:
Soweit nicht anders angegeben, stammen die Fotos von Michael Imhof.
Die mit Fotografennamen bezeichneten Bilder stammen zumeist aus dem „Creative Commons Attribution-Share Alike 3.0 Unported".

Michael Imhof Verlag GmbH & Co. KG
Stettiner Straße 25 | D-36100 Petersberg
Tel. 0661/2919166-0 | Fax 0661/2919166-9
info@imhof-verlag.de | www.imhof-verlag.de

Reproduktion und Gestaltung: Michael Imhof Verlag
Druck: Dardedze Hologrāfija, Riga

Printed in EU
ISBN 978-3-7319-0278-2

Blick vom Dürerhaus über den Tiergärtnerplatz zur Nürnberger Burg

INHALT

KD Köln-Düsseldorfer

EINLEITUNG

Burgen sind hoch bedeutende und nachhaltig wirkende Bestandteile der Kulturlandschaft. Die ursprünglich als bewohnbare Wehrbauten errichteten Anlagen sind unverzichtbare Zeugnisse der Vergangenheit, die seit dem frühen Mittelalter die Geschicke der Menschen auf unterschiedliche Weise mitbestimmt haben, und zwar des Adels wie der sonstigen Bevölkerung. Burgen dokumentieren historische, politische, gesellschaftliche, wirtschaftliche, kulturelle, militärische, waffentechnische, rechtliche und andere Entwicklungen. Sie sind Zeugnisse unterschiedlicher Familiengeschichten, Herrschaftsstrukturen, Abhängigkeitsverhältnisse und Standesunterschiede. Sie waren Stätten der Herrschaftsausübung und der Herrschaftssicherung. Ihre Entstehung war von sehr unterschiedlichen historischen Voraussetzungen bestimmt. Diese vielgestaltigen Verknüpfungen machen Burgen bis heute zu attraktiven und faszinierenden Objekten, wie auch immer sie die Zeiten überstanden haben, ob als Ruine, Museum, Wohnsitz, Hotel, Jugendherberge, Amtsgebäude oder Sitz von Institutionen. Sie sind nicht nur stattliche Gemäuer von architekturgeschichtlicher Bedeutung. Sie bewahren gleichsam Geschichte und erzählen Geschichten und laden zu persönlichem Erleben ein. Man kann geheimnisvollen, ergreifenden, erschütternden, unterhaltsamen Sagen und Legenden und Überlieferungen nachspüren oder selbst in den alten Mauern Quartier beziehen.

Sprachgeschichtlich hat man den Begriff „Burg“ als Ablaut zum Wort „Berg“ gedeutet und damit eine wohl befestigte Höhe bezeichnet, auf der die Menschen geborgen waren. Die Germanen haben aber nicht nur solche Fliehburgen, sondern auch römische Kastelle als Burg bezeichnet (Regensburg, Augsburg, Saalburg). Die seit der Karolingerzeit bekannten festen Herrenhöfe werden dann zum Begriff „Ritterburg“ geführt haben, aus denen sich wiederholt mittelalterliche Städte entwickelten (Würzburg, Nürnberg). Burg konnte daher im Mittelalter auch Stadt bedeuten, was durch die Bezeichnung ihrer Einwohner als Bürger unterstützt wird.

Hinsichtlich der Typologie, der Stilistik, der topografischen Lage und der Nutzung oder Funktion der Burganlagen gibt es eine außerordentliche Bandbreite, die von frühen Fliehburgen bis zu späteren repräsentativen Herrensitzen reicht. Man kann unterscheiden zwischen Höhen- und Wasserburgen, Fliehburgen, Talburgen, Inselburgen, Felsenburgen, Abschnittsburgen, Ganerbenburgen, Niederungsburgen, Zwingburgen, Trutzburgen, Höhlenburgen, Ringburgen, Turmburgen, Turmhügelburgen, Zollburgen, Gipfelburgen, Kammburgen, Hangburgen, Spornburgen, festen Häusern, Hofburgen, Landesburgen oder auch Festungen.

Dabei ist Burg natürlich nicht gleich Burg. Diese einzigartigen Kulturdenkmäler, diese steinernen Zeugen einer fernen Vergangenheit dokumentieren sehr unterschiedliche Gründe ihres Entstehens, ihrer Verwandlungen, ihrer wechselnden Aufgaben. Sie sind

Blick über den Rhein auf Oberwesel mit der Schönburg im Hintergrund

Teil der sie umgebenden Landschaft und haben sehr verschiedenartige Schicksale überstanden: durch Belagerungen, Eroberungen, Zerstörungen, Erdbeben, Brände, Erweiterungen, durch ihre Nutzung als Repräsentativbauten, durch den Verfall nach ihrer Aufgabe wegen des Funktionsverlustes, durch Restaurierungen und Wiederaufbau.

Mit der Geschichte der Burgen verbindet sich natürlich engstens auch das Geschick ihrer Bewohner, der Ritter wie der Raubritter, der Grafen und Fürsten, aber auch des Gesindes, der Dienstmannen, Baumeister, Künstler, Handwerker und Bauern. Es geht um das alltägliche Leben auf einer Burg wie um festliche oder kriegerische Anlässe, um die Wohnkultur im Wandel der Jahrhunderte, um Traditionen, Bildung und Kulturaustausch, um Heirats- und Machtpolitik, um grundherrschaftliche Organisationsformen usw.

Ihrer Funktion nach kann man mittelalterliche Burgen als Adelsburgen, Landes- und Reichsburgen, Ordens- oder Klosterburgen, Stadtburgen oder Kirchenburgen (Wehrkirchen) unterscheiden. Sie spielten vor allem seit dem frühen Mittelalter eine große Rolle, etwa seit König Heinrich I. (919–936), der zum Schutz der Ostgrenze des Deutschen Reiches gegen die Einfälle der Ungarn eine ausgesprochene Burgenpolitik betrieb.

Als Blütezeit des Burgenbaus in Deutschland gelten das Hoch- und das Spätmittelalter; der Großteil der erhaltenen Bauten stammt aus dieser Zeit. Da es damals eine allenfalls schwach ausgeprägte Infrastruktur gab, zählte der Burgenbau zu einem der wichtigsten Machtinstrumente und daher auch zu den Königsrechten, den Regalien. Allerdings nahmen im späteren Mittelalter in Deutschland die Territorialfürsten dieses Recht wahr. Die zu einer Burgherrschaft gehörende Bevölkerung war zu Frondiensten verpflichtet, also vor allem zum Wehrdienst, zu Bauarbeiten und wirtschaftlichen Tätigkeiten.

Im Gebiet des deutschen Sprachraums, so schätzt man, soll es mehr als 40 000 mittelalterliche Burgen gegeben haben, von denen auf Deutschland selbst um die 25 000 entfallen sein sollen. Man findet allerdings in der Literatur auch deutlich niedrigere Schätzungen, die bis auf immer noch stolze 10 000 Objekte verweisen. Diese Zahlen sind nicht zuletzt auf die Entwicklung des mittelalterlichen Lehnswesens zurückzuführen, auf die Ausweitung des „Dienstadels". Eine große Rolle spielte außerdem die Zersplitterung des Landes in eine Unzahl von kleinen, kleineren und kleinsten Herrschaften. Die Zahl der erhaltenen Burganlagen ist natürlich wesentlich geringer. Dafür haben das Verlassen der Anlagen, Abbrüche, der Bauernkrieg, der Dreißigjährige Krieg, französische Truppen vor allem im Pfälzischen Erbfolgekrieg, Brände, Erdbeben und andere Gründe gesorgt. Mindestens seit dem 16. Jahrhundert verloren die Burgen außerdem ihre Wehrfunktion durch die immer wirksamer werdenden Feuerwaffen, weshalb Burgen aufgegeben oder auch zu Schlössern umgestaltet oder mit moderneren Befestigungswerken versehen wurden, die bis zum ausgesprochenen Festungsbau führten.

Das Erscheinungsbild der Burgen und ihrer Befestigungsanlagen hing entscheidend von ihrer Lage ab. In gebirgigen Regionen konnte man die topografischen Gegebenheiten nutzen, im Flachland waren meist künstlich geschaffene Wassergräben zum Schutz zu erstellen, deren Aushub man als Baumaterial für die höher liegenden Mauern und Gebäude nutzen konnte. Das wichtigste bauliche Element war in der Regel ein fester Turm, der Bergfried, der als Statussymbol diente, aber auch als Wohnturm, Rückzugsort, Vorratsraum und Gefängnis genutzt werden konnte. Je nach Größe und Bedeutung einer Burg entstanden weitere Türme, Ring-, Mantel- und Schildmauern, Gräben, Wälle und Zwinger. Wohn- und Wirtschaftsgebäude umgaben den meist engen Burghof, darunter insbesondere der Palas und die Kemenate. Weitere Nutzbauten befanden sich im Bereich der Vorburg: Werkstätten, Lagerräume, Stallungen, das Backhaus. Eine besondere Rolle spielte die Wasserversorgung einer Burg, die man durch Zisternen und/oder durch mühsam in den Fels getriebene Brunnen sicherte.

Die meisten Burgen hätten keine langen Belagerungen überstehen können, auch wenn gelegentlich monatelange oder sogar jahrelange Belagerungen belegt sind. Die Belagerer mussten bei Wind und Wetter die Zugänge zur Burg sperren. Sie waren den Unbilden der Witterung wie den Waffen der Verteidiger mehr oder weniger schutzlos ausgeliefert und mussten entsprechend Abstand halten. In einzelnen Fällen errichteten sie allerdings auch Trutzburgen. Ansonsten waren sie darauf bedacht, eine Burg von allen Nachschubmöglichkeiten und möglichst auch von der Wasserversorgung abzuschneiden oder die wirtschaftliche Grundlage des Burgherren zu treffen, indem man seine Ländereien und Dörfer zerstörte und niederbrannte. Daher besaßen diese Ansiedlungen vielfach einfache Sicherungs- und Schutzanlagen wie Dornenhecken, Erdwälle, Palisaden und Gräben mit besonderen Toranlagen.

Vielleicht denkt man heute im Zusammenhang mit dem Thema „Burg“ zuerst an die bedeutenden landesherrlichen Anlagen. Aber der weitaus größte Teil der Burgen waren kleine Adelsburgen, ohne dass man dabei von einem Bautyp sprechen kann, da der Adel keine geschlossene, einheitliche Gesellschaftsschicht bildete.

Der Alltag auf einer durchschnittlichen mittelalterlichen Burg verlief alles andere als romantisch. Ritterromantik und Ritterrealität lagen weit auseinander. Man darf nicht an große höfische Feste denken, an großartige Turniere oder bedeutende Sängerwettstreite und auch nicht an Auftritte berühmter Minnesänger oder feuchtfröhliche Trinkgelage. Die Burgherren waren auch nicht in ständige Fehden verwickelt oder nur damit beschäftigt, ihre Bauern auszuplündern oder Kaufleuten aufzulauern, um diese zu überfallen.

Die Menschen lebten in kalten Stein- oder Holzhäusern, die in der Regel nicht einmal schützende Fenster besaßen. Die Maueröffnungen musste man in winterlichen Zeiten mit Holz und Lehm oder anderen Materialien zu schließen versuchen. Manchmal standen tragbare Kohlebecken zur Verfügung. Beheizbare Räumlichkeiten barg nur die Kemenate, die den Frauen und dem Burgherrn vorbehalten war.

Das Alltagsleben fand überwiegend im Freien statt. Die Männer kümmerten sich um Bauarbeiten, Waffenpflege, um die Jagd als Bereicherung des Speiseplans, um das Vieh, die Bestellung der Felder und handwerkliche Arbeiten. Die Frauen verrichteten die üblichen Haushaltspflichten. Für erholsame Mußestunden oder festliche Veranstaltungen stand nur wenig Zeit zur Verfügung. Die Frauen, sofern sie nicht als Dienstmägde arbeiteten, beschäftigten sich vor allem mit Handarbeiten oder Brettspielen. Die Männer erledigten kleinere Reparaturen an Möbeln, Geräten oder Waffen oder saßen je nach Rang bei mehr oder weniger kargem Essen und Trinken zusammen.

Besuche durchziehender Ritter, Kaufleute, Sänger oder Gaukler waren besondere Erlebnisse, wenn es Neuigkeiten zu erfahren gab.
Wie beengt auch immer die Verhältnisse auf einer Burg waren, stets gab es eine Burgkapelle, in der man seinen religiösen Verpflichtungen und Anliegen nachging. Wer es sich leisten konnte, stellte sogar einen eigenen Burggeistlichen an. In vielen Fällen musste man sich aber mit einem Kapellenerker oder nur einer Altarnische begnügen.
Die Burgenromantik des 19. Jahrhunderts wirkt bis heute nach. Man denke nur an die Vielzahl der Rheinburgen, deren Ruinen man nicht nur bewahrt, sondern in bemerkenswerter Zahl auch wiederaufgebaut und rekonstruiert hat. Man baute in der Zeit des Historismus sogar ganz neue Burgen, die nicht auf einen historischen Vorgängerbau zurückzuführen waren, sondern der allgemeinen Burgenbegeisterung zu verdanken sind. Glücklicherweise gibt es auch heute noch unbeirrbare Besitzer, die mit größtem persönlichem Einsatz ihre historischen Bauten bewahren und denen es gelingt, die erforderlichen finanziellen Mittel aufzutreiben und zukunftsträchtige Nutzungen zu finden.

Der vorliegende Band bietet, nach Bundesländern geordnet, eine repräsentative Auswahl deutscher Burgen, die jeweils von bemerkenswerter touristischer Bedeutung sind. Eine derartige Auswahl ist mit dem besonderen Problem verknüpft, dass nicht in jedem Fall eindeutig zwischen Burg und Schloss zu unterscheiden ist. Die Beispiele dokumentieren vielfach das Nebeneinander der Bezeichnungen „Burg“ und „Schloss“ für dasselbe Objekt. Zum Teil werden bis heute beide Bezeichnungen verwendet, wenn man entweder den Wehrcharakter oder die Repräsentations- und Wohnfunktion hervorheben will. Viele Burgen sind seit dem ausgehenden Mittelalter zu Schlössern umgestaltet worden, wenn die Wirtschaftskraft und die politische sowie gesellschaftliche Stellung des Burgherrn es ermöglichten und er modernen Wohnkomfort und fortschrittliche Wohnkultur bevorzugte.
Der Band will nicht nur einen Überblick über den so reichen Bestand an Burgen in Deutschland bieten, er versteht sich zugleich auch als Mahnung an alle Mitmenschen, verantwortungsbewusst mit diesem Erbe umzugehen und es für die nächsten Generationen zu erhalten, damit diese in ihrer Vergangenheit verwurzelt bleiben und nicht eines Tages geschichtslos werden.
Nicht zuletzt ist der Band als Einladung zu verstehen, die vorgestellten (und natürlich weitere) Objekte persönlich aufzusuchen und sich von ihnen verzaubern zu lassen.

BADEN-WÜRTTEMBERG

HEIDELBERGER SCHLOSS

Stadt Heidelberg

Die weltbekannte, in zahllosen Publikationen beschriebene und gefeierte, in ebenso zahllosen Liedern und Gedichten besungene und verherrlichte Ruine des Heidelberger Residenzschlosses, das mit seinen Gräben und Türmen bis heute einen außergewöhnlich wehrhaften Eindruck macht, ist seit dem 19. Jahrhundert zum Inbegriff deutscher Romantik schlechthin geworden und zieht alljährlich eine Million Besucher aus aller Welt an. Das Schloss gehörte im 16./17. Jahrhundert zu den prachtvollsten Schlössern Europas. Heute ist es die vielleicht bekannteste Schlossruine der Welt.

Sie erhebt sich am Nordhang des Königstuhls rund 80 Meter über dem Neckartal. Bis zur Zerstörung im Pfälzischen Erbfolgekrieg residierten hier die mächtigen Kurfürsten von der Pfalz. Insbesondere der französische General Ezéchiel de Mélac wurde zum Inbegriff eines „französischen Mordbrenners". Er hatte nicht nur die Zerstörung des Heidelberger Schlosses 1689 und 1693 zu verantworten, sondern auch die unglaublichen Übergriffe, Plünderungen, Vergewaltigungen, Morde und anderen entsetzlichen Gräueltaten seiner Soldaten in Heidelberg und der ganzen Pfalz.

Die erste urkundliche Erwähnung einer Burg stammt von 1225. Später werden 1303 zwei Burgen genannt. Die obere Burg, an der Stelle der „Molkenkur" gelegen, wurde als Pulverlager genutzt und 1537 durch einen Blitzschlag zerstört. Die untere Burg, das heutige Schloss, ist die

Heidelberger Schloss, Ansicht vom Neckarufer

Heidelberger Schloss, Ansicht vom Aussichtsturm Heidenloch auf der gegenüberliegenden Neckarseite

ältere Anlage. Reste der mittelalterlichen Burg sind nur als Fundamente erhalten geblieben. Das älteste Gebäude ist heute der Anfang des 15. Jahrhunderts entstandene Ruprechtsbau.

Die Erweiterung der Anlage seit dem 15. Jahrhundert mit dem Bau von Festungswerken und Wohngebäuden bestimmt bis heute ihr Erscheinungsbild. Die Ecktürme wurden verstärkt und erhöht, das Torgebäude und der Eingangsturm entstanden, Der Stückgarten wurde für die Aufstellung von Kanonen hergerichtet. Außerdem folgten der Ludwigs-, der Bibliotheks-, der Frauenzimmer- und der Soldatenbau. Die Paläste der nachfolgenden Kurfürsten, also Friedrichs II. (1544–56), Ottheinrichs (1556–59), Friedrichs IV. (1592–1610) und Friedrichs V. (1610–32), umschlossen nicht nur die Seiten des Innenhofs, sondern verwandelten die Gesamtanlage in ein prachtvolles Residenzschloss, das allen Repräsentationswünschen entsprach. Schwere Zeiten brachen an, nachdem sich Friedrich V. 1618 trotz vielseitiger Bedenken zum König von Böhmen hatte krönen lassen und damit zum Ausbruch des Dreißigjährigen Krieges beitrug, in dessen Verlauf Heidelberg und das Schloss beschossen und großenteils zerstört wurden und mehrmals die Besitzer wechselten.

Zur Katastrophe kam es im Pfälzischen Erbfolgekrieg. König Ludwig XIV. von Frankreich verlangte nach dem Tod des kinderlos gebliebenen Kurfürsten Karl II. von dessen Schwester Liselotte von der Pfalz, die mit seinem Bruder, dem Herzog von Orléans vermählt war, die Übergabe der Kurpfalz. 1688 fielen französische Truppen in die Pfalz ein und brannten Heidelberg und das Schloss 1689 nieder. Kurfürst Johann Wilhelm ließ Mauern und Türme noch einmal wiederherstellen, aber nach dem erneuten Einfall 1693 sprengten die Franzosen das Schloss, das zur Ruine wurde. Es folgten nur notdürftige Reparaturen, die kurfürstliche Residenz wurde nach Mannheim und 1777 sogar nach München verlegt, und Blitzeinschläge 1754 und erneute

Heidelberger Schloss, Weinfass, historische Ansicht

Brände besiegelten das Schicksal des Schlosses, das zeitweise als Steinbruch missbraucht wurde und das nach der Übergabe an Baden sogar abgetragen werden sollte. Aber dann entdeckten schon vor 1800 Maler und Zeichner die malerische Ruine als einzigartiges Motiv für ihre Werke. Außerdem wurde das Schloss zu einem Symbol patriotischer Bewegungen gegen die Gewaltherrschaft eines Napoleon. Zum Retter der Ruine wurde schließlich ausgerechnet ein französischer Graf: Charles de Graimberg, der bis 1822 als Schlosswächter fungierte, entscheidend zum Erhalt der Ruine beitrug und durch die Herausgabe eines ersten Schlossführers viele Besucher nach Heidelberg lockte. Bis heute reißen die Touristenströme nicht ab.

Der Besucher gelangt durch das Brückenhaus und den Torturm in den Schlosshof. Links folgen Ruprechtsbau, Bibliotheksbau und Frauenzimmerbau. Dahinter liegen nach Westen außerhalb des Hofbereichs der Fassbau, der Englische Bau und der Dicke Turm. Im Hof geht es nördlich weiter mit dem Friedrichsbau, dem Gläsernen Saalbau sowie östlich mit dem Ottheinrichsbau und dem Ludwigsbau. Gleich hinter dem Torturm rechts befinden sich die Brunnenhalle, der Soldatenbau sowie Wirtschaftsgebäude und schließlich der Krautturm.

Der Ruprechtsbau aus dem späten Mittelalter, der älteste erhaltene Wohnbau des Schlosses, wurde unter König Ruprecht um 1400 erbaut und dokumentiert heute die Schlossgeschichte. Im Erdgeschoss liegen der Rittersaal und der Modellsaal mit Ausstattungsresten und Modellen des Schlosses. Der zurückgesetzt liegende Bibliotheksbau aus der ersten Hälfte des 16. Jahrhunderts steht auf alten Wallmauern. Er barg einst die Privatbibliothek der Kurfürsten und diente wohl auch als Archiv und Schatzkammer. Im Pfälzischen Erbfolgekrieg zerstört, wurde er später wieder aufgebaut. Im Frauenzimmerbau aus dem 16. Jahrhundert wohnten die weiblichen Mitglieder des Hofstaats. Vom ursprünglichen Bau sind nur die Umfassungsmauern des Erdgeschosses erhalten geblieben, in dem der Königssaal liegt.

Heidelberger Schloss, Torturm (rechts) und die Ruinen des Gefängnisturms (Seltenleer, im Vordergrund), des Bibliotheks- und Ruprechtsbaus

Im Fassbau, errichtet 1589–92, kann man ein Weinfass mit einem Fassungsvermögen von 220 000 Litern bestaunen. Schon 1591 hatten die Kurfürsten ein Fass für 130 000 Liter Zehntwein bauen lassen, das im Dreißigjährigen Krieg zerstört wurde. Das nächste Fass konnte 1664 schon 200 000 Liter aufnehmen. Als Hüter dieses großen Fasses wurde Anfang des 18. Jahrhunderts der zwergwüchsige und überaus trinkfeste und schlagfertige Hofnarr Perkeo berühmt, der „von Wuchse klein, von Durste riesengroß“ war. Knapp 100 Jahre später ließ Kurfürst Carl Theodor, der allerdings schon längst in Mannheim residierte, 1751 sogar ein Fass für 220 000 Liter konstruieren. Im angrenzenden Königssaal konnte man also rauschende, feuchtfröhliche Feste feiern, was auch heute noch möglich ist, da man den Saal für Veranstaltungen mieten kann.

Der Englische Bau entstand 1612–14 als standesgemäßer Palast für die englische Braut des Kurfürsten Friedrich V., also für Elizabeth Stuart, die Tochter König Jacobs I. Das Dach wurde bereits im Pfälzischen Erbfolgekrieg und in den späteren Schlossbränden zerstört. Als besonderes Bollwerk steht an der westlichen Seite der 1533 errichtete

Dicke Turm mit seinen rund 7 Meter starken Mauern. Auf dem Unterbau entstand unter Friedrich V. ein 16-eckiger Raum mit großen Fenstern, die einen einzigartigen Ausblick boten.

Der Friedrichsbau imponiert mit seiner durchgestalteten und reich verzierten Fassade. Von seinem Altan aus hat man einen großartigen Blick auf Heidelberg und das Neckartal. Kurfürst Friedrich IV. erbaute sich diesen prachtvollen Palast 1601–07 auf den Fundamenten eines mittelalterlichen Gebäudes. Die Fassade zierte eine grandiose Ahnenreihe, durch die der Kurfürst seinen Rang dokumentieren wollte. Sie reichte von Karl dem Großen bis zu seiner eigenen Person. Im Erdgeschoss liegt die Schlosskapelle, die heute gerne für Hochzeiten genutzt wird.

Heidelberger Schloss, Fassade des Ottheinrichsbaus, eines der frühesten Renaissancegebäude nördlich der Alpen

Der 1556 begonnene Ottheinrichsbau, dessen großartige Fassade zahlreiche prachtvolle Skulpturen schmücken, zählt zu den frühesten und gleichzeitig bedeutendsten Palastbauten der deutschen Renaissance. Er dokumentiert eindringlich das Selbstverständnis des Kurfürsten Ottheinrich und sein politisches Selbstbewusstsein, denn neben antiken Helden und Kaisern erscheinen auch Verkörperungen der christlich bestimmten Herrschertugenden. Heute kann man im Ottheinrichsbau das Deutsche Apothekenmuseum erleben und/oder im Kaiser- und Herrensaal Ausstellungen besuchen.

Der schlichte, wohl 1524 vollendete Ludwigsbau diente alltäglichen Verrichtungen wie dem Kochen und Backen oder dem Lagern von Lebensmitteln und Munition. Er war einst doppelt so groß, aber die nördliche Hälfte musste 1556 dem Ottheinrichsbau weichen.

Die Wasserversorgung der Schlossbewohner besorgte die Brunnenhalle, die vor dem ebenfalls aus der Zeit Ludwigs V. stammenden Soldatenbau steht, der einst der Wachmannschaft des Schlosses zur Verfügung stand.

Es schließt sich der mächtige Krautturm an, der erste Bergfried, der im 16. Jahrhundert massiv verstärkt und zu einem Geschützturm ausgebaut wurde. Im Untergeschoss lagerte man das „Kraut“, also das Schießpulver. Im Pfälzischen Erbfolgekrieg (1688–1697) sprengten die Franzosen die 6,5 Meter dicken Mauern, von denen etwa ein Drittel in den Hirschgraben abrutschte.

Zusätzlich zu den genannten Einzelbauten sind weitere Anlagen beachtenswert. Dazu zählen die Gräben, die Kasematten, Schanzen, Bastionen und vor allem die Gärten mit ihren Terrassen.

Heute dient das Schloss nicht nur als vielbesuchtes Museum, hier finden auch alljährlich die Heidelberger Schlossfestspiele statt. Und gleich mehrmals im Jahr können Einheimische und Besucher die sogenannten Schlossbeleuchtungen bewundern, also spektakuläre Feuerwerke, die das Schloss optisch überaus wirksam in Szene setzen.

SCHLOSS HELLENSTEIN

Gemeinde Heidenheim an der Brenz

Hoch über Heidenheim thront auf steilem Fels zwischen Brenz- und Stubental die ehemalige Burg und spätere mächtige Festung Hellenstein, einst Stammsitz der Herren von Hellenstein.

Baubeginn der staufischen Anlage war 1096 unter Gozpert von Hellenstein, dessen Enkel, ein Gefolgsmann Kaiser Friedrich Barbarossas, die Burg beträchtlich erweiterte, wovon die Buckelquader des Rittersaals künden. Die Herrschaft der Hellensteiner währte bis 1273, Besitzerwechsel folgten, dann kam die Burg 1351 in die Hände der Grafen von Helfenstein, wurde nach 1450 bayerisch und fiel 1503 an das Haus Württemberg. Ein Brand vernichtete 1530 die Anlage. Herzog Ulrich von Württemberg veranlasste den Wiederaufbau zwischen 1537 und 1544. Kurz nach seinem Regierungsantritt 1593 ließ Herzog Friedrich I. von Württemberg an die mittelalterliche Burg ein Schloss anbauen. Türme und Basteien und Geschütztürme vergrößerten und verstärkten die weitläufige Anlage.

Im südlichen Teil der Burganlage ist der 78 Meter tiefe „Kindlesbrunnen" zu bestaunen, der 1666 bis 1670 aus dem Felsen geschlagen wurde und mit dem sich eine bemerkenswerte Sage verbindet. In Heidenheim sollen die Babys nämlich nicht vom Klapperstorch gebracht, sondern aus diesem Brunnen geholt werden.

Die Anlage verlor schließlich immer mehr an Bedeutung. Reparaturen blieben aus, der Verfall der Gebäude beschleunigte sich, bis die Ruine 1797 abgebrochen werden sollte. 1810 trug man das obere Geschoss des Batterieturms ab, wobei wertvolle Wand- und Deckenmalereien des darin befindlichen Saals verloren gingen. 1820 verkaufte man Dächer, dann auch Steine und Bauholz. Der staufische Palas fiel 1822. Erst 1837 unterband die königliche Bauverwaltung weitere Zerstörungen.

Die einstige Schlosskirche eröffnete 1901 als Heimatmuseum, das später wiederholt erweitert und umgestaltet wurde und auch das ehemalige Zeughaus in Anspruch nahm. Nachdem die Stadt Heidenheim zwischen 1982 und 1986 den 1633 vollendeten Fruchtkasten hatte wiederherstellen lassen, konnte eine Zweigstelle des württembergischen

Schloss Hellenstein (Foto: Andrzej Otrębski)

Landesmuseums einziehen, das Museum für Kutschen, Chaisen und Karren.
In Erinnerung an die vermuteten Auftritte von Minnesängern in der mittelalterlichen Burg nutzt man die Anlage heute noch zu weiteren kulturellen Zwecken, vor allem für die Opernfestspiele Heidenheim in der Ruine des Rittersaals.
Unterhalb von Schloss Hellenstein befinden sich ein Felsüberhang, ein Abri, und gleichzeitig ein vorgeschichtlicher Fundplatz, die sogenannte Heidenschmiede, wo schon vor 70 000 bis 50 000 Jahren die Neandertaler ihre Werkzeuge hergestellt haben sollen.

rechts: Schloss Hellenstein, Ruine des Rittersaals (oben, Foto: Manfi.B.), Haupttor (Mitte) und Innenhof nach Osten mit dem Fruchtkasten (heute Landesmuseum)

unten: Schloss Hellenstein, Turm der Schlosskirche (Foto: Andreas Frick)

BURGRUINE HOCHBURG

Gemeinde Emmendingen

Zu den größten und eindrucksvollsten Anlagen ihrer Art zählt die Burg- und Festungsruine Hochburg auf dem steilen Rücken des Hornwalds zwischen Emmendingen und Sexau, nördlich von Freiburg im Breisgau gelegen. Die Burg mit ihrer ausgedehnten Ringmauer weist eine Länge von mehr als 200 Metern und eine Breite von ca. 80 Metern auf. Rechnet man die Bastionen dazu, ergibt sich eine Ausdehnung von rund 300 und eine Breite von rund 180 Metern.

Die Anfänge der Burg sind ins 11. Jahrhundert zu datieren, als vermutlich Dietrich von Emmendingen, der sich später von Hachberg nannte, die erste Burg errichten ließ, die wohl 30 x 30 Meter maß. Die Ersterwähnung einer Burg stammt von 1127. Markgraf Heinrich I. begründete 1218 die Linie der Markgrafen von Baden-Hachberg, die ihren Sitz auf der Hochburg hatten. Markgraf Bernhard I. von Baden kaufte Burg und Herrschaft Hachberg 1418. Während der Bauernkriege versuchten die Bauern 1525 vergeblich, die Burg zu erobern.

Unter Markgraf Karl II. erfolgten 1553–77 umfangreiche Neugestaltungen und moderne Befestigungen, die Anfang des 17. Jahrhunderts durch die Anlage von sieben Bastionen noch verstärkt wurden. Aus der Burg waren inzwischen ein Renaissanceschloss und eine Festung, eine Landesfestung geworden. Im Dreißigjährigen Krieg widerstand sie 1634–36 einer Belagerung durch die Truppen der Katholischen Liga, wurde anschließend geschleift, aber 1660 bis 1678 wieder aufgebaut und modernisiert. Um einen Präventivschlag der Franzosen zu vermeiden, zerstörte man freiwillig die äußeren Befestigungswerke. Die Oberburg fiel 1684 einem Brand zum Opfer. Und 1688 besetzten die Franzosen im Pfälzischen Erbfolgekrieg die Burg und sprengten die inneren Befestigungen. Ein Wiederaufbau scheiterte an den Kosten, und die Anlage verfiel weiter. Erst Ende des 19. Jahrhunderts setzten erste Sicherungsmaßnahmen ein. Seit 1971 bemüht sich der Verein zur Erhaltung der Ruine Hochburg um die Erhaltung des Objekts, seit 2007 als Pächter. Bereits seit 1991 befindet sich im Keller der Oberburg ein kleines Museum.

Burgruine Hochburg (Foto: Rüdiger Kratz)

Was für alte Burgen vielfach üblich ist, trifft auch auf die Hochburg zu, dass sich nämlich Sagen um die alten Gemäuer ranken. Vor Ort geht es bisher um einen verborgenen Schatz, den aber bisher noch niemand hat aufspüren können. Und auch in Kunst und Literatur spielte die Burg eine bemerkenswerte Rolle. Goethe fertigte beispielsweise eine Zeichnung der Burg an. Zudem soll Jakob Michael Reinhold Lenz von der Ruine zu einer Abhandlung über Shakespeare-Dramen inspiriert worden sein.

Burgruine Hochburg (Foto: CrazyD)

Luftaufnahme der Burgruine Hochburg (Foto: Volatus)

BURG HOHENBADEN

Stadt Baden-Baden

In romantischer Lage erhebt sich auf steilem Felssporn über Baden-Baden die ehemalige Residenz der Markgrafen von Baden. Sie beeindruckt wegen ihrer außergewöhnlichen Größe auch noch als Ruine, zumal man von der Oberburg aus fantastische Ausblicke genießen kann. Schon im 18. und 19. Jahrhundert inspirierte die mächtige Ruine Dichter und Maler zu zahlreichen Werken, und sie wurde zu einem vielbesuchten Ausflugsziel.

Nachweislich bezeichnete sich 1112 zuerst Hermann II. (1074–1130) als Markgraf von Baden. Er baute mit seinen Söhnen seit etwa 1100 die mittelalterliche Burg, die heutige Oberburg mit Bergfried und Palas. Unterhalb des Felsens entstanden im 14./15. Jahrhundert unter Markgraf Bernhard I. von Baden (1372–1431) weitere Bauten, die Unterburg mit dem mächtigen Bernhardsbau. Nachdem Markgraf Christoph I. die Residenz 1479 in das Neue Schloss in Baden-Baden verlegt hatte, diente die Burg bzw. das Alte Schloss als Witwensitz, bis es 1599 niederbrannte und zur Ruine wurde.

Die Oberburg, die man nach ihren Erbauern auch Hermannsbau nennt, wird beherrscht vom 18 Meter hohen Bergfried, dem ältesten Bau der Gesamtanlage, der noch vor 1200 entstanden sein dürfte. Zu seiner Absicherung errichtete man im 13. Jahrhundert eine starke Schildmauer. Anschließend baute man noch eine zweite Mauer, um durch den so entstandenen Zwinger eine zusätzliche Sicherung zu erhalten. Der Palas mit überwiegend kleinen Räumen erhielt sein heutiges Erscheinungsbild vermutlich um 1300 durch Erweiterungen und eine Erhöhung. Als Abschluss folgte ein bis heute begehbarer Wehrgang.

Als die Burg in der ersten Hälfte des 15. Jahrhunderts zur Residenz ausgebaut wurde, entstand auch die Unterburg. Die große Anlage erhielt damit eine der Bedeutung der Markgrafen angemessene repräsentative Größe. Durch mehrere Tore gelangt man in den Burghof und zum ungewöhnlich großen Bernhardsbau, dem Palas der Unterburg. Das Untergeschoss enthielt die Unterkünfte der Ritter, im ersten Obergeschoss lag der Rittersaal, darüber befanden sich weitere Wohngeschosse. Die Kellergewölbe unter dem Bernhardsbau konnten große Mengen an Vorräten aller Art aufnehmen. Unter Markgraf Jakob (1431–1453) erweiterte man die Unterburg um den nach ihm benannten Jakobsbau. Treppen führen von hier aus zur Oberburg.

Heute können Besucher mit dem Auto den Parkplatz unterhalb der Ruine erreichen und dann den Spuren badischer Geschichte folgen, die grandiose Aussicht auf Baden-Baden und das Umland auskosten oder zu herrlichen Wanderungen rund um die Burg aufbrechen.

Burg Hohenbaden (Fotos: Ramessos bzw. Wolkenkratzer)

BURG HOHENGEROLDSECK

Gemeinde Seelbach

Die zu den reizvollsten und größten Burgen des Schwarzwalds zählende Ruine Hohengeroldseck, einst Stammsitz der Herren von Geroldseck und heute Wahrzeichen der Gemeinde Seelbach bei Lahr im Schwarzwald, erhebt sich auf dem Schönberg, einer Anhöhe zwischen dem Kinzigtal und dem Schuttertal, und zieht alljährlich zahlreiche Besucher an.

Walther von Geroldseck ließ die Burg 1240 bis 1250 errichten. Nach der Landesteilung 1277 bildete die Burg das Zentrum der „Oberen Herrschaft" Hohengeroldseck. Nach wechselvoller Geschichte eroberte Pfalzgraf Philipp 1486 die Burg, die bis 1534 kurpfälzisch blieb. 1599 verlegten die Geroldsecker ihre Residenz ins nahe Schloss Dautenstein in Seelbach. Von 1636 bis 1692 blieb die Burg in den Händen der Grafen von Kronberg. Im Pfälzischen Erbfolgekrieg zerstörten 1689 französische Truppen die Anlage. Nach dem Tod des letzten Grafen von Kronberg kamen Burg und Herrschaft an die Grafen und späteren Fürsten von der Leyen, in deren Besitz sich die Ruine bis heute befindet. Der Verein zur Erhaltung der Burgruine Hohengeroldseck e. V. kümmert sich seit 1958 um ihre Erhaltung.

Burg Hohengeroldseck

Von der Burg haben sich die etwa 10 Meter hohen Außenmauern der Unterburg, vor allem aber das Hauptgebäude der Oberburg erhalten. Hohengeroldseck ist ein wichtiges Beispiel einer Turmhausburg und bietet auch als Ruine noch einen imposanten Anblick. Ohne ihre Vorwerke misst die Burg 95 x 50 Meter. Die Ringmauer, die über einen Wehrgang verfügte, erreichte eine Mauerstärke von 2,10 Metern. Die auf dem Porphyrfelsen errichteten, durch einen Hof getrennten Hauptgebäude, auch als Vorderes und Hinteres Haus bezeichnet, maßen 50 x 20 Meter. Weitgehend erhalten geblieben ist die Fassade des 26 Meter hohen viergeschossigen Palas oder Ritterhauses. Entstanden waren die beiden Gebäude als Folge von Familienteilungen, über die in verschiedenen Teilungsverträgen berichtet wird.

Der Besucher gelangt durch das Burgtor in den Bereich der Vorburg und steht unter der mächtigen Ringmauer. Durch das Vorwerk erreicht er die Niedere Burg und steigt anschließend in den Hof der Hauptburg hinauf, den das Vordere und das Hintere Haus begrenzen.

BURG HOHENNEUFFEN

Gemeinde Neuffen

Die Burg Hohenneuffen bei Neuffen im Landkreis Esslingen, eine Sporn- oder Gipfelburg, wurde dank ihrer besonders sicheren topografischen Lage im Lauf ihrer Geschichte zu einer großen Festung ausgebaut, die zu den größten Anlagen ihrer Art in Süddeutschland zählt. Sie besteht aus Kernburg, Vorburg, Zwingern und etlichen Bastionen. Mächtige Bastionsringe schützen sie nach außen. Der Besuch der einzigartigen Festung empfiehlt sich wegen der großartigen Lage, der imposanten Befestigungen und nicht zuletzt wegen der überwältigenden Aussicht.

Auf dem höchsten Punkt des Berges steht die Kernburg, die schon in mittelalterlicher Zeit wiederholt umgebaut wurde. Aus den Jahren um 1170 hat sich die Schildmauer erhalten. Eine Ringmauer und später eine Bastei boten zusätzlichen Schutz. Ruinenreste deuten auf nicht mehr erhaltene Bauten hin, etwa auf das Kommandanturhaus oder das Zeughaus, auf die Schmiede oder auf Stallungen. Im Lauf ihrer mehr als 700-jährigen Geschichte ist die Burg immer wieder umgebaut, erweitert und schließlich zu einer starken Festung ausgebaut worden.

Älteste Bestandteile der Burg sollen aus dem 6.–8. Jahrhundert stammen, doch die heutige Anlage ist erst um 1100 von Mangold von Sulmetingen-Neuffen errichtet worden. Graf Heinrich I. von Neuffen erscheint 1211 als Besitzer. Im 13. Jahrhundert erfolgten größere Verstärkungen der Anlage, die 1301 württembergisch wurde. 1619 konnten österreichische Truppen die Burg einnehmen und 15 Jahre lang behaupten. Die Grafen von Württemberg veranlassten dann 1534–53 den Ausbau zur Landesfestung. Im Dreißigjährigen Krieg belagerten 1634 kaiserliche Truppen die Festung, die erst nach 15 Monaten kapitulierte. Später kam sie wieder in württembergischen Besitz. Erneute Baumaßnahmen folgten im 18. Jahrhundert, als der Hohenneuffen lange Jahre als Staatsgefängnis diente. 1796 fasste man den Entschluss zur Aufgabe der Festung und erlaubte 1801 sogar den Abbruch. Glücklicherweise wurde diese Tätigkeit 1832 verboten und die verbliebene Ruine gesichert. Im Jahr 1948 trafen sich auf Hohenneuffen die Ministerpräsidenten Südbadens, Württemberg-Hohenzollerns und Württemberg-Badens, um über den Zusammenschluss ihrer Länder zu beraten. Die Ergebnisse dieser Konferenz führten 1952 zur Gründung des Landes Baden-Württemberg.

Burgruine Hohenneuffen (Foto: Dr. Eugen Lehle)

Burgruine Hohenneuffen (Fotos: Aerial video capture)

BURGRUINE HOHENRECHBERG

Stadtteil von Schwäbisch Gmünd

Die 644 Meter hoch gelegene Spornburg ehemaliger staufischer Ministerialen war später der Stammsitz der Grafen von Rechberg. Erstmals erwähnt wurde 1179 Ulrich von Rechberg, der als Erbauer der Burg gilt, die etwa ab 1200 errichtet wurde, vielleicht an der Stelle eines Vorgängerbaus. Erstmals genannt wurde sie jedoch erst 1355. Umbauten erfolgten im 15. Jahrhundert. Die Burg überstand etliche kriegerische Auseinandersetzungen und blieb auch im Bauernkrieg verschont, als die Klöster Lorch und Adelfingen sowie die benachbarte Burg Hohenstaufen zerstört wurden. Im Dreißigjährigen Krieg und in der Franzosenzeit besetzten zwar französische Einheiten die Burg und verwüsteten sie, zerstörten sie aber nicht. Erst 1865 brannte sie nach einem Blitzschlag mit anschließender Feuersbrunst nieder und wurde zur Ruine. Heute zählt sie zu den eindrucksvollsten Sehenswürdigkeiten an der Straße der Staufer.

Die vieleckige Anlage besteht aus einer kleinen Vorburg und der Kernburg. In der Vorburg, die ursprünglich zur Burg hin offen gestaltet war, damit mögliche Feinde sie nicht als Trutzburg nutzen konnten, befinden sich heute ein Restaurant und ein Wohnbau.

Die imposante Kernburg liegt auf dem höchsten Punkt des Felsens, geschützt von einem tiefen Halsgraben und von der die Innenburg umschließenden, aus Buckelquadern errichteten Ringmauer mit mehreren Schalentürmen. Die Burg umfasst eine Fläche von 45 x 30 Metern. Zum Burgbereich gehören der rechteckige Torbau, der zu zwei Verliesen führt und der mit seinen allseitigen Schießscharten fast wie eine eigene kleine Festung wirkt, sowie das Tor der Kernburg. Dahinter liegt der dreieckige Lichthof, durch dessen nördliche Spitze der Burghof erreichbar ist, den der Westbau, der staufische Palas mit romanischen Rundbogenfenstern und der Ostbau umschließen. Von diesem Ostbau existiert nur noch das Untergeschoss, auf dem sich eine Aussichtsplattform befindet. In diesem Untergeschoss ist eine Ausstellung mit Rekonstruktionsmodellen zu sehen.

Burgruine Hohenrechberg (Foto: Geak)

Im Mittelpunkt des Burghofs, der wegen der nicht erhaltenen Gebäude heute größer wirkt, als er eigentlich war, liegt der mehr als 30 Meter tiefe Brunnen, der sich heute allerdings unter einer Betondecke verbirgt.

Burg Hohenrechberg zeigt sich auch im ruinösen Zustand noch als eine typische Stauferburg, vermittelt aber teilweise auch Ansichten des frühen, im 16. Jahrhundert üblichen Festungsbaus. Die Burgruine wurde erst 1986 von den Herren von Rechberg bzw. von ihren Nachfahren an den Göttinger Unternehmer Hans Bader verkauft und nach dessen Tod 2006 in die Rechberg Stiftung Hans Bader überführt.

Luftaufnahme der Burgruine Hohenrechberg aus südöstlicher Richtung (Fotos: Wolkenkratzer bzw. Aerial video capture)

BURGRUINE HOHENTWIEL

Stadt Singen im Hegau

Die gigantische Gipfelburg und Festungsruine, die rund 260 Meter über der Stadt Singen auf einem einzelnen Vulkankegel des Tertiärs thront, von dessen Gipfel sich eine einzigartige Aussicht über den Hegau und das Bodenseegebiet eröffnet, hat schon seit vorgeschichtlicher Zeit Menschen angezogen, was durch entsprechende Funde belegt ist. Auch keltische, römische und germanische Funde dokumentieren die Bedeutung des Felsens. Im Jahr 2015 konnte die Anlage ihr 1100-jähriges Bestehen feiern.

Mindestens seit dem 10. vorchristlichen Jahrhundert nutzten die Menschen den Hohentwiel als sicheren Zufluchtsort und errichteten erste Wohngebäude. Seit dem 8. Jahrhundert nach Christus existierte eine Burg der alemannischen Herzöge und fränkischen Könige. Die erste urkundliche Erwähnung stammt aus dem Jahr 912. Im 10. Jahrhundert war der Hohentwiel in schwäbischer Hand. Nach etlichen Besitzwechseln erwarb 1538 Herzog Ulrich von Württemberg die Burg. Wenig später kam es zu umfangreichen Ausbauten und Verstärkungen. Im Dreißigjährigen Krieg überstand die Festung unter dem Kommando des Hauptmanns Konrad Widerholt fünf Belagerungen. Im 18. Jahrhundert diente der Hohentwiel als Staatsgefängnis. Am 2. Mai 1800 übergab man die Festung kampflos den Franzosen, die große Teile der Anlage sprengten, die seither Ruine ist.

Der nahezu senkrecht abfallende Kegel, auf dem die Kernburg und später die Obere Festung entstanden, bot nur im Westen eine Angriffsmöglichkeit, weshalb dort im 16. Jahrhundert die Untere Festung errichtet wurde. Der Zugang erfolgte seither durch das Tunnelsystem des Alexander- und Eugentors. Ein Bastionsring schützte die Gebäude der Vorburg, die schon im Mittelalter als ein erstes Vorwerk vor dem Zugang zur Kernberg diente.

Auf dem höchsten Punkt des Vulkankegels entstand die mittelalterliche Burg, die im Lauf der Jahrhunderte immer weiter ausgebaut und schließlich zu einer mächtigen Festung wurde, bis die Sprengungen durch französische Truppen leider nur noch Ruinen hinterließen, die jedoch immer noch ein anschauliches Bild der einst so imposanten Anlage vermitteln können. Dies gilt insbesondere für Kirche und Fürstenbau.

Luftbild der Burgruine Hohentwiel (Foto: Peter Stein)

Besucher betreten die Anlage durch das Alexandertor der Unteren Festung und erreichen durch das Karlstor die Karlsbastion. Das Eugentor führt in den Innenhof mit Torgebäude, Stabsoffiziersbau, Altem Keller, Apotheke, Marketenderei und Kaserne. Auf dem Weg zur Oberen Festung passiert man die Bäckerei, ein Wirtschaftsgebäude, die Reste eines Torturms, die Schmiede und gelangt zur Bastion Friedrich. Weiter geht es durch ein Portal in die Obere Festung mit dem Langen Bau, einer Kaserne, dem Paradeplatz, den Zisternen, dem Geschützturm Gutgenug, weiteren Bastionen, der Oberen Bäckerei, der Kirche, der Herzogs- oder Fürstenburg, dem Badehaus, dem Rondell Augusta und dem Zeughaus.

Luftbild der Burgruine Hohentwiel (Foto: Hansueli Krapf)

Die Ruine Hohentwiel gilt als eine der größten Burgruinen Deutschlands. Ihre einzigartige Lage zieht alljährlich 80 000 bis 100 000 Besucher an. Joseph Victor von Scheffel hat dem Hohentwiel 1855 mit seinem Roman „Ekkehard. Eine Geschichte aus dem 10. Jahrhundert" ein literarisches Denkmal gesetzt, in dem es um die angebliche Liebesgeschichte zwischen Hadwig, der Witwe des Herzogs Burchard III., und dem Mönch Ekkehard II. geht. In Wirklichkeit war Ekkehard aber nur Hadwigs Lehrer und Vertrauter. Die Festungsanlage wird heute, nachdem sie seit 1969 zur Stadt Singen gehört, für Festspiele und Festivals genutzt. Sie steht aber natürlich auch allen Besuchern offen.

Burgruine Hohentwiel, aus: Matthäus Merian d. Ä: Topographia Suevia, 1643

SCHLOSS HOHENTÜBINGEN

Stadt Tübingen

Die ursprüngliche, im 11. Jahrhundert errichtete Burg, die im 16. Jahrhundert großzügig um- und ausgebaut wurde, steht in beherrschender Lage auf einem lang gestreckten Bergrücken über der Altstadt Tübingens. Ihr heutiges Erscheinungsbild wirkt wie eine Mischform aus mittelalterlicher Burg, frühneuzeitlichem Schloss und mächtiger Festungsanlage.

Die 1078 erstmals genannte Burg dürfte in der ersten Hälfte des 11. Jahrhunderts entstanden sein. Die vierflüglige Anlage war im Besitz der Grafen von Tübingen, die seit 1081 erwähnt und 1149 durch König Konrad III. zu Pfalzgrafen erhoben wurden. Sie waren schließlich so verschuldet, dass sie 1342 Burg und Stadt Tübingen an die Grafen und späteren Herzöge von Württemberg verkaufen mussten. Herzog Ulrich (1495–1550) ließ die Burg zu einer geschlossenen Vierflügelanlage erweitern und zur Landesfestung ausbauen. Vier mächtige Rundtürme sicherten die Anlage. Der Nordflügel nahm im Erdgeschoss den 67 x 15 Meter messenden Saal auf. Im Obergeschoss lagen Repräsentationsräume und die Tafelstube. Ost- und Südflügel standen für die herzoglichen Privaträume zur Verfügung. Im Westflügel waren Wirtschaftsräume und Vorratskammern untergebracht. Weitere Umbauten und Verstärkungen erfolgten unter Herzog Friedrich I. (1593–1608). Damals entstand auch das prachtvolle Renaissanceportal, das Untere Schlossportal, das die Formensprache römischer Triumphbögen aufnahm und das Selbstverständnis und den Machtanspruch des Herzogs dokumentierte. Französische Truppen belagerten 1647 Hohentübingen und sprengten den Südostturm, der 20 Jahre später als Fünfeckturm wiedererstand. Im Nordostturm richtete man 1752 ein Observatorium ein. Der Turm gilt seit Johann Gottlieb Bohnenberger als Ausgangspunkt oder kartografischer Nullpunkt Württembergs, von dem aus die Vermessung des Königreichs Württemberg erfolgte. Die Universität Tübingen nutzt seit 1803 das Schloss. Ost- und Südflügel der geschlossenen Vierflügelanlage erneuerte man in Fachwerk. Etliche Räume musste man für Universitätszwecke umgestalten. Institute der Universität befinden sich bis heute im Schloss. Zu den Glanzpunkten der Anlage gehören das Museum Alte Kulturen und das Museum Weltkulturen, in denen man die ältesten Kunstwerke der Menschheit bestaunen, in Kunst und Kultur des alten Ägyptens eintauchen oder das Weltkulturerbe Pfahlbauten erleben kann. Zu den Höhepunkten zählt auch die Ausstellung der Ethnologischen Sammlung, die den Besucher durch die Südsee und das Amazonastiefland führt und vor allem Tongefäße peruani-

Schloss Hohentübingen in Tübingen, Innenhof (Foto: Felix König)

scher Indianer und Tanzmasken aus Papua-Neuguinea präsentiert. Im Schlosslabor, in der zu einem Chemielabor umgebauten ehemaligen Schlossküche, findet man die „Wiege der Biochemie“, in der 1869 Friedrich Miescher den menschlichen Zellkern und damit die Grundlage der DNS entdeckte. Im Keller des Nordflügels steht das 1546 auf Veranlassung von Herzog Ulrich gebaute zweitgrößte Weinfass der Welt, das jedoch mit einem Fassungsvermögen von 84 000 Litern das größte jemals befüllte Fass sein soll.

Schloss Hohentübingen (Fotos: Max Sorglos und Ramessos)

BURG HOHENZOLLERN

Gemeinde Bisingen

Die Stammburg des so bedeutenden Fürsten-, Königs- und Kaisergeschlechts der Hohenzollern steht als imponierende Gipfelburg auf dem 855 Meter hohen Gipfel des Hohenzollern oder Zollernbergs, und zwar im Ortsteil Zimmern der Gemeinde Bisingen bei Hechingen.

Die Anfänge der mittelalterlichen Burg gehen vermutlich mindestens bis ins 11. Jahrhundert zurück, auch wenn eine schriftliche Erwähnung erst aus dem Jahr 1267 vorliegt. Es muss eine stark befestigte Anlage gewesen sein, denn eine Streitmacht der Schwäbischen Reichsstädte konnte sie erst nach monatelanger Belagerung am 15. Mai 1423 erobern und zerstören.

Eine zweite, stark befestigte Burg wurde in der zweiten Hälfte des 15. Jahrhunderts errichtet. Im Dreißigjährigen Krieg eroberten und besetzten sie 1634 die Württemberger, denen nach dem Krieg die Habsburger folgten. Während des Österreichischen Erbfolgekriegs lagerten 1744/45 französische Truppen in der Burg, die wiederum von einer österrei-

Burg Hohenzollern (Foto: A. Kniesel)

Burg Hohenzollern (Foto: Sven Scharr)

chischen Besatzung abgelöst wurden. Die Burg verfiel zusehends und war schon zu Beginn des 19. Jahrhunderts in ruinösem Zustand.

Der Wiederaufbau ist wahrscheinlich dem späteren preußischen König Friedrich Wilhelm IV. zu verdanken, der 1819 die Stammburg seiner Vorfahren besuchte und sich später an die Erfüllung seines „Jugendtraum-Wunsches" erinnerte, die Burg neu erstehen zu sehen.

Friedrich August Stüler, Schüler und Nachfolger Karl Friedrich Schinkels, entwarf die Pläne der heutigen, überaus imposanten neugotischen Anlage, die nicht nur den zeitgenössischen Vorstellungen von einer mittelalterlichen Ritterburg entsprach, sondern zugleich auch das Repräsentationsbedürfnis der preußischen Herrscher dokumentierte, die natürlich gerade ihre Stammburg in angemessener Form wiedererstehen lassen wollten. So wurde die Burg Hohenzollern zu einem besonderen Denkmal des Historismus.

Die Grundsteinlegung erfolgte 1850, die feierliche Einweihung am 3. Oktober 1867 durch König Wilhelm I. Ein Erdbeben bewirkte am 3. September 1978 schwere Schäden, die erst nach etlichen Jahren behoben werden konnten. Die weitläufige Anlage verbindet auf vielgestaltige Weise Befestigungsanlagen, Schlossbauten, Kapellen und Burggarten. Über eine Zugbrücke und durch das Adlertor ist die Burg zu betreten. Der vierfach gewundene Weg führt durch den oberen Torturm schließlich zum Burghof. Dieser wird von den U-förmigen Schlossgebäuden gesäumt, die sich auf den Fundamenten der zweiten Burg erheben und an deren Kopfseiten die katholische und die evangelische Kapelle stehen. Die dreistöckigen Gebäude bieten mit vier Haupttürmen, weiteren Türmchen und Fialen ein malerisches Bild.

Innenhof der Burg Hohenzollern

Von den zahlreichen Innenräumen sind vor allem die Stammbaumhalle, der Grafensaal, die Bibliothek und im Markgrafenturm der auch als Markgrafenzimmer bezeichnete Salon des Königs zu erwähnen. Durch weitere Gemächer gelangt man zum Salon der Königin, der auch Blauer Salon heißt und in dem etliche Familienbilder hängen. Das ausgestellte Sèvres-Service aus dem Besitz Napoleons gehört zur preußischen Kriegsbeute aus der Schlacht bei Waterloo. In der Dienerschaftshalle ist nicht nur ein Lenbach-Gemälde von Wilhelm I. zu sehen. Hier befindet sich auch der Schreibtisch Wilhelms II. Im Stockwerk darunter liegen die Waffen- und die Schatzkammer, deren wichtigstes Ausstellungsobjekt die Krone Wilhelms II. ist.

Es ist hervorzuheben, dass sich auf Burg Hohenzollern gleich drei Kapellen dreier christlicher Konfessionen befinden. Es sind die katholische St. Michaelskapelle, deren Bausubstanz noch aus der Zeit der zweiten Burg stammt, ferner die evangelische Christuskapelle mit dem Aposteltor von der kriegszerstörten Berliner Kaiser-Wilhelm-Gedächtniskirche sowie die russisch-orthodoxe Auferstehungskapelle, die Prinz Louis Ferdinand von Preußen für seine Gemahlin Kira von Russland eingerichtet hat.

Torzufahrt der Burg Hohenzollern

Die mächtige historistische Burg war weniger als Wohnanlage gedacht, sondern erfüllte vor allem repräsentative Aufgaben. Seit 1952 statteten die Hohenzollern sie mit künstlerischen Objekten und Erinnerungsstücken zur Geschichte Preußens und der Familie aus, die zum Teil aus dem Hohenzollernmuseum im einstigen Schloss Monbijou in Berlin stammen. Auf der Burg hütete man seit dieser Zeit auch die Särge Friedrich Wilhelms I. und Friedrichs II., die 1991 nach der Wiedervereinigung Deutschlands zurück nach Potsdam gelangten.

Auf der St. Michaelsbastei befindet sich ein kleiner Familienfriedhof, auf dem der letzte Kronprinz Wilhelm, seine Frau und einige ihrer Kinder beigesetzt worden sind. In der russisch-orthodoxen Kapelle befinden sich die Urnen Prinz Louis Ferdinands, seiner Frau Kira und mehrere ihrer Kinder.

Burg Hohenzollern ist bis heute in Privatbesitz. Zwei Drittel gehören dem brandenburgisch-preußischen Familienzweig, über ein Drittel verfügt die schwäbisch-katholische Linie.

BURG HORNBERG

Gemeinde Neckarzimmern

Die einstige Gaugrafenburg und spätere Ritterburg erhebt sich geradezu selbstbewusst auf einem hohen Bergsporn über dem Neckar oberhalb des Ortes Neckarzimmern zwischen Bad Wimpfen und Mosbach und gilt als eine der schönsten Burgruinen Baden-Württembergs. Hier existierten anfangs zwei selbständige Burgen, die sich eine gemeinsame Vorburg teilten und erst später zusammengelegt wurden. Bekannt ist die Anlage vor allem als Götzenburg, weil Götz von Berlichingen hier 45 Jahre lebte.

Die erstmals 1184 erwähnte Burg war bis ins 13. Jahrhundert im Besitz der Grafen von Lauffen, fiel 1259 an die Bischöfe von Speyer und erlebte wiederholte Besitzerwechsel, bis 1517 Götz von Berlichingen die Burg kaufte und seine bekannte Lebensgeschichte aufschreiben ließ. Die Burg fiel 1612 an die Herren von Gemmingen. 1688 verwüsteten und plünderten die Franzosen die stolze Anlage, die dann wieder instand gesetzt wurde. Aber von 1738 bis zum Ende des 19. Jahrhunderts blieb sie unbewohnt und verfiel. Restaurierungen und Umbauten erfolgten ab 1825 im Zusammenhang mit der damaligen Burgenromantik. Im 20. Jahrhundert führte man weitere Ausbauten, Sicherungs- und Restaurierungsarbeiten durch. Ein komfortables Hotel und ein Burgmuseum entstanden. Und die obere Burg wurde für Besichtigungen zugänglich gemacht.

Gesamtansicht der Burg Hornberg vom Neckar aus

Burg Hornberg, Hauptburg (oben) und Vorburg (unten)

Die Burg besitzt eine Länge von 170 Metern. Die ursprüngliche Doppelanlage legte man um 1510 durch eine gemeinsame Mauer zusammen. In der unteren Burg steht das älteste Gebäude der Burg, der romanische Palas aus dem 12. Jahrhundert, den die Besitzerfamilie von Gemmingen-Hornberg bewohnt. Das 25,5 x 12 Meter messende und 1,50 bis 2,70 Meter starke Mauern aufweisende Gebäude war und ist ein repräsentativer Wohnbau. Über den Bereich der Vorburg gelangt man zum oberen Torhaus und zur Oberen Burg, zu der u. a. eine sogenannte Schildmauer, der Bergfried, der Palas, die Burgkapelle und weitere Baulichkeiten gehören. Die heute noch 7,5 Meter hohe Schildmauer verfügt über eine Mauerstärke von 5,50 bis zu 7 Metern. Diese ungewöhnliche Mauer ist nicht sicher zu datieren und bleibt selbst ausgewiesenen Burgenspezialisten rätselhaft. Man vermutet, sie könne aus vorromanischer Zeit stammen.

Betritt man den Burghof, erblickt man die Ruine des Palas Götz von Berlichingens. An der höchsten Stelle erhebt sich der 33 Meter hohe, vermutlich aus dem 12. Jahrhundert stammende Bergfried, hinter dem die Burgkapelle aus dem 15. Jahrhundert zu finden ist. Der beeindruckendste Bau aber ist der im 16. Jahrhundert von Jakob von Berlichingen erbaute Palas. Im Bereich der einst gemeinsamen Vorburg lagen die Wirtschaftsgebäude, darunter der Marstall, der zu einem Restaurant umgestaltet worden ist, und der einstige Schafstall, der heute als komfortables Hotel dient.

Bereits seit der Ersterwähnung der Burg gibt es Nachrichten über burgeigene Weinberge. Das noch heute betriebene Weingut der Burg ist das älteste in Baden-Württemberg und nach Ausweis urkundlicher Quellen das zweitälteste der Welt. Seine Erzeugnisse sind im Weinverkauf der Burg zu erwerben.

Man kann auf Burg Hornberg aber auch länger verweilen, denn in der Burg befindet sich heute das 4-Sterne-Burghotel und Restaurant Burg Hornberg, in dem man in historischem Ambiente residieren und speisen, in dem man aber auch im Götzensaal oder in der Götzenstube größere Feiern inszenieren kann.

BURG JAGSTHAUSEN (GÖTZENBURG)

Gemeinde Jagsthausen

Die Burg Jagsthausen, die auch als Altes Schloss oder nach Goethes Drama „Götz von Berlichingen" als Götzenburg bekannt ist, liegt an einem Abhang über der Jagst und hat sich seit 1950 als Schauplatz vielbesuchter Freilichtspiele einen besonderen Namen gemacht. Sie ist einer der Stammsitze derer von Berlichingen und bis heute in Familienbesitz. Der ehemalige Bundespräsident Roman Herzog war verheiratet mit Alexandra Freifrau von Berlichingen und verbrachte seine letzten Lebensjahre auf der Burg. Und in Jagsthausen ist er in der Grablege der Freiherren von Berlichingen auch bestattet worden. Die mittelalterlichen Wurzeln der Anlage gehen auf die 1090 erstmals genannten Herren von Husen (Hausen) zurück, ein dann auch im 12. Jahrhundert mehrfach erwähntes Ministerialengeschlecht im Dienst der Grafen von Dürn und nach deren Aussterben der Hohenloher. Als letzter seines Geschlechts starb Hans von Hausen um 1370, und seine Besitzungen kamen an die verwandten Herren von Berlichingen, die die Burg umbauten, erweiterten und zu ihrem Stammsitz machten.

Sie liegt inmitten eines Landschaftsparks des 19. Jahrhunderts mit romantischer Ruinenarchitektur. Das heutige Erscheinungsbild der grabenumzogenen Burg geht vor allem auf die Bausubstanz des 15./16. Jahrhunderts und auf die Umgestaltung durch den Ulmer Münsterbaumeister August von Beyer in den Jahren 1876 bis 1878 zurück und bietet den Palas mit Rittersaal, ein Frauenhaus mit Kemenate und ein Bedienstetenhaus mit starken Ecktürmen.

Burg Jagsthausen

Das Schlossmuseum in einem der Ecktürme zeigt insbesondere die beiden berühmten Eisernen Hände des Götz von Berlichingen, der 1504 im Landshuter Erbfolgekrieg seine rechte Hand verloren und durch kunstvolle eiserne Prothesen ersetzt hatte. Außerdem sind Ausgrabungsfunde des römischen Limeskastells Jagsthausen zu sehen, ferner Waffen und eine Sammlung von Gläsern.
Im Schlosshotel kann man standesgemäß residieren und an den historischen Götz von Berlichingen denken, der hier wohl 1480 geboren wurde und als Kind etliche Jahre gelebt hat.
Man gelangt über eine Steinbrücke und durch den Torturm in den großen Innenhof, der dank Fachwerkbauten und offenen Galerien sehr ansprechend gestaltet ist. Rechts schließt sich der älteste Teil der Burg an, der große Palas, der ursprünglich aus dem 13. Jahrhundert stammen soll, aber viele Umbauten erfahren hat. Nördlich biegt das Hofgelände nach rechts um und führt zu einem kleineren Hof mit den Zugängen zum Schlosshotel und zum Museum. Heiratswillige können im Theaterkeller der Burg traumhafte, märchenhafte Hochzeiten feiern.

Burg Jagsthausen, Hauptbau (oben) und Nordbau (unten)

BURG KATZENSTEIN

Gemeinde Dischingen

Burg Katzenstein liegt im gleichnamigen Ortsteil von Dischingen im Kreis Heidenheim und zählt zu den ältesten Stauferburgen. Auf dem Felssporn über dem Härtsfeld weilten schon vor dem ersten Kreuzzug von 1095/99 Ritter und Herrscher samt ihren Gefolgsleuten. Hier waren Zölle und der Zehnt abzuliefern. Die Burg wurde beschossen und belagert und hat eine überaus wechselvolle Geschichte erlebt und überlebt. Und sie ist bis heute mit Leben erfüllt: durch vielfältige Kinderprogramme, Burgtheater und Ritterturniere, Künstler- und Weihnachtsmärkte, Führungen und Besucher des Burgmuseums.

Mit Ringmauer, Palas, Bergfried und romanischer Burgkapelle bietet die Anlage das Bild einer eindrucksvollen mittelalterlichen Ritterburg. Die verschiedenen Bauten umschließen auf zwei Ebenen drei Höfe. Beeindruckend wirkt der Palas des 12. Jahrhunderts mit seinem mächtigen Tonnengewölbe im Untergeschoss, das den 23 Meter tief in den Fels getriebenen Brunnen birgt. Beeindruckend sind auch der beherrschende romanische Bergfried und die um 1000 erbaute Burgkapelle. Der Bergfried weist am Sockel glatte Kalksteinquader aus dem späten 11. Jahrhundert auf und besitzt ansonsten die typisch staufischen Buckelquader. Natürlich gibt es auch eine sagenhafte Überlieferung, der zufolge auf Katzenstein zwölf Truhen voll mit Gold und Edelsteinen vergraben sind. Leider gibt es aber auch den wach-

Burg Katzenstein (Foto: Bernd Haynold)

samen Burggeist Baldrian, und so harrt der Schatz bis heute seiner Entdeckung. Aber die Burg zählt wenigstens zu den großen Sehenswürdigkeiten an der Straße der Staufer.

Wie wechselvoll die Geschichte der Burg verlaufen ist, können die folgenden Hinweise belegen: 777 Errichtung eines Turms durch den wendischen Königssohn Chakaz auf Veranlassung Herzog Tassilos von Bayern, 1095 Ersterwähnung der Herren von Cazzenstein, 1262 Verkauf der Burg an die Edelfreien von Hürnheim-Rauhaus, 1354 Verkauf an die Grafen von Oettingen, 1382 Erwerb der Burg durch die Familie von Westerstetten, 1419 erfolgreiche Verteidigung gegen bayerische Truppen, 1648 Eroberung der Burg durch die Schweden und Franzosen, 1703 Eroberung durch die Franzosen, 1796 österreichische und französische Besatzung, 1810 württembergisch, 1939 nach fast 100 Jahren Leerstand Erwerb der Burg durch Herbert Stuber, den späteren Grafen Stuber von Caboga-Locatelli, 1967 Verkauf an Familie Holl und anschließende Grundsanierung, 1977 Rekonstruktion des staufischen Palas, 1988 Verkauf an einen Biberacher Privatmann, 1995 nach Brand Schließung der Burg, 2006 Verpachtung an Familie Walter und Wiedereröffnung, 2008 Verkauf an Herrn Michael Nomidis-Walter, 2011 Beginn umfangreicher Sanierungen, Einbau moderner Gastronomie.

Luftaufnahme von Burg Katzenstein (Foto: Wolkenkratzer)

BURG LICHTENSTEIN

Gemeinde Lichtenstein

Burg oder Schloss Lichtenstein, ein romantischer, historistischer Bau des 19. Jahrhunderts, liegt auf 817 Meter Höhe am Albtrauf der Schwäbischen Alb auf steilem Felsturm rund 250 Meter über dem Echaztal. Das Schloss wurde in neugotischer Formensprache mit Staffelgiebeln und Erkern und zinnenbekränztem Turm 1840–42 errichtet, dokumentiert spätromantische Wohnkultur und huldigt durch seine Gestaltung als wehrhafte Ritterburg bewusst dem Mittelalter, allerdings im Verständnis des 19. Jahrhunderts, und wird daher auch als „Märchenschloss Württembergs" bezeichnet.

Eine erste Burg Lichtenstein entstand kurz nach 1100, der gegen Ende des Jahrhunderts eine zweite Burganlage folgte. Soldaten der Reichsstadt Reutlingen sorgten 1311 vermutlich für beträchtliche Schäden im Verlauf des Reichskriegs gegen Graf Eberhard I. von Württemberg. Im Schwäbischen Städtekrieg 1377–88 zerstörten die Reutlinger erneut die Stammburg der Herren von Lichtenstein, die rund 500 Meter südöstlich gelegene Burg Alt Lichtenstein, den nicht wieder aufgebauten Vorgängerbau der Ende des 14. Jahrhunderts errichteten neuen Anlage, die zu einer der wehrhaftesten Burgen des späten Mittelalters ausgebaut wurde. Seit dem 14. Jahrhundert württembergisch und Herzogssitz, verlor Lichtenstein im 16. Jahrhundert an Bedeutung, und der bisherige adlige Burgvogt wurde nur durch einen Forstknecht ersetzt. 1802 ließ König Friedrich von Württemberg schließlich die inzwischen baufällig gewordene Burg niederlegen und einen Fachwerkbau errichten. Lichtenstein wurde Sitz eines Revierförsters. 1826 veröffentlichte Wilhelm Hauff seinen Roman „Lichtenstein", der für die Anlage höchst bedeutungsvoll werden sollte, denn 1837 kaufte Graf Wilhelm von Württemberg seinem Vetter, König Wilhelm von Württemberg, Lichtenstein ab und ließ, angeregt durchs Hauffs Roman, das romantische Schloss Lichtenstein erbauen, das damit weltweit das einzige Schloss ist, dessen Entstehung auf eine Romanvorlage zurückgeht. Die Pläne lieferte der Nürnberger Architekt Carl Alexander Heideloff. Die Baulei-

Burg Lichtenstein

tung lag in den Händen des Reutlinger Bauinspektors Johann Georg Rupp. Das eigentliche Schloss entstand über mittelalterlichen Grundmauern. Außerdem richtete man eine großzügig bemessene Vorburg mit Eckbastionen und Geschütztürmen ein, die zwei ältere Wirtschaftsgebäude umfasste, die jetzt neu gestaltet wurden. Graf Wilhelm von Württemberg, der 1867 zum Herzog von Urach erhoben wurde, ließ nach der Revolution von 1848/49 die Vorburg mit solchen Befestigungen sichern, um sein Schloss und seine Sammlungen vor möglichen Überfällen schützen zu können. Zahlreiche Kanonen sollten hinter den Mauern und auf den Bastionen mögliche Angreifer abschrecken. Bis 1857 waren die Außenwerke vollendet. Im Jahr 1901 entstand noch der „Fürstenbau“, und das Forsthaus wurde erweitert. Ab 1982 erfolgten umfangreiche Sicherungs- und Sanierungsarbeiten.

Burg Lichtenstein, Rittersaal (oben und unten) und Hauptschloss (rechts)

Burg oder Schloss Lichtenstein entsprach den im 19. Jahrhundert gängigen Vorstellungen von einer mittelalterlichen Ritterburg. Nach der Grundsteinlegung zum Weiterbau und zur Vollendung des Kölner Doms am 4. September 1842 nahm die Begeisterung für das Mittelalter und insbesondere für die Zeit der Gotik als einer der großen Epochen deutscher Geschichte ungewöhnliche Ausmaße an, so dass sich die Neugotik rasch über das ganze Land verbreitete. So erhielt auch Lichtenstein ein neugotisches Erscheinungsbild und eine qualitätsvolle neugotische Ausstattung.

Das Schloss befindet sich im Besitz der Herzöge von Urach, kann aber im Rahmen einer Führung besichtigt werden. Die überaus attraktive Anlage hat schon als Drehort von Märchenfilmen gedient, sie wurde auf Briefmarken verewigt, und in Lietzow auf Rügen, in Osthofen bei Worms und sogar in Hout Bay bei Kapstadt findet man Nachbauten.

BURG MEERSBURG

Stadt Meersburg am Bodensee

Die älteste bewohnte Burg Deutschlands erhebt sich in Meersburg auf einem Bergsporn über dem Bodensee. Mit ihrem markanten Bergfried und ihren vier wuchtigen Türmen zählt sie zu den bekanntesten Sehenswürdigkeiten der Region. Der Besucher kann sich in mehr als 30 Räumen ins Mittelalter zurückversetzen lassen: in der alten Burgküche, in der Dürnitz (einem beheizbaren Gemeinschaftsraum), in Palas und Waffenhalle, im Rittersaal und im Verlies, in der Folterkammer wie in der Brunnenstube oder im Fürstensaal.

Außerdem kann der Besucher sich in die deutsche Literaturgeschichte vertiefen, denn in der Burg sieht er die Wohn- und Arbeitsräume und das Sterbezimmer der Annette von Droste-Hülshoff (1797–1848), der wohl bedeutendsten deutschen Dichterin, die von 1841 bis zu ihrem Tod in der Burg lebte, der sie ihr Gedicht „Das Alte Schloss" widmete.

Die Entstehungszeit der Burg, die seit der Errichtung des Neuen Schlosses in Meersburg im 18. Jahrhundert auch als Altes Schloss bezeichnet wird, reicht angeblich bis ins 7. Jahrhundert zurück, als an gleicher Stelle eine erste Burg gebaut worden sein soll, von der sich allerdings keine baulichen Reste erhalten haben. Eine Theorie geht davon aus, der merowingische König Dagobert I. könnte um 630 den Bergfried, den Dagobertsturm, errichtet haben. Sein Mauerwerk gleicht jedoch auffallend den Bergfrieden anderer Burgen in der Region.

Burg Meersburg, mittelalterliche Hauptburg

Burg Meersburg, Ansicht vom Bodensee aus (Foto: Optic)

Ein Luitpolt von Meersburg erscheint erstmals 1113 in einer Urkunde, und die Burg selbst wird erstmals 1147 genannt. Verlässliche Baunachrichten liegen erst aus dem 14. Jahrhundert vor, als 1334 der landseitige Graben ausgebaut wurde. Damit ergab sich zugleich die seither bestehende Ausdehnung der Burg auf eine Fläche von etwa 90 x 30 Meter. Sie war schon seit der Mitte des 13. Jahrhunderts im Besitz der Konstanzer Bischöfe. Nach Auseinandersetzungen mit der Stadt Konstanz nutzten die Bischöfe die Meersburg als ihre Residenz, die daher bis ins 18. Jahrhundert etliche Umbauten erfuhr, dann aber nur noch Verwaltungszwecken diente. Als Folge der Säkularisation fiel die Burg 1802 an das Großherzogtum Baden. 1838 kaufte Joseph von Laßberg die Burg und bezog sie mit seiner Frau Maria Anna von Droste-Hülshoff („Jenny"), der Schwester Annette von Droste-Hülshoffs. Nach dem Tod Laßbergs 1855 verkauften die Erben 1877 die Burg an Carl Mayer von Mayerfels, der die Räumlichkeiten zu einem Mittelaltermuseum umgestaltete. Die Burg ist noch heute in Privatbesitz.

Mittelpunkt der lang gestreckten Burganlage ist der rechteckige Bergfried, der Dagobertsturm, an den sich nördlich der Palas und nach Osten die Dürnitz anschließen. Vier runde Ecktürme und der 14 Meter tiefe Halsgraben schützen die Burg. Auf der südöstlichen Seite des Hofs liegen die drei Zimmer Annette von Droste-Hülshoffs. Im barocken Fürstensaal der Konstanzer Fürstbischöfe kann man sich im Burg-Café mit Ausblick auf den See fürst(bischöf)lich verwöhnen lassen.

BURG RÖTTELN

Stadt Lörrach

Die vermutlich gegen Ende des 11. Jahrhunderts erbaute Burg zählt zu den größten Anlagen in Baden. Sie liegt auf einem Bergsporn hoch über Lörrach und besitzt eine Länge von 300 Metern und eine Breite von 50 Metern. Die Burg, die grandiose Aussicht vom Bergfried, das Museum, die Burgschenke und der Biergarten laden zu lohnendem Besuch ein. Und heiratswillige Paare können den Bund fürs Leben schließen. In der Vorburg finden alljährlich Burgfestspiele und Jazzfestivals statt. Seit 1926 bemüht sich der Röttelnbund e. V. Haagen um die Erhaltung der imposanten Ruine.

Die Edelherren von Rötteln sind urkundlich seit 1102/03 bekannt und treten 1147 als Kreuzzugsteilnehmer auf. Ihre Burg wird allerdings erst 1259 urkundlich erwähnt. Ein schweres Erdbeben beschädigte 1356 die Burg. Sie gelangte 1503 an Markgraf Christoph von Baden. Im Bauernkrieg fiel sie zwar den Aufständischen in die Hände, wurde aber nicht zerstört. Für die Zerstörung sorgten dann allerdings die Franzosen 1678 im Holländischen Krieg. Seitdem ist die Burg eine Ruine, die aber selbst in diesem Zustand noch höchst beeindruckend wirkt und exemplarisch den mittelalterlichen Burgenbau dokumentiert.

Die lang gestreckte Burg besteht aus dem Bastionsbereich sowie aus der Unter- und Oberburg bzw. Vor- und Hauptburg und wird von zwei markanten Wehrtürmen beherrscht. Der älteste und wichtigste Teil der gesamten Anlage ist die Oberburg mit Bergfried und großem Palas. In den 75 x 30 Meter messenden Burghof gelangt der Besucher über eine steile Brücke. Links erhebt sich wachsam ein quadratischer Turm, der sogenannte Giller. Er wurde wahrscheinlich um 1300 erbaut und diente lange als Gefängnis. Die ehemaligen linksseitigen Gebäude sind nicht erhalten geblieben. Der Palas, ein eindrucksvoller dreigeschossiger Bau zwischen den beiden Türmen, entstand seit dem 12. Jahrhundert in mehreren Bauabschnitten und war ein prächtiger Palast mit prunkvoller Ausstattung. Der Bergfried ist der älteste Bau, der zusammen mit der umgebenden Schildmauer einen besonders wehrhaften Eindruck macht. Er besitzt eine Kantenlänge von 8 Metern und gut 2 Meter dicke Mauern. Die sorgsam behauenen Quadersteine des Bergfrieds geben bis heute Rätsel auf, da sie für einen Burgenbau sehr ungewöhnlich sind. Daher vermutet man, es könne sich um wiederverwendete Steine handeln, möglicherweise sogar von einer ehemaligen Kirche.

Burg Rötteln, Blick auf den Palas

Die mächtige Burg hat natürlich auch in Kunst und Literatur ihre Spuren hinterlassen. Es gibt Zeichnungen der Anlage von Matthäus Merian, von Joseph Victor von Scheffel oder von Anton Winterlin. Und es gibt von mehreren Autoren Gedichte über die Burg, darunter von Johann Peter Hebel beispielsweise „Die Vergänglichkeit“ oder „Die Wiese“. Und nicht zuletzt ist Burg Rötteln auch eine sagenumwobene Stätte.

Luftbilder der Burg Rötteln (Foto: Taxiarchos228)

SCHLOSS SIGMARINGEN

Stadt Sigmaringen

Das Hohenzollernschloss Sigmaringen war die Residenz der regierenden Fürsten von Hohenzollern-Sigmaringen. Das mächtige Schloss krönt förmlich einen 200 Meter langen Kalkfelsen, der mehr als 30 Meter die Donau überragt.

Auf dem strategisch sehr vorteilhaft gelegenen Felsen entstand im 11. Jahrhundert eine Burg, deren erste Erwähnung in das Jahr 1077 fällt, als die Chronik des Klosters Petershausen berichtet, der Gegenkönig Rudolf von Schwaben habe die Burg belagert, sei aber vor dem herannahenden Heer König Heinrichs IV. zurückgewichen. Namentlich bekannt geworden sind 1083 die Brüder Ludwig und Manegold von Sigmaringen. Um 1200 baute man die Burg in Buckelquaderweise fast ganz neu auf. 1272 kam sie durch Heirat an die Grafen von Montfort. Graf Hugo V. von Montfort verkaufte bereits 1290 Grafschaft, Burg und Stadt Sigmaringen an Albrecht und Rudolf von Habsburg. Im 14. Jahrhundert gelangten Grafschaft und Burg an die Grafen von Württemberg, dann an die Grafen von Werdenberg. Als deren letzter Spross starb, belehnte König Ferdinand I. 1535 den Hohenzollern Karl I. (1516–1576) mit den Grafschaften Sigmaringen und Veringen. Sein Sohn, Karl II. von Hohenzollern-Sigmaringen (1547–1606), wurde zum Stammvater des Sigmaringer Familienzweigs. Er veranlasste beträchtliche Umbauten seines Schlosses.

Die Hohenzollern teilten sich 1576 gleich in vier Familienzweige: Hohenzollern (erloschen 1602), Hohenzollern-Haigerloch (erloschen 1634), Hohenzollern-Hechingen (erloschen 1869) und Hohenzollern-Sigmaringen, von denen der zuletzt genannte Zweig bis heute fortbesteht. Die Familie wurde 1623 in den Reichsfürstenstand erhoben.

Nach Zerstörungen im Dreißigjährigen Krieg kam es in den folgenden Jahrhunderten zu Wiederaufbauten, Aus- und Umbauten sowie Modernisierungen. Fürst Karl Anton (1848–1885) schließlich wurde zum „Baumeister der Hohenzollern“, der das Schloss gründlich umgestaltete und zu einem Treffpunkt des Hochadels Europas machte. Er ließ den Altdeutschen Saal, die Waffenhalle und die Kunsthalle als Galeriebau errichten. Er verwandelte den Speisesaal in einen französischen Salon und verfügte die Erhöhung des Bergfrieds sowie die Umgestaltung des Ahnensaals.

Schloss Sigmaringen (Fotos: Schloss Sigmaringen, Verwaltung), Königszimmer (unten), Gesamtansicht (rechts oben) und Museumssaal (rechts unten)

Leopold von Hohenzollern-Sigmaringen (1835–1905) kandidierte kurzzeitig für den vakanten spanischen Thron und löste damit ungewollt den Deutsch-Französischen Krieg von 1870/71 aus, der zur Gründung des Deutschen Kaiserreichs führte.

Am 17. April 1893 weitete sich ein Schwelbrand zu einem schrecklichen Feuer aus, das fast den gesamten Ostflügel vernichtete. Die Wiederaufbauarbeiten und weitere Umgestaltungen des Schlosses währten bis 1908.

Nach der Landung der Alliierten in der Normandie 1944 quartierten die Nationalsozialisten das französische Vichy-Regime im Schloss ein. Die fürstliche Familie musste nach Schloss Wilflingen ausweichen. Aber schon am 22. April 1945 besetzten französische Truppen Sigmaringen.

Das Schloss dient als zeitweiser Wohnsitz des jetzigen Fürsten Karl Friedrich Prinz von Hohenzollern, beherbergt die Verwaltung der Unternehmensgruppe Fürst von Hohenzollern und ein Museum und ist im Rahmen von Führungen teilweise der Öffentlichkeit zugänglich.

Den Besucher erwarten große Säle und Salons, die mit kostbaren Möbeln, wertvollem Porzellan und qualitätsvollen Gemälden ausgestattet sind und einen Eindruck einstiger höfischer Pracht vermitteln. Die Waffensammlung mit ihren rund 3 000 Objekten gilt als die größte private Sammlung ihrer Art in Europa. Im Galeriebau westlich des Schlosses ist das Fürstliche Museum untergebracht, in dem man die Kunstschätze der Hohenzollern bewundern kann, in dem mittelalterliche Folterinstrumente aber auch von grausamer mittelalterlicher Rechtsprechung künden. Außerdem birgt der Galeriebau eine der bedeutendsten Sammlungen zur Vor- und Frühgeschichte Baden-Württembergs. Höchst beachtenswert ist schließlich noch die 200 000 Bände umfassende Fürstlich Hohenzollernsche Hofbibliothek Sigmaringen im Wilhelmsbau mit ihren kostbaren Beständen zu vielen wissenschaftlichen Themen.

BURG WALDBURG

Gemeinde Waldburg

Die Waldburg ist der Stammsitz der Truchsessen und Reichsfürsten von Waldburg. Sie liegt auf einer Höhe von 772 Metern über Waldburg im Kreis Ravensburg auf einem steilen Hügel, der zugleich der höchste Punkt Oberschwabens ist. Je nach Wetterlage beschert die einmalige Aussicht Rundblicke über das oberschwäbische Voralpengebiet, die Allgäuer Alpen oder das Berner Oberland.

Das alles in historischer Umgebung – schließlich hat die Burg eine sehr bewegte Geschichte erlebt. Eine erste Burggründung ist für das 11. Jahrhundert anzunehmen, als die Herren von Waldburg ein Lehen von den Welfen erhielten. Weitreichende Umgestaltungen erfolgten in der ersten Hälfte des 13. Jahrhunderts. Damals ließ Kaiser Friedrich II. von 1220 bis 1240 die Reichskleinodien auf der Waldburg aufbewahren. Als Repliken sind daher im Museum die Heilige Lanze und der Reichsapfel zu sehen.

Da die Bergkuppe nur begrenzten Platz bot, musste man Ringmauer, Palas, Wirtschaftsgebäude und Kapellenturm in die Höhe bauen. Kapellenturm und der ursprüngliche Palas entstanden in der ersten Hälfte des 13. Jahrhunderts. Der Kapellenturm diente damals noch als Torturm. Mit dem Neubau des Palas kam der Zugang zur Burg an die heutige Stelle. Die Aufstockung des Kapellenturms und die Einrichtung der Kapelle erfolgten 1323. Georg III. (1488–1531) erwarb sich als „Bauernjörg" in den Bauernkriegen 1524–26 zweifelhaften Ruhm, da er rücksichtslos gegen die unterlegenen Bauern vorging und sie buchstäblich niedermetzeln ließ. Die Burg blieb in diesen Auseinandersetzungen unversehrt. Georg IV. (1523–1562) gab dann dem Palas seine heutige Gestalt. Auch die Wirtschaftsgebäude entstanden in dieser Zeit. Aus der Burg wurde ein schlossgleicher Wohnsitz. Letzte größere Baumaßnahme war die um 1728 durchgeführte Erweiterung und Barockisierung der Kapelle.

Die Familie von Waldburg nutzte die Burg nur noch selten, sondern residierte auf ihren großen Schlössern in der Umgebung.

Im Palas befindet sich auf drei Etagen das Burgmuseum, das anschaulich über die Geschichte der

Burg Waldburg, Rittersaal (unten), Gesamtansichten (rechts)

Burg informiert. Die Aussichtsplattform auf dem Palas entstand im 19. Jahrhundert, da die Waldburg den Landvermessern des damaligen Königreichs Württemberg als trigonometrischer Punkt diente.

BURG WERTHEIM

Stadt Wertheim an Main und Tauber

Wer gerne zwischen alten Mauern Rittermenüs aus Trögen verspeisen möchte, der ist im Restaurant der Burg Wertheim am richtigen Platz, in einer „der größten und schönsten Ruinen Deutschlands", als die schon Georg Dehio die staufische Burg bezeichnete, die auf einer schmalen Bergzunge beherrschend über der kleinen Stadt liegt, mit deren Stadtbefestigung sie durch starke Mauern verbunden ist.

Burg Wertheim, erstmals 1183 urkundlich genannt, wurde bis zu ihrer Zerstörung im Dreißigjährigen Krieg zu einer mächtigen Anlage ausgebaut. Im Bereich der Oberburg sind der um 1200 erbaute Bergfried und der Palas des 13. Jahrhunderts erhalten geblieben. Weitere Bauten schließen sich an. Die aus dem fränkischen Geschlecht der Reginbodonen stammenden Grafen von Wertheim führten diesen Namen seit 1132. Ihre im gleichen Jahrhundert erbaute Burg entwickelte sich rasch zu einem kulturellen Zentrum. So pflegte beispielsweise der Dichter Wolfram von Eschenbach enge Beziehungen zu den Grafen, als einer ihrer Ministerialen, aber auch als Dichter. Er wird sicher öfters in der Burg gewesen sein und soll dort sogar an seinem berühmten Parzival-Roman gearbeitet haben. – Die Grafen von Wertheim starben 1556 aus. Ludwig Graf zu Stolberg-Königstein wurde neuer Besitzer, 1598 gefolgt von seinem Schwiegersohn Graf Ludwig von Löwenstein. Eine Pulverexplosion zerstörte 1619 Teile der Burg. Im 30-jährigen Krieg besetzten die Schweden die Anlage, die von kaiserlichen Truppen beschossen und zerstört wurde. Seitdem ist sie Ruine. Sanierungen erfolgten ab 1982, und 1995 erwarb die Stadt Wertheim die Burg von den Grafen von Löwenstein-Wertheim-Freudenberg und von Löwenstein-Wertheim-Rosenberg.

Hinter einem tiefen bergseitigen Halsgraben erhebt sich die Burganlage, die nach 1400 durch zusätzliche starke Außenwerke geschützt war. An der höchsten Stelle der Oberburg steht der von einer Mantelmauer umgebene 25 Meter hohe Bergfried. Der Palas, der einst auch die Burgkapelle barg, gehört ebenfalls zur frühen Burganlage. Ein oktogonaler Treppenturm verbindet ihn mit einem weiteren Wohnbau. Darunter liegt die Vorburg, eigentlich eine Wohnburg. Der um 1600 entstandene „neue" Löwensteiner Bau wirkt selbst als Ruine noch beeindruckender als der Johannesbau. Aus der Barockzeit stammt der Archivbau über dem Torhaus.

Burg Wertheim (Foto: Herta Götz)

BAYERN

Burg Lauenstein
Veste Coburg
Festung Rosenberg in Kronach
Plassenburg in Kulmbach
Bayreuth
Bamberg
Würzburg
Festung Marienberg
Burgruine Henneburg
Burg Cadolzburg
Kaiserburg Nürnberg
Nürnberg
Festung Wülzburg
Burg Prunn
Regensburg
Donau
Burg Harburg
Ingolstadt
Burg Trausnitz in Landshut
Passau
Veste Oberhaus
Inn
Augsburg
Burg Burghausen
München
Jagdschloss Blutenburg
Chiemsee
Ammersee
Starnberger See
Burg Hohenaschau
Burg Hohen-schwangau
Schloss Neuschwanstein
Tegernsee

JAGDSCHLOSS BLUTENBURG

Stadt München

Im Münchener Stadtviertel Obermenzing liegt an der Würm als malerisches Gebäudeensemble das ehemalige Jagd- und Lustschloss Blutenburg. Es ist der Öffentlichkeit zugänglich, und einzelne Räume können für private Feierlichkeiten angemietet werden: für Hochzeiten, Taufen, Gedenkgottesdienste usw. Für die Bewirtung ist die Schlossschänke Blutenburg zuständig. Im Schloss befindet sich aber auch die Internationale Jugendbibliothek, außerdem ist es Sitz der Erich-Kästner-Gesellschaft. Die Jugendbibliothek hat gleich mehrere Museen eingerichtet: das Michael-Ende-Museum, den James-Krüss-Turm, das Erich-Kästner-Zimmer und das Binette-Schroeder-Kabinett.

Die Blutenburg ist aus einer Wasserburg des 13. Jahrhunderts hervorgegangen. Die Ersterwähnung stammt von 1432. Aus dem ursprünglichen Wohnturm entstand bis zum 17. Jahrhundert durch wiederholte Erweiterungen und Aufstockungen das heutige Herrenhaus. Der spätere Herzog Albrecht III. wählte die Burg zu seinem Landsitz und ließ sie 1431–1440 ausbauen, vermutlich für seine Geliebte und wohl auch erste Ehefrau Agnes Bernauer, die Tochter eines Augsburger Baders. Da Albrechts Vater, Herzog Ernst, wegen der nicht standesgemäßen Verbindung die Erbfolge gefährdet sah, ließ er Agnes 1435 in Straubing in der Donau ertränken. Als literarische Verarbeitung dieses Geschehens ist vor allem Friedrich Hebbels Trauerspiel „Agnes Bernauer" bekannt geworden. Albrecht heiratete 1436 Anna von Braunschweig und lebte mit ihr auch in der Blutenburg. Sein Sohn Sigismund, der 1474 auf die Regentschaft verzichtete, bezog die Blutenburg, baute sie weiter aus und ließ vor allem 1488 die Schlosskirche zur Heiligsten Dreifaltigkeit errichten. Im 17. Jahrhundert bestand kaum noch Interesse am herzoglichen Jagdschloss, so dass der Münchener Notar Anton Freiherr von Berchem 1676 die schon fast verfallene Anlage günstig kaufen und sanieren sowie umbauen lassen konnte. Nach seinem Tod fiel sie 1702 an Kurfürst Max Emanuel zurück. Im Schloss lebten später noch etliche Gemahlinnen oder Konkubinen der Herzöge, es erlebte unterschiedliche Nutzer und Pächter und verfiel immer mehr, auch wenn die Obergeschosse des Herrenhauses weiterhin von der inzwischen königlich gewordenen Familie benutzt wurden. Die Anlage diente als Ausflugsgaststätte und sollte sogar zu einer Branntweinbrennerei umgebaut werden. Schließlich bezog 1866–1957 das Institut der Englischen Fräulein das Anwesen, das anschließend bis 1976 zum Alterssitz der Schwestern des Dritten Ordens wurde.

Die Schlossanlage besteht aus der eigentlichen Burg und der nördlich vorgelagerten großen Vorburg. Eine mit vier Türmen ausgestattete Wehrmauer umgibt auf drei Seiten den Burgbereich, an dessen westlicher Seite das Herrenhaus steht. Nach Norden schließt die Vorburg an, in der östlich der Ökonomiebau folgt, nördlich das Pfortenhaus, der Torturm und die gotische Schlosskapelle mit Meisterwerken der Spätgotik sowie westlich der Saalbau oder Prinzenstall von 1528/29.

Jagdschloss Blutenburg (Foto: Patrick Huebgen © Bayerische Verwaltung der staatlichen Schlösser, Gärten und Seen)

BURG BURGHAUSEN

Stadt Burghausen

Die mit einer Ausdehnung von 1051 Metern längste deutsche Burg, die nach Auskunft des Guinnessbuchs der Rekorde sogar die längste Burg der Welt ist, erstreckt sich auf einem schmalen Bergrücken zwischen der Salzach und dem Wöhrsee, einem Altwasserarm der Salzach, über Burghausen und bietet durch ihre Vielgestaltigkeit einen grandiosen Anblick. Fünf Vorhöfe, jeweils gesichert durch Gräben, starke Wehrmauernauern, Türme und feste Torbauten bilden geradezu eigene Befestigungsabschnitte. Hier standen die Wirtschaftsgebäude und die Wohnbauten der Hofbeamten, der Bediensteten und Handwerker. Die mächtige Kernburg mit dem sechsten Burghof bildet an der südlichen Bergspitze den Abschluss der Gesamtanlage.

Der Bergrücken war schon in vorgeschichtlicher Zeit besiedelt, in der Bronze- und Eisenzeit. Ausgrabungen haben weiterhin keltische und römische Spuren erbracht. Die älteste schriftliche Erwähnung stammt von 1025. Die Grafen von Burghausen verwalteten das spätere Reichsgut von 1027 bis ca. 1164 und errichteten auf der Südspitze des Bergrückens eine erste Befestigung mit Ringmauer und Kirche, deren bauliche Reste 2001/2002 archäologisch gesichert wurden und in der Dürnitz der Hauptburg zu sehen sind. Kurzzeitig kam die Burg an Heinrich den Löwen, ehe sie 1180 an die Wittelsbacher fiel. Nach der bayerischen Landesteilung 1255 baute Herzog Heinrich XIII., der auf Burg Trausnitz über Landshut residierende Stammvater der niederbayerischen Linie der Wittelbacher, das Burghausener Anwesen zur Zweitresidenz aus. Die Hauptburg erhielt repräsentative Bauten wie den Palas, den Dürnitzstock mit seinen Sälen, den Kemenatenbau und die Burgkapelle. Im 14. Jahrhundert erfolgte die weitere Befestigung des Bergrückens, bis 1387 die volle Ausdehnung bis zum nördlichen Ende erreicht war.

Burg zu Burghausen, Hauptburg von Westen

Burg zu Burghausen, Ansicht von der Salzach mit der Stadt im Vordergrund (oben) und Ansicht von Westen (unten)

Burg zu Burghausen, vierter und fünfter Vorhof (oben) und Grundrissplan der Burganlage (rechts)

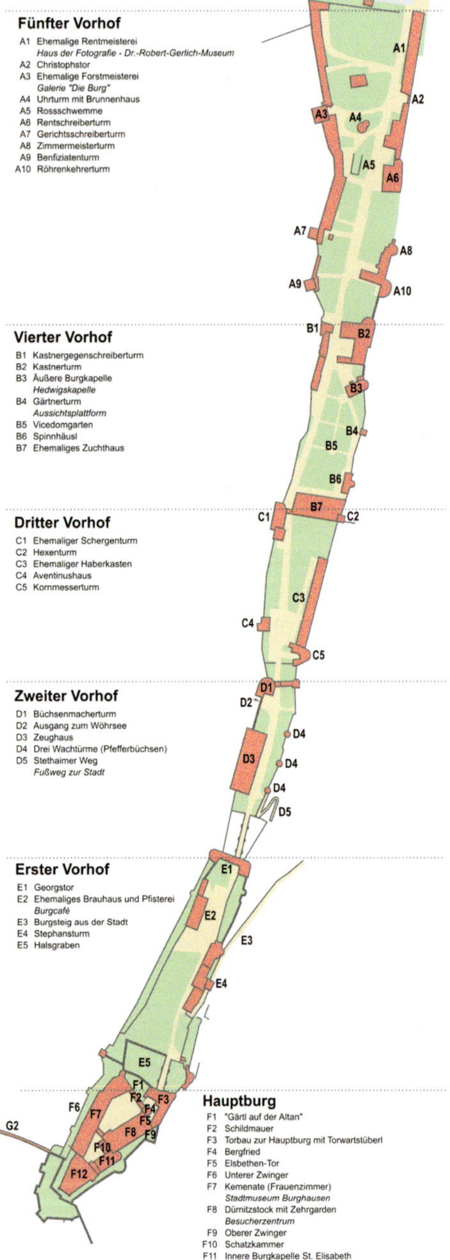

Erweiterungen, Aus- und Umbauten fanden im 15. Jahrhundert statt. Neben anderen Bauten entstanden das mächtige Zeughaus und der imposante Haberkasten, ferner die äußere Burgkapelle St. Maria und das beeindruckende Georgstor. Auch die Befestigungsanlagen wurden weiter verstärkt, so dass die Burg schließlich als die stärkste Festung im Land galt.

Nach der Vereinigung der ober- und niederbayerischen Herzogtümer nach dem Landshuter Erbfolgekrieg von 1504/1505 büßte die Burg Burghausen ihre Bedeutung als Zweitresidenz weitgehend ein. Bis 1802 gastierte das Rentamt auf der Burg. Bauliche Veränderungen erfolgten durch die Nutzung als Garnisonsstandort. Etliche Gebäde wurden um 1800 unter französischer Besatzung niedergerissen.

Der Zugang zur Hauptburg erfolgt durch den starken Torbau mit Zwinger, Schildmauer und Bergfried. Den Innenhof säumen westlich die Kemenatenbauten (Stadtmuseum), südlich der Palas (Staatliches Burgmuseum), und östlich Burgkapelle, Schatzkammer sowie Dürnitzstock (Besucherzentrum). Starke Befestigungsanlagen sichern allseitig die Hauptburg.

Die Burg behauptet sich als Besuchermagnet durch ihr einzigartiges Erscheinungsbild, durch die Vielgestaltigkeit der großartigen Architektur, durch Veranstaltungen wie die Burghauser Burgweihnacht, durch Themenführungen, durch die Museen, durch die Möglichkeit, Räumlichkeiten für private Festlichkeiten zu mieten (Torwartstube, Dürnitz, Gotische Halle, Elisabethkapelle, Hedwigskapelle), durch die Tätigkeiten von Künstlergruppen, durch Konzerte und Schauspiele oder auch durch den Museumsladen der Bayerischen Schlösserverwaltung mit seinen vielfältigen Angeboten.

BURG CADOLZBURG

Gemeinde Cadolzburg bei Fürth

Nachdem 2017 endlich alle Wiederaufbaumaßnahmen, Sanierungen und Restaurierungen der Cadolzburg, einer der imposantesten bayerischen Burgen, abgeschlossen werden konnten, ist es den Besuchern möglich, im Museum dieser Herrschaftsburg das Mittelalter buchstäblich mit allen Sinnen zu erleben. Die Dauerausstellung „HerrschaftsZeiten. Erlebnis Cadolzburg“ dokumentiert die Herrschaft der Hohenzollern in Franken und Brandenburg, ihre Kriege wie ihren Alltag. Auf vier Etagen und im Bereich der Kernburg veranschaulichen Originalobjekte, bemerkenswerte Reproduktionen, Inszenierungen und Medienstationen das Leben auf einer Burg und verbinden die heutige Gegenwart mit der mittelalterlichen Vergangenheit. Auf diese Weise wird ersichtlich, dass das Mittelalter längst nicht so weit zurückliegt, wie es der Abstand von etlichen Jahrhunderten nahe legen könnte, sondern dass mittelalterliche Verhältnisse und Entwicklungen bis heute vielfach nachwirken.

Die erste urkundliche Erwähnung der Cadolzburg stammt von 1157. Mitte des 13. Jahrhunderts kam das Gebiet um Cadolzburg an die Nürnberger Burggrafen aus dem Geschlecht der Hohenzollern. Sie verlegten ihren Herrschaftssitz nach Auseinandersetzungen mit der Stadt Nürnberg im 14. Jahrhundert auf die Cadolzburg, wo König Sigismund 1415 den Burggrafen Friedrich VI. zum Kurfürsten von Brandenburg erhob. Es war der Beginn einer großen Karriere der Hohenzollern, die sie 1701 zu Königen in Preußen und 1871 zu Kaisern des Deutschen Reiches aufsteigen ließ.

Luftbild der Burg Cadolzburg (Foto: Winnetou)

Die Burg erhebt sich in strategisch günstiger Lage auf einer steilen Felsnase und beeindruckt durch ihre mächtige Ringmauer, die wie das Haupttor und der Palas bereits im 13. Jahrhundert errichtet wurde. Auf frühere Bebauungs- und Befestigungswerke weist nur noch das Untergeschoss der einst frei stehenden Kapelle hin. Vor der Kernburg liegt der Bereich der Vorburg, in der ursprünglich die Häuser der Burgmannen standen, in der man in der Renaissancezeit jedoch einen Garten anlegte.

In der Kernburg liegen, durch den Kapellenbau verbunden, die Gebäude des Alten und des Neuen Schlosses. Teile des Neuen Schlosses entstammen der Mitte des 13. Jahrhunderts, aber die große Erweiterung um 1600 führte zur Bezeichnung Neues Schloss. Das Alte Schloss andererseits ist eigentlich ein neuer Bau des 15. Jahrhunderts.

Die Bedeutung der Cadolzburg schwand offenbar in den folgenden Jahrhunderten, denn seit dem 18. Jahrhundert mehrten sich die Nachrichten über wachsende Bauschäden, die aber ohne wesentliche Folgen blieben. Schon 1894 öffnete in der Cadolzburg ein Museum mit einer Folterkammer, und im Erkersaal des Alten Schlosses entstand eine katholische Kapelle, für die Kaiser Wilhelm II. 1898 ein Fenster stiftete. Im Neuen Schloss eröffnete der Landesverein für Innere Mission der evangelisch-lutherischen Kirche Bayerns 1932 ein Landschulheim, und das Neue Schloss diente 1933–45 als HJ-Gebietsführerschule Josef Grün.

Bei den Kämpfen zwischen deutschen und amerikanischen Soldaten während des 2. Weltkriegs fiel die Burg noch kurz vor Kriegsende am 17. April 1945 einer verheerenden Feuersbrunst zum Opfer. Jahrzehntelang blieb die Cadolzburg eine Ruine. Der bayerische Landtag beschloss erst 1979 den Wiederaufbau. 2017 wurden diese Maßnahmen abgeschlossen.

Burg Cadolzburg, Toreinfahrt zur Vorburg (Foto: Hans-Jürgen Neubert © Bayerische Verwaltung der staatlichen Schlösser, Gärten und Seen)

Der Besucher gelangt heute durch den äußeren Torbau in den Bereich der weitläufigen Vorburg, in der östlich das alte Schulhaus und das Pfarrhaus stehen. Burggarten und Pferdeschwemme liegen in der Hofmitte. Die westliche Seite nehmen Haferscheune, Fronveste und das Vogteigebäude ein, hinter dem sich der Hungerturm erhebt. Eine Brücke überspannt den Halsgraben zwischen Vor- und Kernburg. Durch den inneren Torbau gelangt man in den Hof der Kernburg. Östlich befindet sich der große Gebäudetrakt des Neuen Schlosses. Der nördlich gelegene Kapellenbau stellt die Verbindung zum westlich stehenden Alten Schloss her, in dem sich der Eichensäulensaal und der Erkersaal befinden. Den Abschluss dieses Gebäudeflügels bildet der Küchenbau. Westlich dahinter steht im Zwinger der Folterturm. Starke Mauern sowie der untere und obere Zwinger und der Halsgraben sichern die Kernburg.

VESTE COBURG

Stadt Coburg

Mit mächtigen Mauern und Türmen und historischen Gebäuden, die kostbare Sammlungen hüten, erhebt sich die „Fränkische Krone" stolz und selbstbewusst auf einem nach drei Seiten abfallenden Dolomitfelsen 167 Meter über der 1056 erstmals genannten Stadt Coburg. Die Veste zählt mit einer Fläche von rund 260 x 135 Metern zu den größten Burganlagen in Deutschland. Ihre Türme, ihre Wehrmauern, ihre mächtigen Befestigungsanlagen künden bis heute von der Blütezeit im 16. Jahrhundert, als die sächsischen Kurfürsten hier häufig Hof hielten. Im 19. Jahrhundert wählten die Herzöge von Sachsen-Coburg und Gotha die Veste als Standort für ihre umfangreichen, kostbaren, weltbekannten Kunstsammlungen. Nicht zuletzt ist die grandiose Aussicht zu rühmen, die man von den Bastionen genießen kann, wenn der Blick vom Thüringer Wald bis zum Fränkischen Jura schweift und bis zur Rhön, zum Frankenwald und zum Fichtelgebirge.

Archäologische Funde weisen auf erste Befestigungen des Burgbergs im 10. Jahrhundert hin, worüber aber keine Schriftquellen vorliegen. 1074 gründete das Benediktinerkloster Saalfeld auf dem Gelände eine Propstei, die später ins Tal verlegt wurde. Im 12. Jahrhundert war die Burg im Besitz der Grafen von Dießen-Andechs, der späteren Herzöge von Meranien, 1248 der Grafen von Henneberg, 1291 der Markgrafen von Brandenburg, 1312 erneut der Grafen von Henneberg und von 1353 bis 1918 der Wettiner.

In der Literatur finden sich unterschiedliche Angaben bezüglich der urkundlichen Erstererwähnungen. Es wird das Jahr 1056, aber auch erst das Jahr 1225 genannt. Damals bestand die Anlage aus der Hauptburg mit Bergfried, Palas und Kapelle und der westlich liegenden Vorburg. Um 1420/30 entstand ein dreifacher Befestigungsring um die Gesamtanlage. Von

Veste Coburg (Foto: Störfix)

den damals 9 errichteten Rondellen sind 6 erhalten geblieben. Nach einem Brand musste das Mitte des 15. Jahrhunderts erbaute Hohe Haus oder Zeughaus 1489 wieder aufgebaut werden. Nach weiteren Bränden im Fürstenbau und in der Steinernen Kemenate im Jahr 1500 waren abermals Erneuerungen notwendig. Ab 1531 erfolgte der großzügige Umbau zur Landesfestung, nachdem die Hofhaltung in die Stadt verlegt worden war. Östlich entstand die Hohe Bastei für schwere Geschütze. Es folgten zu Beginn des 17. Jahrhunderts weitere Basteianlagen. Nach dem 30-jährigen Krieg, in dem kaiserliche Truppen die Festung besetzt hatten, führte man die Verstärkung der Festungsanlagen fort. Das Hohe Haus wurde 1782 zu einem Zuchthaus umgebaut. Andere Gebäude nutzte man als Krankenhaus und Irrenanstalt. Der Festungsstatus endete 1820. Anschließend ebnete man den bis 12 Meter tiefen Wallgraben ein und legte einen Spazierweg um die Festung an. Die Gebäude wurden romantisierend umgestaltet und für die herzoglichen Kunstsammlungen hergerichtet. Fachwerkbauten in den Innenhöfen trug man ab, die Luther-Kapelle erhielt ein neugotisches Aussehen, und 1857 erbaute man den Torturm. Umfangreiche Schäden an der Bausubstanz erforderten zwischen 1909 und 1923 entsprechende Sanierungen und Restaurierungen, die nach Plänen des Architekten Bodo Ebhardt erfolgten. Er ließ bauliche Veränderungen des 19. Jahrhunderts wieder beseitigen und andere Bauten wie den Fürstenbau, die Luther-Kapelle, das Gästehaus, den Carl-Eduard-Bau den Herzoginbau erneuern. – Mit dem Abfindungsvertrag von 1919 kam die Veste in Staatsbesitz. Herzog Carl Eduard behielt aber für sich und seine Familie lebenslanges Wohnrecht im Fürstenbau. – Am 10. und 11. April 1945 richtete amerikanische Artillerie beträchtliche Schäden an, deren Behebung bis in die 50-Jahre dauerte. Renovierungen, Umgestaltungen und Ausbauten erfolgten auch in den nächsten Jahrzehnten. Das Wohnrecht der herzoglichen Familie endete 1998, so dass anschließend der Fürstenbau restauriert wurde, um die Kunstsammlungen der Coburger Landesstiftung aufnehmen zu können, die die reichen

Luftbild der Veste Coburg (Foto: Carsten Steger)

Veste Coburg (Foto: Störfix)

Sammlungen der Coburger Herzöge betreut. Die Veste birgt weiterhin ein sehr bedeutendes Kupferstichkabinett, eine herausragende Sammlung venezianischer Gläser, eine umfangreiche Rüstkammer, historische Jagdwaffen, die ältesten Kutschen der Welt, ein Münzkabinett, zahlreiche Werke altdeutscher Kunst mit Gemälden von Cranach, Dürer oder Grünewald und viele weitere Kostbarkeiten.

Jagdintarsienzimmer der Veste Coburg

Der Besucher der Veste erblickt zunächst die mächtigen äußeren Befestigungsanlagen mit ihren imposanten Mauern, Basteien und Türmen, die einen höchst wehrhaften Eindruck machen. Im Innenbereich ist auch heute noch die ehemalige Zweiteilung der Anlage erkennbar. Die östlich gelegene Hauptburg umfasst den Fürstenbau, erbaut im 13. Jahrhundert und mehrfach umgestaltet, ferner die Hohe Kemenate, ein ursprünglich spätgotischer Bau mit Bankettsaal und Jagdzimmer, dann die Fundamente des einstigen Bergfrieds und das Gästehaus. Den östlichen Abschluss bildet die Hohe Bastei. Im westlichen Burghof erhebt sich an der südlichen Wehrmauer das Hohe Haus, dessen Gestaltung noch einen Eindruck von der einstigen Burganlage vermittelt. Im Westen steht zwischen dem weitgehend staufisch geprägten Blauen Turm und dem von Bodo Ebhardt gestalteten Roten Turm noch der Herzoginbau und nördlich der Carl-Eduard-Bau, die Museumszwecken dienen. Westlich vorgelagert ist die Bärenbastei.

Ein längerer Aufenthalt in einer der größten und schönsten Burg- und Festungsanlagen Deutschlands empfiehlt sich also aus mehrfachen Gründen. Man kann sich in die Geschichte der Festung, der Stadt, des Landes und seines hoch bedeutenden Herzogsgeschlechts vertiefen. Man kann Bau- und Architekturgeschichte studieren und die militärische Bedeutung der Anlage würdigen. Man kann vielfältige Objekte unterschiedlicher Kunstrichtungen und Epochen bewundern, sich aber auch für die umliegende Natur begeistern und/oder sich im Burgrestaurant stärken.

Veste Coburg

BURG HARBURG

Stadt Harburg

Die große mittelalterliche Höhenburg des 11./12. Jahrhunderts an der Romantischen Straße thront über der Stadt Harburg an der Wörnitz. Der Rundgang durch die stauferzeitliche Reichsministerialenburg weckt vielgestaltige Erinnerungen an ihre lange Geschichte, die allein über 700 Jahre mit dem Haus Oettingen verbunden ist. Die weitläufige Harburg hat Kriege und Belagerungen überstanden und bietet auf einmalige Weise beispielhafte Gebäude fast aller Bauepochen, auch wenn das heutige Erscheinungsbild wesentlich auf das 18. Jahrhundert zurückgeht.

In den Gründungsquellen des 1102 erstmals erwähnten Benediktinerstifts Berchtesgaden erscheint ein Kuno von Horburg/Harburg, der offensichtlich Inhaber der Harburg war, die somit vor 1100 entstanden sein dürfte. Ihre erste Erwähnung stammt allerdings erst von 1150. Im Jahr 1295 verpfändete König Adolf von Nassau die Harburg an die Grafen von Oettingen, die nach ihrem Aussterben 1731 von den Grafen und Fürsten zu Oettingen-Wallerstein beerbt wurden, in deren Besitz sich die Burg bis heute befindet.

Die Kernburg liegt im Schutz einer sechstürmigen Ringmauer und besteht aus der Vogtei, den beiden Bergfrieden, dem Palas oder Fürstenbau, dem Kastenhaus, der Schlosskirche und dem Brunnen, der bis zum Bau der Bundesstraße durch den Burgberg 127 Meter tief gewesen sein soll. Etwas tiefer als die Kernburg liegt die Vorburg mit den Wirtschaftsgebäuden. Die dem Bergplateau zugewandte Seite der Burg war bei einem Angriff am ehesten gefährdet und wurde daher mit besonders starken Mauern, mit Zwinger und Türmen gesichert. Im 15. Jahrhundert entstand noch zusätzlich ein gedeckter Wehrgang auf der Ringmauer. Die beiden Bergfriede, als Diebsturm und Faulturm bezeichnet, errichtete man bereits im 12. Jahrhundert. Der Diebsturm mit seinen 3 Meter dicken Mauern war Verteidigungsanlage, Rückzugsort, Lagerraum und auch Gefängnis, in dem sich zwei Folterkammern befanden. Den Faulturm gestaltete man im 18. Jahrhundert zu einem Treppenhaus des Saalbaus um. Im Fachwerkbau der 1562 erbauten Vogtei residierte natürlich der Burgvogt. Heute dient das Gebäude als Gasthof und Hotel. Das dreigeschossige Kastenhaus von 1594/95 war Getreidespeicher, Marstall und Rüstkammer. Im zweigeschossigen Renaissancebau der Pfisterei, der ehemaligen Bäckerei, befindet sich inzwischen der Burgladen. Den Saalbau von 1496 nutzte ursprünglich die Burgmannschaft. Er wurde 1717–21 aufgestockt

S. 67 oben: Burg Harburg mit Pfisterbau (heute: Burgladen), dahinter Schlosskirche St. Michael und Fürstenbau (Palas)

S. 67 Mitte: Burg Harburg mit Innerem Tor, Roten Stallung und Gefängnisturm

S. 67 unten: Burg Harburg mit Fürstenbau (Palas), Saalbau, Diebsturm (Bergfried) und Kastenhaus

Burg Harburg, Gesamtansicht

und erhielt einen repräsentativen Saal. Der Fürstenbau, aus dem ehemaligen Palas des 13. Jahrhunderts hervorgegangen, diente im 16. Jahrhundert als Residenz, später der Unterbringung von Jagdgesellschaften und im 19. Jahrhundert sogar als Getreidespeicher. 1948/49 nahm der Bau die fürstliche Bibliothek und die fürstliche Kunstsammlung auf. Der Freistaat Bayern kaufte 1980 die wertvolle Bibliothek für 40 Millionen Mark, die seither von der Universität Augsburg gehütet wird. – Die barocke Schlosskirche, die ihr heutiges Erscheinungsbild dem Umbau von 1720/21 verdankt, ist aus der romanischen Burgkapelle hervorgegangen.

Die noch immer sehr trutzig und wehrhaft erscheinende Harburg, für deren Erhalt die Fürstliche Kulturstiftung sorgt, gehört zu den ältesten, beeindruckendsten und am besten erhaltenen Burganlagen Süddeutschlands und ist architektur-

Luftaufnahme von Schloss Harburg (Fotos: El-mejor)

und burgenbaugeschichtlich von besonderer Qualität, aber auch historisch und kunstgeschichtlich höchst beachtenswert. Der Besucher wird bei den Führungen alle wesentlichen Bereiche der Burg kennen lernen, wiederholt mit historischen Ereignissen bekannt gemacht, die die Familien- und Burggeschichte betreffen. Auf dem Wehrgang findet er Kugelschießscharten, die aus einer in die Mauer eingelassenen hölzernen Kugel bestehen, die ein durchgehendes Loch aufweist. Die Kugel ließ sich beliebig drehen, so dass man in alle Richtungen schießen konnte. Vermutlich ist dieser Einrichtung die Redensart „Holzauge sei wachsam!" zu verdanken. Der Besucher erhält weiterhin Informationen über das einstige Rechtswesen, über den Alltag auf einer mittelalterlichen Burg, über kulturelle und wirtschaftliche Verhältnisse usw. – Erholung und Muße, die vielen Eindrücke zu verarbeiten, findet der Besucher im Restaurant „Fürstliche Burgschenke & Schlosshotel Harburg".

BURGRUINE HENNEBURG

Gemeinde Stadtprozelten/ Main, Unterfranken

Zu den schönsten Burgruinen Deutschlands gehört die Henneburg, die 100 Meter über dem Main und über Stadtprozelten im Kreis Miltenberg auf einem Sandsteinausläufer des Kühlbergs thront. Die staufische Höhenburg präsentiert sich in bemerkenswerter Geschlossenheit als trutziger, imposanter Wehrbau mit besonders gut erhaltenen und restaurierten Türmen und Wehrmauern, mit einem unterirdischen Wehrgang, ferner mit zwei imposanten Palasbauten und zwei großen Bergfrieden.

Als Gründer eines Vorgängerbaus der heutigen Ruine gilt Timo de Bratselde, der 1127 Vogt des Aschaffenburger Stifts St. Peter und Alexander war. Sein Nachfolger wurde Conradus Colbo, einer der Schenken von Limpurg. Romanische Mauerreste im großen Bergfried und im östlichen Palas weisen auf einen solchen frühen Bau hin. 1275 teilten sich die Grafen von Wertheim und Hanau Burg und zugehörige Ländereien. Durch Kauf und auf dem Erbweg kam der Besitz bis 1320 für 150 Jahre an den Deutschen Orden, der weitgehende gotische Umgestaltungen durchführte. In dieser Zeit erbaute man den kleinen Bergfried, den westlichen Palas und sicherte die Burg durch Geschütztürme und den nordwestlichen unterirdischen Wehrgang. 1483 wurde sie als Mainzer Lehen eingezogen, diente bis 1688 als Amtssitz und verfiel, so dass sie schon 1704 als Ruine erwähnt wurde. Die Henneburg und Stadtprozelten gehörten ab 1803 zum Fürstentum Aschaffenburg, zum

Henneburg (Foto: Presse03)

Großherzogtum Frankfurt und seit 1814 zum Königreich Bayern. König Ludwig I. gab 1840 erste Erhaltungsarbeiten in Auftrag, an die sich weitere anschlossen. Eine umfassende Sanierung erfolgte 1982–1986, und seit 2017 sind abermals weitgehende Sicherungsarbeiten angelaufen.

Wer zur etwa 90 x 50 Meter messenden Burg hinaufsteigt oder –fährt und den tiefen Halsgraben erreicht, wird äußerst beeindruckt sein von den mächtigen, fast abwehrend wirkenden Mauern, die vor ihm aufragen. Durch den Zwinger und vorbei an der starken, turmbestückten Wehrmauer gelangt man zum Tor der Vorburg, das durch den Halsgraben und eine ehemalige Zugbrücke, durch einen Turm und zwei weitere Bauten gesichert war. Es bestand aus dem Haupttor und der kleinen Mannpforte. Hinter dem Tor liegt die kleine Vorburg, in der einst Wirtschaftsgebäude standen, in der sich heute aber die Gastwirtschaft befindet. Östlich trifft man auf zwei weitere Doppeltore, die in den nordöstlichen Zwinger und in die Kernburg führen. Sie bietet zahlreiche Blickfänge und lädt zu eingehenden Entdeckungen zahlreicher Baudetails ein: eines gotischen Treppenhauses, zahlreicher Dachverzierungen und Fenster verschiedener Epochen, konstruktiver Einzelheiten usw. Den Burghof beschließen südlich und nördlich der kleine und der große Bergfried, die beide zu besteigen sind, die Burganlage erschließen und natürlich großartige Aussichten ins Maintal bereithalten. Seitlich erheben sich westlich und östlich die beiden Palasruinen mit ihren dreigeschossigen Fassaden. Der große Bergfried und der östliche Palas sowie die innere Ringmauer stammen aus staufischer Zeit. Der 25 Meter hohe, mit Buckelquadern errichtete Bergfried misst 9,8 x 9,8 Meter. Der östliche Palas, der eher einem Wohnturm gleicht, weist eine Grundfläche von 10,5 x 11 Metern auf.

Der kleine Bergfried und der westliche Palas entstanden in der Zeit des Deutschen Ordens. Der nach 1321 erbaute Palas hat einen Treppenturm und die Reste von zwei Sälen mit den Maßen 14 x 5,5 sowie 10,5 x 5,5 Metern zu bieten. Zum Schutz der westlichen Bergseite wurde zu Beginn des 15. Jahrhunderts eine ca. 150 Meter lange und 2,5 Meter starke Vormauer angelegt und mit einem viereckigen und drei runden Türmen verstärkt, die durch eine unterirdische Galerie mit Schießscharten verbunden wurden.

Luftbild der Henneburg (Foto: Carsten Steger)

Der Anblick der großartigen Burgruine mit ihrer ganz eigenen Atmosphäre lässt das Mittelalter wieder lebendig werden, und der Besucher sieht mit etwas Phantasie, wie die Herrschaften und Knechte und Mägde ihren alltäglichen Verrichtungen nachgehen oder Gäste empfangen oder sich auf kriegerische Verhältnisse vorbereiten. Die Mauern und Steine können zwar nicht reden, aber sie erzählen Geschichten.

BURG HOHENASCHAU

Gemeinde Aschau im Chiemgau

Von einem hohen, freistehenden Felsrücken aus wacht die mächtige Burg über das Priental. Über Jahrhunderte haben hier mächtige Adelsgeschlechter gelebt und die Herrschaft Hohenaschau regiert. Nach dem Aussterben der letzten Herrscherfamilie Mitte des 19. Jahrhunderts folgten mehrfache Besitzwechsel, bis der Industrielle Theodor Freiherr von Cramer-Klett das Anwesen erwarb. Sein Sohn baute die große Burg Anfang des 20. Jahrhunderts zu einem repräsentativen Wohnschloss um, das 1942 an das Deutsche Reich verkauft werden musste und nach dem Krieg an die Bundesrepublik Deutschland fiel.

Das im 9. Jahrhundert im Besitz des Erzstifts Salzburg befindliche Gebiet um Aschau übernahmen Mitte des 12. Jahrhunderts als Vögte die Grafen von Falkenstein-Neuburg, die als Untervögte die Herren von Hirnsberg einsetzten. Um 1165 verlegten daraufhin die Brüder Konrad und Arnold von Hirnsberg ihren Sitz nach Aschau und errichteten die Burg, die zunächst aus Bergfried, Palas und Ringmauer bestand. 1170 erfolgte bereits die erste urkundliche Erwähnung. Seit 1374 war Konrad Freiherr von Freyberg erst Mitbesitzer und dann alleiniger Besitzer der Burg, die in der Folgezeit großzügig ausgebaut und 1540–60 im Stil der Renaissance umgestaltet wurde. 1606 starb der letzte Freyberger. Auf dem Heiratsweg kam Hohenaschau an die Freiherren und späteren Grafen von Preysing. Sie erweiterten ebenfalls die Anlage und bauten sie 1672–1686 zu einer barocken Residenz aus. Damals entstanden der große Festsaal im nördlichen Flügel und die barocke Schlosskapelle. Ende des 18. Jahrhunderts genügte das Schloss den Ansprüchen der Grafen nicht mehr und sie vernachlässigten es. Nach dem Aussterben des Geschlechts 1853 drohte sogar der Verfall, da die nachfolgenden Besitzer die Ausstattung verkauften und verschleuderten und die Gebäude immer größere Schäden aufwiesen. Die Rettung nahte 1875 mit dem Industriellen Theodor von Cramer-Klett. Bauliche Veränderungen, Erweiterungen und Modernisierungen zwischen 1905 und 1908 veränderten nachhaltig das Erscheinungsbild des Schlosses.

Luftaufnahme der Burg Hohenaschau (Foto: WerWil)

Ahnensaal der Burg Hohenaschau (Foto: WerWil)

Das Zentrum der Anlage bildet der Preysingbau, der aus zwei und dreigeschossigen Gebäudeflügeln unterschiedlicher Epochen besteht, die sich um einen ovalen Innenhof gruppieren, den westlich der große Torturm überragt. Dieser Bergfried mit einer Grundfläche von 10 x 10 Metern ist der wichtigste Rest der mittelalterlichen Burg. Etwa 10 Meter tiefer liegt südlich der Cavalierbau und nach Westen unterhalb des Turms der Vogelbau. Noch weiter westlich schließen sich die Kapelle, das Benefiziaten- oder Mesnerhaus und die Vorburg aus dem 13. Jahrhundert an. Das äußere Tor wird durch zwei Bastionen des 16. Jahrhunderts gesichert.

Von den historischen Räumlichkeiten sind vor allem der Festsaal mit den herrschaftlichen Speiseräumen im Obergeschoss des Nordflügels und der Ahnensaal im Obergeschoss des Südflügels hervorzuheben. Darunter liegen die gotischen Stuben der ehemaligen Bediensteten.

Der Vogelbau wurde erst zu Beginn des 20. Jahrhunderts als Wohnung der Eigentümer errichtet. Der westlich mit einem niedrigen Rundturm ausgestattete Cavalierbau, der zweigeschossige Gästetrakt, umschließt zum Teil einen zweiten Innenhof und besitzt östlich einen oktogonalen Treppenturm.

Schloss Hohenaschau befindet sich in Bundesbesitz und gehört seit 2005 zum Bestand der Bundesanstalt für Immobilienaufgaben. Die Anlage dient als Ferienwohnheim des Sozialwerks der Bundesfinanzverwaltung. Daher sind nur Teile der Burg zu bestimmten Zeiten im Rahmen einer Führung zu besichtigen. Eine ausführliche Dokumentation informiert über die Bau- und Herrschaftsgeschichte. Und das um 1689 errichtete ehemalige Benefiziatenhaus beherbergt seit 1988 das Priental-Museum, das vor allem über die Herrschaft Hohenaschau und die Eisenindustrie im Priental informiert.

Burg Hohenaschau

BURG HOHENSCHWANGAU

Gemeinde Schwangau bei Füssen

Schloss Hohenschwangau, die einstige Burg Schwanstein, kann auf eine bis ins 11. Jahrhundert zurückreichende Geschichte zurückblicken. Die Ritter von Schwangau hatten sechs Burgen errichtet, darunter auch die Burg Schwanstein. Sie blieb bis ins 16. Jahrhundert im Besitz der Ritter von Schwangau. Dann wechselten nach deren Aussterben die Besitzer, bis die Burg schließlich Anfang des 19. Jahrhunderts zu verfallen drohte. Kronprinz Maximilian, der spätere König Maximilian II. von Bayern, erwarb 1832 die Ruine und verfügte in Anlehnung an Originalpläne den neugotischen Wiederaufbau. Die Königsfamilie nutzte das Anwesen vor allem als Sommerresidenz.

Das heutige Schloss Hohenschwangau entstand 1537 bis 1547 unter Verwendung der Außenmauern der vormaligen Burg Schwanstein. Die viergeschossige Anlage wurde ab 1832 innen und außen neugotisch umgestaltet. Drei Rundtürme bestimmen sein malerisches Erscheinungsbild. Das Hauptgebäude dient heute als Museum. Die Ausmalung der Innenräume sollte bewusst historische Erinnerungen und Sagen der Gegend aufgreifen. Die Entwürfe gehen auf Moritz von Schwind und Ludwig Lindenschmit d. Ä. zurück. Mehr als 90 Wandgemälde entstanden, die auftragsgemäß Themen und Motive aus der Schlossgeschichte, aus dem Schwangau oder aus mittelalterlichen Heldensagen aufgriffen, bei-

Burg Hohenschwangau

spielsweise aus der Sage vom Schwanenritter Lohengrin, aus der Nibelungensage und aus der Edda. Die Innenausstattung ist bis heute erhalten geblieben.
In solcher Umgebung verbrachte der spätere König Ludwig II. seine Kindheit und machte nachhaltig und folgenreich Bekanntschaft mit der Sagenwelt. Seine Mutter unternahm mit ihren Kindern häufig Wanderungen durch die Berge und nicht zuletzt zu den alten Burgen Vorder- und Hinterhohenschwangau, wo Ludwig später sein Schloss Neuschwanstein erbauen sollte. Als Kronprinz und König nutzte er aber auch Hohenschwangau bis zu seinem Tod als Sommersitz.
Kurze Zeit nach seiner Thronbesteigung gestaltete Ludwig II. die ehemaligen Gemächer seines Vaters neu. So wurde beispielsweise das Hohenstaufenzimmer von einem Ankleidezimmer in ein Musikzimmer umgebaut, auf dessen Flügel Richard Wagner bei seinem Besuch 1865 dem König seine Kompositionen vorspielte. Im Schlafzimmer ließ Ludwig die Decke als Sternenhimmel gestalten, an dem ein künstlicher Mond und ein Regenbogen romantische Illusionen erzeugten. Die Umgestaltungen in Hohenschwangau zeigen erste Versuche des Königs, seine innere Welt nach außen Gestalt werden zu lassen, bevor er sich an seine großen Bauten wagte.
Die Führungen durch Schloss Hohenschwangau beginnen in der Regel in der Kapelle und gelangen dann über eine Wendeltreppe in die einstige Wohnung der Königin Marie. Hervorzuheben sind der Schwanenrittersaal mit Darstellungen aus der Lohengrinsage, das Ankleidezimmer oder Schyrenzimmer mit Gemälden zur Geschichte der Vorfahren der Wittelsbacher, ferner das Schlafzimmer der Königin oder das Türkische Zimmer mit orientalischen Verweisen, das Schwangauer Zimmer mit Erinnerungen an die Herren von Schwangau, das Berthazimmer mit Darstellungen zur Geburt Karls des Großen sowie das Burgfrauenzimmer, das Wohnzimmer der Königin.
Im zweiten Obergeschoss befindet sich die Wohnung des Königs. Hier liegt der größte Raum des Schlosses, der Helden- oder Rittersaal mit Gemälden zur Wilkina-Sage aus den Erzählungen um Dietrich von Bern. Weitere Räume sind das Welfenzimmer mit Szenen aus der Welfengeschichte, das Autharizimmer, benannt nach dem Langobardenkönig Authari, ferner das königliche Arbeitszimmer, das dem mittelalterlichen Ritterleben gewidmet ist, das Hohenstaufenzimmer oder Ankleide- und Musikzimmer mit Darstellungen zur staufischen Geschichte, die Hauskapelle sowie das Tassozimmer, das königliche Schlafgemach, das Bilder zur Geschichte Rinaldos und Armidas aus Torquato Tassos „Befreitem Jerusalem“ aufweist.

Burg Hohenschwangau, Blick von Schloss Neuschwanstein

FESTUNG MARIENBERG IN WÜRZBURG

Stadt Würzburg

Die mächtige Würzburger Festungsanlage, die über Jahrhunderte gewachsen ist, liegt in beherrschender Lage auf der linken Mainseite auf einer Bergzunge etwa 100 Meter über dem Tal.

Die frühesten Befestigungen, vermutlich in Form eines Ringwalls, stammen aus der bronzezeitlichen Urnenfelderkultur und der frühen Eisenzeit, der Hallstattzeit. Im 6. Jahrhundert kamen die Franken, und schon Anfang des 8. Jahrhunderts entstand ein fränkisch-thüringisches Herzogskastell mit einer angeblich 706 geweihten Marienkirche, die ab 741 Bischofskirche wurde. Der Ausbau zur Bischofsburg erfolgte seit dem frühen 13. Jahrhundert. Bereits um 1200 bestand die Burg aus der frühromanischen Marienkirche, dem Bergfried, dem Bischofspalast Konrads von Querfurt (um 1160–1202), und dem Brunnen. Vom 13. bis 18. Jahrhundert diente die Anlage als Residenz der Würzburger Fürstbischöfe. Ausbauten und Erweiterungen fanden im 14. und 15. Jahrhundert statt. Im Bauernkrieg konnte die Burg 1525 von nur etwa 250 Bewaffneten erfolgreich gehalten werden. Damals war eine Fläche von etwa 45 x 100 Metern zu verteidigen. Die Anlage war rechteckig von einer Ringmauer umgeben, die die Wohnbauten und den etwa 40 Meter hohen Bergfried umschloss. Die Ringmauer wiederum wurde durch eine Zwingmauer gesichert. Dieser Wolfskeelsche Bering oder später Scherenbergring besaß moderne Rundtürme, die gegen schwere Waffen schützten und von denen aus man das Vorgelände wirksam beschießen konnte. Ein tiefer Halsgraben und das starke Scherenbergtor sicherten die westliche Eingangs- und Schwachstelle. Außerdem gab es nördlich und östlich Geschützstellungen. Die Bauern belagerten die Burganlage vom 13. bis 23. Mai 1525, mussten dann aber nach schweren Verlusten abziehen. Fürstbischof Friedrich von Wirsberg verursachte 1572 einen Brand, dem Teile der Burg und die Hofbibliothek zum Opfer fielen. Sein Nachfolger Julius Echter von Mespelbrunn veranlasste ab 1573 die Umgestaltung der Burg zu einem Renaissanceschloss. Im Dreißigjährigen Krieg konnten die Schweden unter Gustav II. Adolf

Marienberg in Würzburg, Ansicht von Süden (Foto: Avda)

die Anlage 1631 erobern. Nach ihrer Vertreibung veranlassten Fürstbischof Johann Philipp von Schönborn und seine Nachfolger den Ausbau zu einer modernen barocken Festungsanlage. Neue Befestigungen und mächtige Bastionen entstanden. Die Mauern erreichten schließlich eine Länge von 12 Kilometern. Im Krieg 1866 beschossen preußische Truppen zwar die königlich bayerische Festung Marienberg, richteten auch schwere Schäden an, konnten sie aber nicht einnehmen. Im deutsch-französischen Krieg 1870/71 quartierte man mehr als 5.000 französische Kriegsgefangene ein. Die Nationalsozialisten nutzten die Anlage als Hilfswerklager, in dem arbeitslose SA-Mitglieder umgeschult wurden. Im 2. Weltkrieg erlitt die Festung noch kurz vor Kriegsende beim schweren Angriff auf Würzburg am 16. März 1945 erhebliche Schäden, die ab 1950 behoben wurden. Die Festung ist für die Öffentlichkeit zugänglich und birgt in ihren Mauern das Museum für Franken, das frühere Mainfränkische Museum, ferner das Fürstenbaumuseum mit fürstbischöflichen Wohnräumen, Schatzkammer und stadtgeschichtlicher Abteilung sowie mehrere Gastronomiebetriebe.

Will man die Festungsanlage von Westen betreten, trifft man zunächst auf das Festungswerk Frankenland, den Reichsravelin und das Werk Teutschland mit dem äußeren Höchberger Tor. Dahinter liegen die Basteien Mars und Bellona. Nach dem Passieren des inneren Höchstädter Tors gelangt man zur Bastei Werda und zum Schönborntor, das zum äußeren Vorhof mit dem Kommandantenbau und dem Neuen Zeughaus führt. Durch Echterbastei und Echtertor betritt man den inneren Vorhof, den Bauten der Echterzeit umgeben. Durch das imposante Scherenbergtor geht es in den Innenhof der Kernburg, die noch vom mittelalterlichen Bering umgeben ist. In der Mitte ragt der Bergfried auf, dahinter liegen die Marienkirche und das Brunnenhaus. Die Nordseite des rechteckigen Hofs nehmen der Kiliansturm, der Kammerbau und der Marienturm ein, die Ostseite der Fürstenbau mit der Bibratreppe von 1511. In der Südostecke steht

Innenhof mit der Marienkapelle auf der Festung Marienberg in Würzburg (Foto © Bayerische Verwaltung der staatlichen Schlösser, Gärten und Seen)

der Randersackererturm, die Südseite ist mit dem Bibliotheksbau und dem ehemaligen Hofstubenbau besetzt. An der Westseite befindet sich das Alte Zeughaus. Unterhalb des Fürstenbaus liegt der barocke Fürstengarten, der von den Basteien St. Johann Nepomuk und St. Johann Baptist flankiert wird. Letztere ist mit dem Außenwerk Höllenschlund verbunden. Die Bastei St. Nikolaus liegt etwa in der Mitte der Südseite und südöstlich erblickt man den von Balthasar Neumann erbauten Maschikuliturm. Als weiteres Außenwerk ist die 1721 errichtete Teufelsschanze im Nordwesten zu nennen.

Marienberg in Würzburg vom Main (Foto: Christian Horvat)

Luftbild der Marienberg (Foto: Myratz)

SCHLOSS NEUSCHWANSTEIN

Gemeinde Schwangau bei Füssen

Für Touristen aus aller Welt ist Neuschwanstein fast zum Synonym für Deutschland geworden. Die romantische „Gralsburg" hat sich zu einem wahren Kultobjekt entwickelt, das in Stoßzeiten täglich tausende Besucher verkraften muss. Um einen solchen Ansturm bewältigen zu können, werden die Besuchergruppen nur in gut halbstündigen Führungen durch das Schloss gehetzt.

In den Gründungsquellen des 1102 erstmals erwähnten Benediktinerstifts Berchtesgaden erscheint ein Kuno von Horburg/Harburg, der offensichtlich Inhaber der Harburg war, die somit vor 1100 entstanden sein dürfte. Ihre erste Erwähnung stammt allerdings erst von 1150. Im Jahr 1295 verpfändete König Adolf von Nassau die Harburg an die Grafen von Oettingen, die nach ihrem Aussterben 1731 von den Grafen und Fürsten zu Oettingen-Wallerstein beerbt wurden, in deren Besitz sich die Burg bis heute befindet.

König Ludwig II. von Bayern unternahm 1867 eine Reise nach Thüringen und besuchte die Wartburg. Sie weckte in ihm die Vorstellung von einer mittelalterlichen Ritterburg, und er war sehr bald entschlossen, seine Idee in unmittelbarer Nähe von Hohenschwangau zu verwirklichen, und zwar in Gestalt einer alten deutschen Ritterburg. Die Ausstattung des Schlosses wurde weitgehend durch Motive aus den Opern Richard Wagners bestimmt, allerdings erteilte der König die Weisung, die Wandgemälde nicht direkt nach Wagners Werken zu gestalten, sondern sich an die Vorgaben der Sagen selbst zu halten. Neuschwanstein ist aber nicht einfach nur als Denkmal einer untergegangenen und dann idealisierten Epoche zu werten. Ludwig litt unter den Demokratiebestrebungen seiner Zeit. Als Ausgleich für die Verluste an königlicher Macht beschwor er deshalb die Vergangenheit herauf, umgab sich mit den Attributen absoluter Herrschaft und glorifizierte das ritterliche Mittelalter mit seinen Sagengestalten.

Schloss Neuschwanstein von Norden

Schloss Neuschwanstein von Süden (Foto © Bayerische Verwaltung der staatlichen Schlösser, Gärten und Seen)

Die Großbaustelle Neuschwanstein war für die nähere und weitere Umgebung ein Segen, denn sie sicherte nicht nur Künstlern, Handwerkern oder Lohnarbeitern die wirtschaftliche Existenz, sie beförderte auch die Entwicklung von Handel, Handwerk, Gewerbe und einer leistungsfähigen Infrastruktur. In Neuschwanstein waren täglich über viele Jahre um die 200 Arbeiter (zeitweilig sogar 300) beschäftigt. Der 1870 gegründete und vom König bezuschusste „Verein der Handwerker an königlichen Schlossbau zu Hohenschwangau" installierte zudem eine Krankheits- und Unfallversicherung, die bei geringen Beitragszahlungen kranken oder verletzten Bauarbeitern 15 Wochen lang die Weiterzahlung ihres Lohnes garantierte. Es ist daher auch kein Zufall, dass nach Ludwigs Tod der ungewöhnliche Königskult von Neuschwanstein ausging, denn hier hatte sich offenbar ein besonderes Verhältnis zwischen König und Landbevölkerung herausgebildet. Hier wurden Denkmäler errichtet und König-Ludwig-Vereine gegründet, und es bildeten sich zahlreiche Legenden um Leben und Tod des Königs.

Als Bauplatz wählte Ludwig die Felsen, auf denen die 1090 erstmals genannte Doppelburg Vorder- und Hinterschwangau stand, von der sich Ruinen erhalten hatten. Die Entwürfe lieferte der Theatermaler Christian Jank, die Ausführung übernahmen Eduard Riedel, später Georg Dollmann und Julius Hofmann. Maler und Handwerker hielten sich genauestens an Ludwigs Vorgaben, der maßgeblich auf alle Pläne und Entwürfe Einfluss nahm.

Die Grundsteinlegung fand am 5. September 1869 statt. Bis 1884 war der Palas so weit vollendet, dass der König seine Räumlichkeiten beziehen konnte. Bis dahin wohnte er bei seinen Aufenthalten im nahen Schloss Hohenschwangau oder im Torbau von Neuschwanstein, um den Fortgang der Bauarbeiten direkt beobachten zu können. Rund 6,2 Millionen Mark betrugen die Baukosten, für die ursprünglich 3,2 Millionen Mark vorgesehen waren. Ludwig setzte dafür sein Privatvermögen ein, aber er plünderte nicht die Staatskasse, wie vielfach behauptet wird. Doch da seine privaten Mittel für seine kostspieligen Bauvorhaben nicht ausreichten, war er auf Kredite angewiesen, so dass seine Schulden auf mehr als 7 Millionen Mark anstiegen.

Bis zum Tod des Königs 1886 konnten nur die Repräsentations- und Wohnräume des dritten und vierten Geschosses fertig gestellt werden, die übrigen Teile blieben als Rohbau stehen. Einige Bauteile wurden nach Ludwigs Tod in vereinfachter Form fertiggestellt, weitere Bereiche blieben unvollendet oder wurden wie die Kapelle und der Bergfried nicht begonnen. Das Schloss hätte den Planungen zufolge über mehr als 200 Räume verfügt, nicht einmal der zehnte Teil wurde vollendet. Dennoch wirkt der Außenbau wie vollendet und bietet ganz bewusst durch die vielgestaltige, abwechslungsreiche Architektur, bestehend aus vielfältigen Fassaden, Türmen, Zinnen und Balkonen, Erkern sowie Arkadenfenstern ein malerisches Erscheinungsbild.

Von Osten gelangt man durch den zweigeschossigen Torbau in den unteren Schlosshof, den zur Schlucht eine Mauer begrenzt, während auf der nördlich gegenüberliegenden Seite ein zweigeschossiger Verbindungsbau zum Viereckturm mit seinem runden Aufsatz führt. Über der westlichen, durch Strebepfeiler gegliederten Futtermauer liegt der obere Schlosshof mit Verbindungsbau, Ritterhaus und Kemenate. Den westlichen Abschluss bildet der fünfgeschossige Palas. Auf der Nordseite überragt ihn ein achteckiger Treppenturm, dem auf der Südseite ein niedrigerer runder Treppenturm entspricht. Die abschließende Westfassade trägt einen doppelstöckigen Balkon.

Die Schlossküche im Erdgeschoss besitzt für ihre Erbauungszeit höchst bemerkenswerte technische Einrichtungen wie fließend Kalt- und Warmwasser oder automatische Bratendrehspieße. Nicht zu vergessen ist die Warmluftzentralheizung des Schlosses von 1884.

Im dritten Geschoss liegen die Vorhalle mit Darstellungen aus der Siegfried-Sage; das Arbeitszimmer mit Erinnerungen an die geschichtsträchtige Wartburg, an die Tannhäuser-Sage und den Sängerkrieg; ferner mit gleichen Motiven Grotte und Wintergarten, die man beleuchten konnte und die einen kleinen Wasserfall enthielten; das Wohnzimmer, das besonders aufwendig gestaltet ist und mit seinem Bildprogramm dem Schwanenritter Lohengrin huldigt, dessen tragisches Schicksal der Einsamkeit auch für Ludwig schicksalhaft wurde; weiterhin das Ankleidezimmer mit Darstellungen zu Leben und Werk des Dichters Walther von der Vogelweide und des dichtenden Schuhmachers und Meistersingers Hans Sachs; das Schlafzimmer, das mit reichen neugotischen Schnitzwerken versehen ist. Die Hauskapelle ist dem Namenspatron des Königs, dem hl. Ludwig IX. von Frankreich, geweiht. Schließlich folgt das durch einen Aufzug mit der Küche verbundene Speisezimmer, das mit Bildnissen von Minnesängern und Szenen aus dem berühmten Sängerwettstreit auf der Wartburg um 1207 geschmückt ist.

Der neben dem Thronsaal spektakulärste Raum des Schlosses ist der große, 27 mal 10 Meter messende Sängersaal im vierten Obergeschoss, der sich am Festsaal der Wartburg orientiert. Die Wandgemälde veranschaulichen die Parzival- und Lohengrin-Sage, und zwar in Anlehnung an die Dichtung Wolframs von Eschenbach. Der besonders aufwendig ausgestattete zweigeschossige Thronsaal im westlichen Teil des Palas war als Gralshalle nach Wagners „Parsifal" gedacht. Die Pläne zu diesem 20 mal 12 Meter großen und 13 Meter hohen Saal in byzantinischem Stil stam-

men von Julius Hofmann und Eduard Ille. In die halbrunde Apsis mit ihren Aposteldarstellungen führen neun Stufen zum gedachten Königsthron aus Gold und Elfenbein, der aber nicht mehr gefertigt wurde. Darüber thront symbolträchtig, wie in mittelalterlichen Kirchen, Christus, begleitet von Maria und Johannes und sechs heilig gesprochenen Königen.

Thronsaal von Schloss Neuschwanstein (Foto: © Bayerische Verwaltung der staatlichen Schlösser, Gärten und Seen)

KAISERBURG NÜRNBERG

Stadt Nürnberg

Die weitläufige Nürnberger Burg krönt buchstäblich die ihr zu Füßen liegende Stadt. Diese Tatsache ist geradezu von symbolischer Bedeutung, denn die Burg hat den Anstoß zur Entwicklung Nürnbergs gegeben.

Sie ist aus zwei unterschiedlichen Anlagen entstanden, aus der älteren Burggrafenburg und der späteren Kaiserburg. Kaiser Heinrich III. hatte um die Mitte des 11. Jahrhunderts etwa auf der Felsmitte einen Wehrturm errichten lassen, der zum Ausbau einer Burganlage führte, die die Burggrafen zu Lehen erhielten. Als dieses Lehen erblich wurde, kam es ab 1167 westlich davon zum Bau der zweiten Burg, um die kaiserliche Machtposition zu dokumentieren und zu wahren. Nürnberg entwickelte sich zu einem bevorzugten Aufenthaltsort der deutschen Herrscher, denn bis zum letzten Reichstag 1543 sind mehr als 300 Kaiserbesuche bezeugt. Die Nürnberger hatten für den Unterhalt der kaiserlichen Burg zu sorgen, in die sie ab 1313 während der Abwesenheit der Kaiser eine eigene Besatzung legen durften.

Im Westen liegt der aus Ziegelmauerwerk aufgeführte viergeschossige Kemenatenbau von 1440–42. Der Palas auf der Südseite mit den kaiserlichen Gemächern wurde nach den Ansprüchen der jeweiligen Zeiten um- und ausgebaut und zeigt heute den Zustand des 15. Jahrhunderts. Er beherbergt neben anderen Räumen den Rittersaal und darüber den Kaisersaal. Im Verlängerungsbau von 1487 liegen die kaiserlichen Wohn- und Empfangsräume. Der bedeutendste Teil der Burganlage ist das Sandsteingebäude, das die romanische Doppelkapelle birgt. In der Unterkapelle, der Margarethenkapelle mit gedrungenen, schweren Formen, verfolgten die Dienstleute die Gottesdienste, während die sehr viel aufwendiger gestaltete Oberkapelle mit der Kaiserempore dem Kaiser und seinem Gefolge vorbehalten blieb. Die Anlage konnte also als allgemeine Burgkapelle, als Hof- und kaiserliche Privatkapelle genutzt werden. Östlich schließt sich der Heidenturm an, dessen Untergeschoss zu den frühesten Bauten der Gesamtanlage zählt. Der vor allem in Kriegszeiten überlebenswichtige Brunnen, der 53 Meter tief in den Felsen getrieben worden ist, wird von einem kleinen Fachwerkbau von 1563 geschützt,

rechts oben: Blick von Südwesten auf die Hauptburg der Kaiserburg Nürnberg (Foto: DALIBRI)

rechts unten: Luftbild der Hauptburg der Kaiserburg Nürnberg (Foto: Hajo Dietz)

unten: Gesamtansicht der Burg

dessen Anbau von 1564 als Badestube genutzt wurde. Zu Füßen des mächtigen Sinwellturms, des runden, wohl im 13. Jahrhundert erbauten, aber erst 1313 genannten Bergfrieds mit seinem Aufbau des 16. Jahrhunderts, der als Ausguck und Wehrturm zugleich diente, stehen in der nordöstlichen Hofecke zwei Fachwerkhäuser des 15./16. Jahrhunderts, die als Sekretariatsgebäude und Finanzstadel gedient haben. Die Schildmauer des 14. Jahrhunderts, die vor diesem Turm verläuft, deutet darauf hin, dass sich die Besatzungen der Kaiser- und Grafenburg wiederholt feindlich gesonnen waren.

Der Platz vor dieser Schildmauer, die Freiung, bietet eine grandiose Aussicht über die Stadt. Im Mittelalter kamen Leibeigene in den Genuss des Asylrechts der Reichsstadt, wenn es ihnen gelang, diesen Platz zu erreichen. Von der auf der anderen Seite des Platzes liegenden Grafenburg sind nach der Zerstörung von 1420 nur Reste erhalten geblieben, die Walpurgiskapelle und die Wohnung des Burgamtmanns. Wiederhergestellt wurde außerdem der ehemalige Bergfried des 11. Jahrhunderts, der als ältestes Gebäude der Stadt gilt. Sein fünfeckiger Grundriss entstand durch eine bauliche Verstärkung der Hauptangriffsseite.

Vervollständigt wird die 200 Meter lange Burganlage durch die riesige Kaiserstallung, in der sich heute eine Jugendherberge befindet, und den „Luginsland". Die Nürnberger haben diesen Aussichtsturm 1377 den Burggrafen von Hohenzollern, als sie gerade einmal nicht in ihrer Burg weilten, in nur fünf Monaten vor die Nase gesetzt. Es kam zum Streit und zum Krieg und schließlich zur Zerstörung der Grafenburg. Auf ihrem Gelände errichtete 1494/95 Hans Beheim d. Ä. den gewaltigen Getreidespeicher, dessen Untergeschoss als Kaiserstallung diente.

Der Italiener Antonio Fazuni lieferte die Pläne für die 1538–45 erbauten mächtigen Basteien nördlich und nordwestlich der Burg, auf denen sich heute die Anlagen des Burggartens befinden.

Eine historisierende Restaurierung der Burganlage erfolgte unter Alexander Heideloff in den Jahren 1834–35. Genau ein Jahrhundert später entfernte man alle Zutaten wieder. Nach den schweren Kriegszerstörungen konnte der ursprüngliche Zustand wiederhergestellt werden.

Kapelle (oben; Foto © Bayerische Verwaltung der staatlichen Schlösser, Gärten und Seen) und Ansicht von Osten auf die Kernburg der Kaiserburg Nürnberg

VESTE OBERHAUS IN PASSAU

Stadt Passau

In beherrschender Lage erhebt sich auf der linken Donauseite auf dem Georgsberg die einstige Burg und Residenz der Fürstbischöfe von Passau über der auf der rechten Flussseite liegenden Stadt.

Der erste Passauer Fürstbischof Ulrich II. begann 1219 mit dem Bau, um der neuen Reichsfürstenwürde architektonisch eine standesgemäße Bedeutung zu geben, aber auch um sich gegen äußere wie innere Feinde abzusichern, zu denen auch die Bürger Passaus zählten, die lieber eine freie Reichsstadt als eine untertänige Bischofsstadt gewesen wären. Da sich die Waffentechnik ständig weiter entwickelte, musste auch die Feste Oberhaus über Jahrhunderte ständig erweitert und immer stärker befestigt werden, so dass man heute die Entwicklung der Festungsbaukunst vom 13. bis 19. Jahrhundert studieren kann. Die Anlage entwickelte sich also von einer gotischen Burg zu einem renaissancezeitlichen Fürstensitz, zu einem befestigten Hochschloss und zu einer mächtigen Landesfestung. Zwischen dem 13. und 15. Jahrhundert hielt sie erfolgreich gleich fünf Belagerungen stand. Im 16. Jahrhundert waren in den stürmisch bewegten Reformationszeiten in den Kerkern der Feste viele Anhänger der Täuferbewegung inhaftiert. Die Säkularisation beendete 1802 die fürstbischöfliche Herrlichkeit. Die Festung fiel an Bayern, musste sich 1805 den Österreichern ergeben, diente aber nach dem Wiener Kongress bis 1918 wieder der Bayerischen Armee: als Festung, als Staatsgefängnis, als Militärstrafanstalt. 1932 übernahm die Stadt die Festung und richtete das bekannte Oberhausmuseum ein.

Ansicht von der Donau auf die Veste Oberhaus in Passau (Foto: Aconcagua)

Steile Berghänge zwischen Donau- und Ilztal begünstigten von Beginn an die Lage der Burg und späteren Festung, die 105 Meter über den Tälern thront. Als Kern der Anlage gilt die romanische Burgkapelle, die im 13. Jahrhundert erweitert wurde, ein einschiffiger Raum zu drei Jochen mit Westempore. Der einstige mächtige Bergfried im Hof der Burg wurde bei den nachfolgenden Ausbauten im 16. Jahrhundert abgetragen. Mitte des 14. Jahrhunderts erhielt der äußere Burghof eine starke Schutzmauer mit Torturm. Im 15. Jahrhundert entstand die „Batterie Linde". An den im 13. Jahrhundert errichteten Dürnitzbau schloss sich östlich und nördlich im 15. Jahrhundert der Fürstenbau an. Diese Gebäudegruppe erhielt um 1670–80 durch gemalte Gliederungen einheitliche Fassaden. Um 1500 entstand ferner der neue Saalbau der Hauptburg mit dem Rittersaal im Obergeschoss, und wenig später erfolgte der Neubau des nördlichen Traktes oder Tollhauses. Zu den weiteren Befestigungen im 16. und 17. Jahrhundert sah man sich wegen der drohenden Türkengefahr gezwungen. Der äußere Burghof und die bisher kaum geschützte Landseite wurden gesichert, Torbauten, Wälle und Bastionen errichtet. Weitere Ausbauten folgten im 18. Jahrhundert. Nachdem Passau 1803 bayerisch geworden war, wurde die Festung Oberhaus zum Bollwerk gegen Österreich. Die Festungseigenschaft endete 1867.

Zu den Außenwerken gehören die kurz nach 1500 erbaute Burgtaverne, der Profosenturm des 16. Jahrhunderts, die anschließende Wehrmauer zur gewaltigen Rundbastei „Katz" aus dem 16. Jahrhundert, die mit dem Generalsgebäude verbunden ist. Diese älteren Bauten wurden Bestandteile der weiteren Neuanlagen im 17. und 18. Jahrhundert, des fächerförmigen Wallgürtels mit Gräben und Bastionen, mit denen man auf die verbesserte Geschütztechnik reagieren musste. Großenteils erhalten geblieben sind die inneren und äußeren Zwingmauern mit ihren Türmen. An der östlichen Spitze der Südmauer steht der um 1370 erbaute Achteckturm, der durch eine besonders befestigte Wehrmauer mit der Feste Niederhaus verbunden ist, die auf dem Ausläufer des Burgfelsens am Zusammenfluss von Donau und Ilz steht, aus dem 13. Jahrhundert stammt, 1435 zerstört, aber bis 1444 wieder aufgebaut wurde.

Der Besucher passiert heute die Sternbastionen aus dem 17. Jahrhundert, die Bastei „Katz" mit ihrem Torturm aus dem 16. Jahrhundert, den mittelalterlichen Burggraben, der sich als Zwinger um die ganze Burg zieht, und gelangt zum Torturm der großen Vorburg, um die sich frühneuzeitliche Bauten gruppieren, das Zeughaus, der Trennbachbau. Ein weiteres Tor führt zum Innenhof der Hauptburg. Offene Arkadengänge der Renaissancezeit fallen ins Auge, der Brunnen und die dahinter liegende Kapelle. Sie lehnt sich an den Fürstenbau an, den einstigen Palas der mittelalterlichen Burg. Gleich rechts hinter dem Tor erhebt sich der prachtvolle Schachnerbau von 1499 mit dem Oberhausmuseum. An der nördlichen Seite des Hofs steht das sogenannte Tollhaus, auch als Adels-„Knast" bekannt, mit dem Feuerwehr-Museum.

Die Feste Oberhaus beherbergt heute das Stadtmuseum, eine Gemäldegalerie und Sammlungen zur regionalen Geschichte, ferner ein Restaurant, eine Sternwarte und eine Jugendherberge.

Turm der Veste Oberhaus in Passau (Foto: Aconcagua)

FESTUNG PLASSENBURG IN KULMBACH

Stadt Kulmbach

Die oberfränkische Herrschaft Kulmbach, zunächst im Besitz der Grafen von Dießen-Andechs bzw. der Herzöge von Andechs-Meranien, dann der Grafen von Orlamünde, kam 1338 durch Verpfändung und endgültig 1340 an den Burggrafen Friedrich V. von Nürnberg. Nach seinem Tod 1398 regierten seine Söhne zunächst gemeinsam, bis 1403 die vom Vater verfügte Erbteilung vollzogen wurde. Markgraf Johann III. (um 1369–1420) fiel Kulmbach zu, und er bestimmte die Plassenburg über der Stadt zu seiner Residenz. Sie blieb das Zentrum der Herrschaft bis zum Umzug des Hofs nach Bayreuth 1603.

Die mächtige Festung Plassenburg zählt zu den beeindruckendsten und größten Bauten der Renaissance in Deutschland. Die anfängliche Burg wurde erstmals 1135 genannt, im Zusammenhang mit dem vermutlichen Erbauer; dem Graf Berthold II. von Andechs. Die Hohenzollern nutzten die Anlage nicht nur als Residenz, sondern auch als Familiengefängnis. So wurde 1493 die Markgräfin Barbara von Brandenburg inhaftiert, und ab 1515 diente für 12 Jahre ein Turmgemach als Aufenthaltsort des Markgrafen Friedrich II., den sein Sohn Markgraf Kasimir zu Brandenburg einsperren ließ. Unter Markgraf Georg dem Frommen zu Brandenburg begann schließlich ab 1530 der Ausbau der Burg zu einer der stärksten Festungen der Zeit in ganz

Blick von der Stadt Kulmbach auf die Plassenburg

Europa. Sie erhielt u. a. drei mächtige Geschützrondelle und entwickelte sich immer mehr zu einer Landesfestung mit modernen Bastionen. Nach der Kapitulation der Festung im Zweiten Markgrafenkrieg erfolgten 1554 erhebliche Zerstörungen. Die Wiederaufbaumaßnahmen begannen wenige Jahre später. Caspar Fischer fertigte die Pläne der grandiosen Renaissancearchitektur. Die den Schönen Hof umschließenden Wohngebäude waren um 1575 vollendet, die Festungswerke wurden jedoch noch lange weiter ausgebaut und verstärkt.

Nachdem die ältere Linie der fränkischen Hohenzollern ausgestorben war, begründeten die Markgrafen Christian und Joachim Ernst zu Brandenburg die jüngeren Linien der Markgrafen zu Brandenburg-Kulmbach und zu Brandenburg-Ansbach. Markgraf Christian verlegte seine Residenz nach Bayreuth, suchte aber im Dreißigjährigen Krieg wiederholt Schutz auf der Plassenburg.

rechts oben: Innenhof der Plassenburg (Foto © Bayerische Verwaltung der staatlichen Schlösser, Gärten und Seen)

rechts unten: Luftbild der Plassenburg in Kulmbach (Foto: El Grafo)

Luftbild der Plassenburg in Kulmbach (Foto: Stadt Kulmbach)

Die begrenzten finanziellen Mittel des Markgrafen verhinderten den weiteren Ausbau und die weitere Modernisierung der Festung, deren militärische Bedeutung zusehends schwand. Im 18. Jahrhundert konnten nur der Kommandantenbau barock umgestaltet und die Kleine und große Kaserne errichtet werden.

Auf Befehl Napoleons wurden 1806/07 die Festungsanlagen geschleift. Die Plassenburg diente nachfolgend als Lazarett, als Zwangsarbeitshaus, als Zuchthaus, als Kriegsgefangenenlager, als Festungshaftanstalt, wieder als Zuchthaus, als Reichsschule der deutschen Technik, als Flüchtlings- und Vertriebenenunterkunft. Heute sind in der Plassenburg gleich mehrere Museen untergebracht: das Deutsche Zinnfigurenmuseum, die Staatlichen Museen Plassenburg mit Armeemuseum und Hohenzollernmuseum und das Landschaftsmuseum Obermain.

Die auf einem steilen Felsrücken sich erhebende Plassenburg besteht aus dem vierflügligen Hochschloss und dem nordöstlich sich anschließenden Niederschloss, die durch Beringe und Bastionen geschützt werden. Die vier Gebäudeflügel des Hochschlosses umgeben trapezförmig den Schönen Hof und präsentieren zum Teil aufwendig gestaltete Fassaden mit reliefförmigen Ornamenten und Bildnismedaillons.

Der Kasernenhof mit dem Niederschloss zeigt Gebäude unterschiedlicher Erbauungszeiten: den Arsenalbau, die Hohe Bastei, den Christiansturm mit kunstvollem Portal, den zweiflügligen Kasernenbau und das Kommandantenhaus.

BURG LAUENSTEIN

Stadtteil Lauenstein der oberfränkischen Stadt Ludwigsstadt

Die malerisch gelegene, höchst beeindruckende mittelalterliche Höhenburg im fränkisch-thüringischen Grenzgebiet geht auf das 12. Jahrhundert zurück. Die Burg selbst wurde erstmals 1242 erwähnt. Dank ihrer exponierten Lage war sie von besonderer strategischer Bedeutung. Vom 13. bis 15. Jahrhundert residierten hier die mächtigen thüringischen Grafen von Orlamünde. Markgraf Friedrich I. von Brandenburg erwarb 1427 die Lehnsherrschaft und belehnte 1506 Heinrich von Thüna mit Burg und Herrschaft Lauenstein. Christoph von Thüna ließ 1551–1554 den Hauptflügel der Burg mit den markanten vier Ecktürmen errichten, der ein herausragendes Beispiel renaissancezeitlicher Schlossarchitektur darstellt. 1622 erwarb Markgraf Christian von Bayreuth die Burg, die 1791 an Preußen und 1803 an Bayern fiel und 1815 in Privatbesitz gelangte. Sie verwahrloste zusehends, ein Prozess, der erst beendet wurde, als 1896 Dr. Erhard Meßmer die Anlage erwarb und im Stil des späten Historismus um- und ausgestalten ließ. Diese Verbindung von renaissancezeitlicher Architektur und Elementen des Historismus und des Jugendstils fasziniert bis heute und zeigt sich vor allem in der Eingangshalle im Orlamünde-Saal sowie im Rittersaal des Thünabaus.

Ab 1898 konnten Teile der Burganlage als Hotel genutzt werden, das um 1900 Gäste wie den Schriftsteller Ernst von Wolzogen, Joachim Ringelnatz, den bulgarischen Zaren Ferdinand I. oder auch Theodor Heuss begrüßen konnte. 1917 fanden auf der Burg noch während des 1. Weltkriegs auf Einladung des Verlegers Eugen Diederichs die Lauensteiner Tagungen statt, auf denen wichtige Politiker, Gelehrte, Schriftsteller und Intellektuelle über die Zukunft Deutschlands nach dem Krieg diskutierten.

Burg Lauenstein (Foto: Lauensteiner)

Im 2. Weltkrieg diente die Burg als Stützpunkt einer Dienststelle des militärischen Geheimdienstes, die u. a. mit der Fälschung von Pässen, mit der Herstellung von Geheimtinten und Mikrokameras befasst war. Und hier stand 1944 Admiral Wilhelm Canaris unter Hausarrest, der vormalige Chef der Abwehr. Der Freistaat Bayern erwarb 1962 die Burg und veranlasste eine umfassende Restaurierung der gesamten Anlage. Ein bestens ausgestattetes Museum vermittelt seither ein anschauliches Bild mittelalterlichen Burglebens.

Wie es sich für eine mittelalterliche Burg gehört, gibt es auch von Burg Lauenstein eine besondere Gründungsgeschichte. Der Sage nach soll Burg Lauenstein bereits um 915 von König Konrad I. zum Schutz seines Herrschaftsbereichs erbaut worden sein. Als Bauplatz hatte man den südöstlich gelegenen Schwarzen Berg gewählt. Dunkle Mächte rissen jedoch stets die am Tag zuvor errichteten Mauern wieder nieder. Konrad folgte schließlich dem Rat eines Einsiedlers und verlegte den Bauplatz an die heutige Stelle. Er ließ seinen Königsmantel in dünne Streifen zerschneiden, umgab damit seine Burg und wehrte auf diese Weise die bösen Mächte ab. Die Burg hieß daher im Volksmund auch ‚Mantelburg'.

Burg Lauenstein fasziniert den Besucher durch ihre landschaftliche Lage, großartige Architektur und die beeindruckenden Innenräume, die man im Rahmen einer Führung erleben kann.

Burg Lauenstein, Hauptburg (Foto: Tors © Bayerische Verwaltung der staatlichen Schlösser, Gärten und Seen)

BURG PRUNN

Gemeinde Riedenburg/Altmühltal, Kreis Kelheim

Burg Prunn erhebt sich auf einem senkrecht zum Altmühltal abfallenden und etwa 70 Meter hohen Kalkfelsen als „Idealbild einer Ritterburg". Der Blick aus dem Tal hinauf zur Burg mit ihrem 31 Meter hohen Bergfried ist ebenso beeindruckend wie der Ausblick von der Burg hinab ins Tal und über die umgebende Landschaft.

Schon 1037 wurden die Herren von Prunn und ihre Burg erstmals urkundlich erwähnt. 1147 war die Burg im Besitz der Herren von Laaber, auf die als älteste erhaltene Bauten Bergfried und Palas zurückgehen. Herzog Ludwig von Bayern kaufte 1288 die Burg, die 1338 den Herren von Fraunberg als Lehen übertragen wurde. Sie ließen die Burg 1436 bis 1476 beträchtlich erweitern. Nach dem Erlöschen des Geschlechts fiel Prunn an den bayerischen Herzog zurück und wurde 1570 an Karl Köckh zu Mauerstetten und Bodenmais verkauft. Die Burg erhielt 1604 einen schlossartigen Anbau, den man mit der Außenmauer auf die romanische Ringmauer setzte. Notwendig gewordene Instandsetzungsarbeiten erfolgten 1631 im Stil der Renaissance und verbesserten die Wohnqualität. Der Dreißigjährige Krieg setzte der Familie wie der Burg zu, so dass es 1646 zu einem Verkauf kam. Und schon 1672 traten die Ingolstädter Jesuiten als nächste Käufer auf, die Umgestaltungen und Erweiterungen veranlassten. Nach der Auflösung des Jesuitenordens 1773 übernahmen die Johanniter das Anwesen, deren Kommende jedoch bereits 1822 aufgelöst wurde, so dass Prunn an Bayern zurückfiel. König Ludwig I. setzte sich für den Erhalt der Burg ein und gab Sicherungsarbeiten in Auftrag. Trotz weiterer Maßnahmen verfiel sie gegen Ende des 19. Jahrhunderts. Seit 1946 wird Burg Prunn von der Bayerischen Verwaltung der Staatlichen Schlösser, Gärten und Seen betreut. Restaurierungen erfolgten 1950/51. Die umfassende Sanierung und Restaurierung 2007–2010 hat das historische Erscheinungsbild weitestgehend wieder hergestellt.

Burg Prunn (Foto: Qflieger)

Die Burg wird bergseitig durch einen 20 Meter breiten und 9 Meter tiefen Halsgraben gesichert, vor dem sich einst eine Vorburg befand. Der Bergfried aus dem 13. Jahrhundert bot zusätzlichen Schutz vor Angriffen von der höheren Bergseite. Die weiteren Bauten der Anlage orientieren sich an den natürlichen Gegebenheiten des Felsplateaus. Westlich des Bergfrieds stehen der Torbau mit Wachstube und Kemenate sowie Frauenküche. Auf der Ostseite findet sich ein kleiner Bau mit der sogenannten Trinkstube. Den Innenhof begrenzt westlich eine früher einmal sehr viel höhere Mauer. Ein polygonaler Treppenturm des 17. Jahrhunderts führt ins Obergeschoss des Torbaus. Die

Burg Prunn (Foto: Qflieger)

südöstliche Seite nimmt der ursprünglich romanische Palas mit einem gotischen Saal im Erdgeschoss ein. Die Außenwand wird bestimmt von einem turmartigen Bau mit einer Wachstube. Im Palas liegt auch die Burgkapelle, die von den Jesuiten um 1700 eine Rokokoausgestaltung erhalten hat.

Für die besondere kulturelle Bedeutung der Burg Prunn im Mittelalter spricht die Tatsache, dass 1566 nach dem Tod des letzten Fraunburger Grafen der nachfolgende Graf Joachim von Ortenburg eine spätmittelalterliche Handschrift des Nibelungenliedes auffand, die er dem Humanisten, Geschichtsschreiber und Hofrat Wiguleus Hundt schenkte. Es handelt sich um die viertälteste vollständige Handschrift des berühmten Epos, die 1575 nach München in die herzogliche Bibliothek kam und heute in der Bayerischen Staatsbibliothek gehütet wird (BSB-Hss., Handschrift D, Cgm 31, 14. Jh.).

Nachdem der Besucher (hoffentlich) eingehend die Dauerausstellung „Burg Prunn und das Nibelungenlied" verinnerlicht hat, kann er bei seinem weiteren Rundgang weitere Themenräume erkunden, die dem Nibelungenlied, der Burggeschichte, dem Alltag der Burgbewohner, der Wohnkultur oder der Rolle der Frauen im Mittelalter gewidmet sind. Und in den Sommermonaten kann er an Sonn- und Feiertagen das Schauspiel „Die Nibelungen" verfolgen.

FESTUNG ROSENBERG IN KRONACH

Stadt Kronach

Zu den größten und zugleich schönsten deutschen Festungsanlagen zählt man die Festung Rosenberg über Kronach, eine ehemalige bambergische Bischofsburg und spätere Landesfestung. Der mittelalterliche Bergfried, die starken Mauern des 15. und 16. Jahrhunderts und schließlich die mächtigen Bastionen der fünfeckigen barocken Festung deuten auf eine bewegte Vergangenheit hin und dokumentieren die im Lauf der Jahrhunderte sich wandelnden wehrtechnischen Anforderungen. Gerade das Nebeneinander von mittelalterlichen, renaissancezeitlichen und barocken Wehranlagen macht den besonderen Reiz der imponierenden Festung aus, an deren Gestaltung so berühmte Baumeister wie Maximilian von Welsch und Balthasar Neumann beteiligt waren. Die niemals von Feinden eroberte Anlage ist seit 1888 im Besitz der Stadt.

In strategisch sehr günstiger Lage erbaut, beherrscht die weitläufige Anlage die Flusstäler der Haßlach, der Kronach und der Rodach. Die steil abfallende südliche Seite wirkt besonders beeindruckend, weil hier die Mauern des äußeren Festungsrings bis zu 25 Meter emporragen.

Über die frühen Anfänge der Festung ist kaum etwas bekannt. Seit 1122 gehörte die Gegend dem Hochstift Bamberg, das den Rosenberg zur Sicherung seines Besitzes nach und nach befestigte. Die erste urkundliche Erwähnung der Burg stammt erst von 1249, als sie längst

Festung Rosenberg in Kronach, Hauptportal

Festung Rosenberg in Kronach, Ansicht von Südwesten

ein wichtiger nördlicher Eckpfeiler des Hochstifts Bamberg war. In kriegerischen Zeiten fanden die Bürger der 1003 genannten Stadt Kronach in der Anlage sichere Zuflucht.
Im 14. Jahrhundert begann der Ausbau zur bischöflichen Landesburg mit starker Ummauerung und einer sicheren Toranlage. Ein weiterer Mauerring mit Zeughaustor, altem Zeughaus und dem Vorgängerbau des noch existierenden Kommandantenhauses entstand unter Fürstbischof Philipp von Henneberg (1475–1487). Im 16. Jahrhundert ergänzte man die Kernburg zu einer vierflügligen Anlage. Wenig später entstanden auch die Aus- und Neubauten des Alten und Neuen Zeughauses und schließlich die Bastionärbefestigung. Diese Anlagen konnten im 30-jährigen Krieg die wiederholten Versuche der Schweden vereiteln, Stadt und Burg zu erobern. Bis 1699 erfolgte nach dem Krieg der umfassende Ausbau mit den mächtigen Steinbastionen, die bis heute imponieren. Nach Norden folgten um die Mitte des 18. Jahrhunderts noch Vorwerke und Erdwälle zu weiteren Absicherung. 1802 fielen Kronach und die Festung an Bayern. Die Festungseigenschaft hob man 1867 auf. Im 1. Weltkrieg nutzte man die Festung als Gefangenenlager für Offiziere. Beispielsweise genoss hier der spätere französische Staatspräsident Charles de Gaulle Kronacher „Gastfreundschaft“. Nach dem 2. Weltkrieg brachte man Flüchtlinge in den Gebäuden unter und richtete etliche Wohnungen ein, die erst in den 70er Jahren aufgelöst wurden. Inzwischen hat sich die Festung Rosenberg zu einem attraktiven und beliebten kulturellen Zentrum für Kronach und die ganze Region entwickelt.

Die vierflüglige Kernburg mit ihren nördlichen Ecktürmen bildet den inneren von drei Befestigungsringen. Die Gebäude verdanken ihre Gestaltung vor allem dem 16. Jahrhundert. Im östlichen Fürstenbau lagen die Wohn- und Staatsräume der Fürstbischöfe, der Fürstensaal und die Fürstenküche. Im Nord- und Westflügel waren die Bediensteten untergebracht, aber auch Stallungen, Lagerräume und Werkstätten. Der Südflügel, im 15./16. Jahrhundert entstanden, wurde im 18. Jahrhundert weitgehend abgetragen und als Neue Kaserne errichtet. Heute wird er als Kommandantenbau bezeichnet. Im Innenhof erhebt sich der rund 38 Meter hohe Bergfried aus dem 13. Jahrhundert.

Der unregelmäßig gestaltete mittlere Bering aus dem 15. Jahrhundert umschließt die Kernburg. Hier stehen der Zeughaustorbau, das Alte und Neue Zeughaus, ein Vorratshaus und das Pulvermagazin. Die bis zu 14 Meter dicke Wehrmauer ist mit 7 Türmen ausgestattet. In den mittleren Wallgraben setzte man im 18. Jahrhundert vor das Provianthaus die Artilleriekaserne.

Der dritte Bering aus dem 17. Jahrhundert besteht aus fünf barocken Bastionen mit den verbindenden Kurtinen. Das regelmäßige Fünfeck entspricht der Idealvorstellung einer Festung, da sie keine toten Winkel zulässt. Zwei Wallbrücken stellten die Verbindung zum mittleren Bering her. Das stattlichste Bauwerk der Festung ist das zwischen den beiden südlichen Bastionen befindliche Festungstor von 1662. Vor den beiden nördlichen Bastionen errichtete man auf der am ehesten gefährdeten Bergseite im 18. Jahrhundert noch vier Erdwerke, um feindliche Vorstöße zu verhindern und um die Bastionen zusätzlich zu sichern.

Die Bedeutung der Festung lässt sich schließlich noch durch einige Zahlen hervorheben. Die Befestigungsanlagen besaßen mit Wallgräben und Vorwerken eine Größe von rund 8,5 Hektar oder 85.000 Quadratmetern, einschließlich der vorgelagerten Erdwerke sogar eine Größe von mehr als 23 Hektar oder 230.000 Quadratmetern.

Heute birgt die Festung im Kommandantenhaus die bedeutende Fränkische Galerie, ein Zweigmuseum des Bayerischen Nationalmuseums, das erlesene fränkische Kunst des 13. bis 16. Jahrhunderts zeigt: mit Werken so berühmter Künstlern wie Lucas Cranach, Adam Kraft, Hans von Kulmbach, Veit Stoß oder Tilman Riemenschneider. Sonderausstellungen werden im Fürstenbau präsentiert. – Wer sich mehr für die Festung und ihre Geschichte interessiert, kann das Informations- und Dokumentationszentrum aufsuchen oder im Rahmen von Führungen auf informative Entdeckungstouren gehen.

Festung Rosenberg in Kronach

BURG TRAUSNITZ IN LANDSHUT

Stadt Landshut

Die weithin sichtbar über Landshut thronende Burg führt erst seit dem 16. Jahrhundert den Namen „Trausnitz". Vorher hieß sie Burg Landshut, weil sie das Land behüten sollte. Schon unter dem Wittelsbacher Ludwig I. dem Kelheimer (1173–1231), Herzog von Bayern und Pfalzgraf bei Rhein, der seinen Beinamen erhielt, nachdem er in Kelheim einem Attentat erlegen war, umfasste die Höhen- oder Spornburg den Bereich der heutigen Kernburg. Errichtet wurde sie über Vorgängerbefestigungen des 9./10. Jahrhunderts. Als Kaiser Friedrich II. 1235 Landshut besuchte, war sie nahezu vollendet. Sie stellte in dieser Zeit für die Reichspolitik wie für die staufische Kultur ein wichtiges Zentrum dar, schließlich hielten sich hier zeitweise Minnesänger wie Walther von der Vogelweide oder Tannhäuser auf.

Zwischen 1255 und 1503 diente die Burg als Residenz der niederbayerischen Herzöge, die vor allem im 15. Jahrhundert umfangreiche, repräsentative Erweiterungsbauten veranlassten, um ihre Residenz ihrem Rang gemäß aufzuwerten. Der Fürstenbau und die Neue Dürnitz wurden errichtet und die Befestigungsanlagen erweitert und modernisiert. Die Ringmauern erhöhte man, und mächtige Wehrtürme entstanden.

Der glanzvolle Höhepunkt des 15. Jahrhunderts war 1475 die Vermählung, die Ludwig der Reiche für seinen Sohn Georg und dessen Braut, die polnische Königstochter Hedwig, ausrichtete. Die „Landshuter Hochzeit" wird noch heute alle vier Jahre als große Festveranstaltung gefeiert (zuletzt vom 30.6.–24.7. 2017). Herzog Georg starb 1503, ohne einen männlichen Erben zu hinterlassen. Er hatte testamentarisch seine Tochter Elisabeth und deren künftigen Gemahl Ruprecht von der Pfalz als Erben eingesetzt. Diese Bestimmung stand im Gegensatz

Burg Trausnitz in Landshut, Ansicht von der Stadt (Foto: Bertl 85)

zum Wittelsbacher Hausvertrag, der vorsah, dass beim Aussterben einer männlichen Linie die jeweils andere Loinie das Erbe antreten sollte. So kam es zum Landshuter Erbfolgekrieg, auch als bayerisch-pfälzischer Erbfolgekrieg bekannt, an dem sich der Ritter Götz von Berlichingen beteiligte. Bei der Belagerung Landshuts verlor er am 23. Juni 1504 durch das Geschoss einer Feldschlange seine rechte Hand, woraufhin er sich von einem kunstfertigen Schmied seine berühmte Eiserne Hand anfertigen ließ.

Unter Herzog Ludwig X. von Bayern wurde Burg Trausnitz im 16. Jahrhundert im Stil der Spätgotik und dann der Renaissance umgestaltet. Im 16. Jahrhundert verbrachte der 1548 in Landshut geborene Herzog Wilhelm V. seine Erbprinzenzeit auf der Burg, die eine besondere Blütezeit erlebte, da der Prinz viele Künstler, Musiker oder Komödianten einlud. Damals stattete man zahlreiche Räume mit bedeutenden Wandmalereien aus, die leider bei der Brandkatastrophe 1961 großenteils vernichtet wurden. Da die Trausnitz den barocken Repräsentationsansprüchen nicht mehr genügte, nutzte man sie im 18. Jahrhundert als Kaserne und Gefängnis für hochgestellte Häftlinge. 1762 zog eine Wollzeug- und Seidenmanufaktur ein. Anfang des 19. Jahhunderts erfolgte die Umgestaltung zu einer Kaserne und einem Lazarett und 1831 zu einem Cholerahospital. Das 2. Obergeschoss des Fürstenbaus nahm ab 1869 eine standesgemäße Wohnung für König Ludwig II. auf, die er allerdings nie nutzte.

Dem verheerenden Brand vom 21.10.1961 fielen große Teile des Fürstenbaus und wertvolle Einrichtungen zum Opfer. Die Innenräume des Fürstenbaus stürzten brennend zusammen, der Rittersal über der Kapelle brannte aus. Erhalten blieben die Kapelle samt ihrem Inventar und der italienische Anbau mit der berühmten Narrentreppe.

Der Besucher erlebt bei seinem Rundgang mittelalterliche Säle, beispielsweise die beeindruckende Gewölbehalle, weiterhin die Alte Dürnitz, den ältesten erhaltenen Saal der Burg, eine zweischiffige Halle aus der Zeit Ludwigs des Kelheimers, ferner die Burgkapelle mit bedeutenden Skulpturen aus dem 13. Jahrhundert und Flügelaltären des 15. Jahrhunderts. Der Besucher sieht Kabinette und Stuben und vor allem die berühmte Narrentreppe, die Prinz Wilhelm, der spätere Herzog Wilhelm V. von Bayern, um 1575–1579 in Lebensgröße mit Figuren und Szenen der italienischen Commedia dell'arte ausmalen ließ. Ein besonderer Höhepunkt des Rundgangs ist der Aufenthalt auf dem Söller, einer im 15. Jahrhundert entstandenen Loggia, die einen großartigen Ausblick auf Landshut und die weite Landschaft bietet. Nicht zuletzt sieht man den schlanken und erstaunlich hohen Turm der Stiftsbasilika St. Martin, der mit 130,6 Metern der höchste Backsteinturm der Welt ist. Der Überlieferung zufolge wollten die reichen und selbstbewussten Landshuter Bürger ihren Herzögen von diesem Turm aus in die Suppenschüssel blicken können. Die Herren sollten nicht nur von der Burg auf sie hinabblicken können, im konkreten wie übertragenen Sinn, und die Bürger ihrerseits wollten nicht nur zu den Herzögen aufblicken müssen, ebenfalls im konkreten wie

Vorburg der Burg Trausnitz in Landshut

übertragenen Sinn. Nicht versäumen sollte man als Besucher den Genuss der „Kunst- und Wunderkammer Burg Trausnitz“, die über die Sammeltätigkeit der bayerischen Herzöge informiert, insbesondere über die Sammlungen des Erbprinzen Wilhelm, der auf Trausnitz Kunstvolles wie Exotisches oder Merkwürdiges zusammentrug. Als er 1579 als Herzog nach München ging, nahm er allerdings seine Schätze mit. Die Trausnitzer Kunst- und Wunderkammer wird als Zweigstelle des Bayerischen Nationalmuseums aber dennoch ihrem Namen gerecht.

Burg Trausnitz lädt nicht nur zu Besichtigungen ein. Man kann vielmehr auch herzoglich-fürstliche Stunden bei Veranstaltungenn und Feiern auf der Burg verbringen: in der Alten Dürnitz, im 240 Quadratmeter großen Weißen Saal, in der Georgskapelle, in der Kleinen Dürnitz oder auf dem Söller mit seiner grandiosen Aussicht auf Landshut.

Burg Trausnitz in Landshut, Eingangssituation der Hauptburg (Foto © Bayerische Verwaltung der staatlichen Schlösser, Gärten und Seen)

Innenhof der Burg Trausnitz in Landshut (Foto © Bayerische Verwaltung der staatlichen Schlösser, Gärten und Seen)

FESTUNG WÜLZBURG

Gemeinde Weißenburg/Mittelfranken

Auf der höchsten Bergkuppe der südlichen Frankenalb liegt in 630 Meter Höhe die ansbachische Hohenzollernfestung Wülzburg, ein einzigartiges Denkmal des Renaissancefestungsbaus. Hier stand seit dem 11. Jahrhundert ein Benediktinerkloster, das 1537 in einen weltlichen Verwaltungssitz umgewandelt wurde. 1588–1610 erfolgte der Bau der mächtigen Festung.

Der Sage nach soll der fränkisch-karolingische König Pippin der Kurze (714–768), der Vater Karls des Großen, zunächst eine Kirche erbaut haben, die, ebenfalls der Sage nach, sein Sohn wiederholt aufgesucht haben soll. Das Kloster St. Peter und Paul entstand jedoch vermutlich erst in der ersten Hälfte des 11. Jahrhunderts. Man nimmt an, dass hier der heilige Otto, Bischof von Bamberg (um 1060–1139) und „Apostel der Pommern", erzogen wurde. Ende des 14. Jahrhunderts kam das Kloster an die Nürnberger Burggrafen, die späteren Markgrafen von Brandenburg, und wurde mehrfach in kriegerische Verwicklungen hineingezogen. 1451 plünderten Weißenburger Bürger das Kloster und brannten es nieder. Es wurde als Bauernhof und Verwaltungssitz genutzt. Kurzzeitig bestand auch noch ein Kollegiatstift, dann folgten 1537 die Aufhebung und 1588 die Einebnung des Geländes.

Markgraf Georg Friedrich d. Ä. von Brandenburg-Ansbach (1539–1603) veranlasste ab 1588 die Errichtung der Festungsanlage, die etwa 1610 vollendet war. Sie bildet ein fast regelmäßiges Fünfeck, an dessen Ecken die Bastionen Jungfrau, Krebs, Rossmühle, Kaltes Eck und Hauptwache stehen. Im Dreißigjährigen Krieg übergab man die Festung kampflos den kaiserlichen Truppen. Ein Brand zerstörte 1639 einen Teil der Anlage, die aber nie erobert wurde. Die Festung diente dann bis ins 19. Jahrhundert als Staatsgefängnis, fiel 1791 an Preußen und 1806 an Bayern. Der Festungsstatus endete 1867, und die Anlage wurde 1882 an die Stadt Weißenburg verkauft. Im Ersten Weltkrieg quartierte man Kriegsgefangene ein. Eine Gedenktafel im Torgang weist darauf hin, dass 1918 der spätere französische Staatspräsident Charles de Gaulle als Kriegsgefangener auf der Wülzburg weilte. 1929 richtete man ein Schullandheim auf der Festung ein, im Zweiten Weltkrieg ein Internierungslager, nach dem Krieg ein Flüchtlingslager und ein Kreisaltersheim.

Luftbild der Festung Wülzburg (Foto: HaSe)

Die 73.000 Quadratmeter große Festung ist umgeben von einem 10 Meter tiefen und 23 Meter breiten Trockengraben. Von der einst umfangreichen Bebauung haben sich nur das zweiflüglige Schloss und ein Wirtschaftsgebäude von 1814 erhalten. Das die beiden Schlossflügel verbindende Treppenhaus ist als Reittreppe gestaltet. Besonders beachtenswert sind die Kasematten der Bastionen, insbesondere die Kuppelhalle der einstigen Rossmühle, die einen Durchmesser von mehr als 14 Metern besitzt. Mit dem 143 Meter tiefen Brunnen, einem technischen Wunderwerk, verfügt die Wülzburg über einen der spektakulärsten Festungsbrunnen. Die kleine evangelische Kirche im südlichen Schlossflügel (um 1605) wurde 1738 und 1864 neu ausgestattet.

BERLIN UND BRANDENBURG

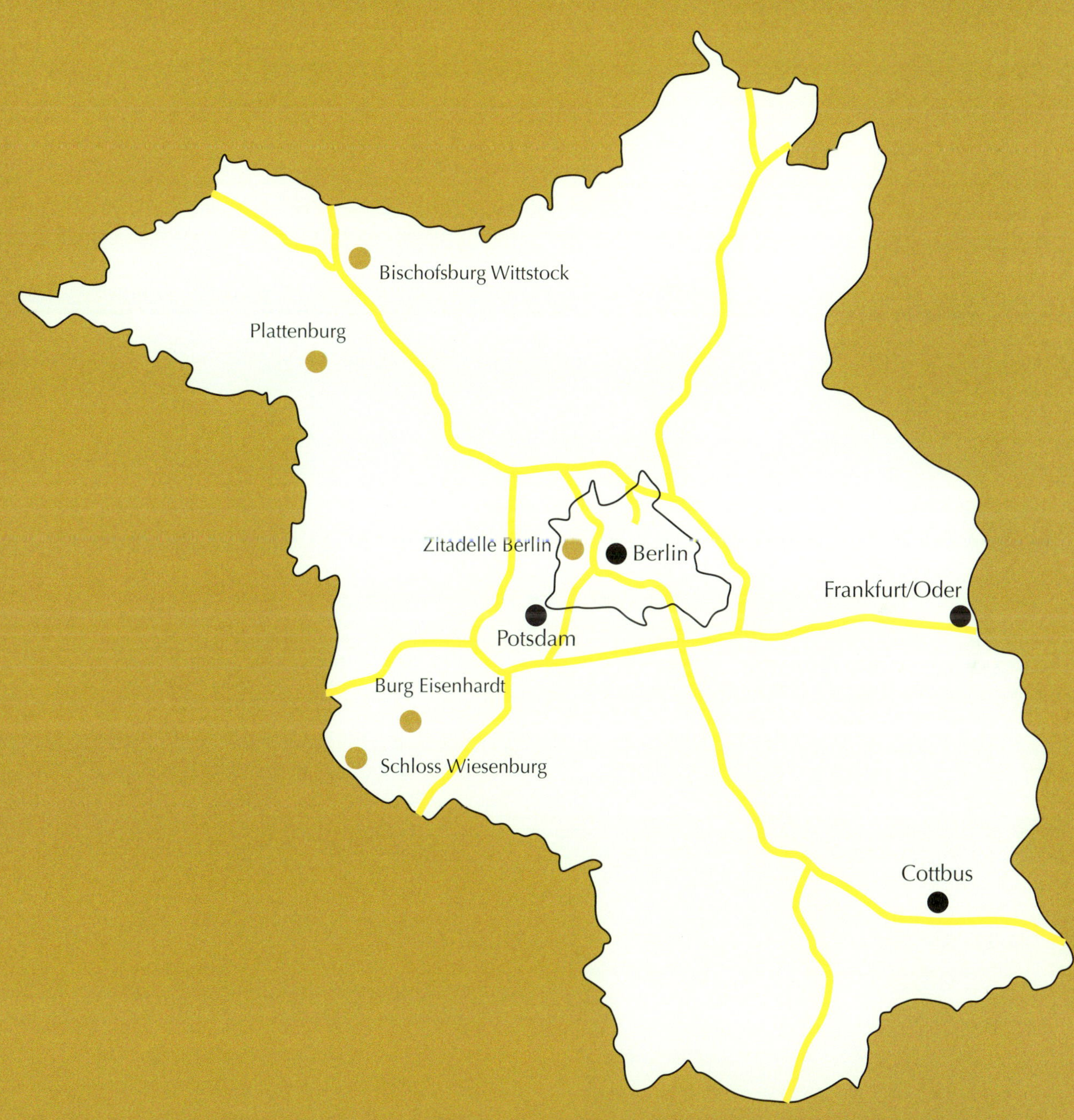

BURG EISENHARDT

Stadt Bad Belzig, Kr. Potsdam-Mittelmark

Als markantes Wahrzeichen der Stadt thront die Randhausburg mit ihrer starken Wehrmauer und ihren begehbaren Wehrtürmen hoch über Bad Belzig auf einem Höhenrücken im Hohen Fläming. Die größte Höhenfestung Norddeutschlands lädt zu romantischen Nächten im Burghotel ein, zu unvergesslichen Hochzeiten, zur Verkostung süßer Schokoladen im Hofladen und natürlich zur Besichtigung der Burganlage und des Heimatmuseums.

Bereits um 1000 vor Christus wurde der Burgberg nachweislich besiedelt und zum Sitz einer Adelsfamilie. Die erste Erwähnung der Burg erfolgte in einer Urkunde Kaiser Ottos III. vom 8. Juni 997, mit der er sie dem Erzstift Magdeburg übertrug. Der Slawenaufstand von 983 hatte zum Verlust großer Gebiete östlich der Elbe geführt. Erst 1157 konnte Albrecht der Bär Brandenburg wieder zurückerobern. Die Burg fiel an die Askanier. Eine steinerne Burg wurde errichtet, auf der um 1200 die Grafen von Belzig saßen. Nach dem Tod des letzten Grafen nach 1251 ging die Burg in sächsisch-landesherrlichen Besitz über. Um 1305 ließ Herzog Rudolf I. die Burg und ihre Befestigungsanlagen erweitern und verstärken. Sie fiel mit der sächsischen Kurwürde 1423/25 an die Wettiner, die sie zu einer Festung ausbauen und das große Torhaus zu einem Schloss umgestalten ließen. Seit 1465 führt sie den Namen „Eisenhardt“, mit dem man ihre Uneinnehmbarkeit dokumentieren wollte. Kurfürst Friedrich III. veranlasste gegen Ende des 15. Jahrhunderts weitere großzügige Umbauten.

Bergfried der Burg Eisenhardt (Foto: Gregor Rom)

In den kurfürstlichen Gemächern übernachtete 1534 Martin Luther während einer Schul- und Kirchenvisitation in Belzig. Schwedische Truppen richteten 1636 schwere Zerstörungen an. Ende des 17. Jahrhunderts konnten aber unter Kurfürst Johann Georg III. umfangreiche Wiederherstellungsmaßnahmen durchgeführt werden. Im Nordischen Krieg 1706/07 quartierten sich schwedische Soldaten in der Festung ein, in der dann 1712 der russische Zar Peter I. übernachtete. Im 18. Jahrhundert führte man vor allem im Inneren der Burg bedeutendere Umbauten durch. Im Verlauf der Befreiungskriege kam es 1813 zu folgenschweren Ereignissen. Der auf russischer Seite stehende Graf von Wittgenstein erließ in seinem Hauptquartier auf der Burg am 30. März 1813 seinen „Aufruf an die Bevölkerung Sachsens“ und forderte die Abkehr vom erzwungenen Bündnis mit Napoleon, so dass es am 27. August 1813 zur „Landwehrschlacht“ bei Hagelberg kam, die mit einem preußischen Sieg endete. Nach den Bestimmungen des Wiener Kongresses wurde Belzig preußisch.

Von 1815 bis 1845 nutzte das Stadt- und Landgericht das Torgebäude. 1828 zog das Landratsamt in die Burg ein. König Friedrich Wilhelm IV. veranlasste 1849 weitreichende Sanierungsmaßnahmen, die in der Folgezeit fortgeführt wurden. Von

Burg Eisenhardt (Foto: Gregor Rom)

1936 bis 1945 gastierte die Reichsschule Technische Hilfe in der Anlage. Zu DDR-Zeiten wurden die Gebäude für eine Berufsschule, eine Sonderschule, eine Schulküche, eine Musikschule und eine Jugendherberge genutzt, ferner für einen Jugendclub, für das Standesamt, das Heimatmuseum und für eine Station Junger Naturforscher und Techniker. Nach der Wende erfolgten umfangreiche Instandsetzungen. Bis zum Jahr 2008 konnten das Torhaus, das Salzmagazin, die Ostmauer, Teile der Nordmauer sowie die erst 1999 eingestürzte Westmauer und der Bergfried saniert werden. Seit 1993 ist die Burg im Besitz der Stadt, die in der Burg das Museum, eine Außenstelle des Standesamts und die Stadtbibliothek unterhält. Das Erscheinungsbild der Burg wird von ihrer äußeren Ringmauer geprägt, die eine unregelmäßig siebeneckige Form aufweist. Rondelle verstärken die Ecken. Die beiden südlichen Rondelle hat man in den schlossartigen Ausbau des Torhauses integriert, in dem das Museum untergebracht ist, das über die Burggeschichte, die Landwehrschlacht bei Hagelberg, die Reichsschule der Technischen Nothilfe sowie das Frauenkonzentrationslager „Roederhof" informiert. Der bestimmende Bauteil der Burg ist der runde, 28 Meter hohe Bergfried, der um 1200 errichtet wurde. Südlich steht das im 15. Jahrhundert als Doppelturmtor gestaltete, mit Ziegeln verkleidete Torhaus, das ab 1477 durch Arnold von Westfalen zum Jagdschloss ausgebaut wurde. Auf seiner östlichen Seite erhebt sich das einstige Salzmagazin, ein Speicherbau des 16. Jahrhunderts, der 1930 umgestaltet und zu Wohnzwecken umgebaut wurde und heute als Hotel dient. Im Burghof liegen zwei eingeschossige Putzbauten und der Brunnen. Außerdem finden sich die Grundmauern weiterer Gebäude, der romanischen Kapelle und des Palas. Auch die innere Ringmauer hat sich in Resten erhalten, so dass der Umfang der ersten Burganlage erkennbar ist.

Vom Bergfried, den man auch als Butterturm bezeichnet, kann der Besucher nicht nur die Burganlage zu seinen Füßen liegen sehen, sondern auch eine besondere Aussicht auf die Belziger Altstadt genießen.

PLATTENBURG

Gemeinde Plattenburg, Kr. Prignitz

In malerischer Lage erhebt sich in wald- und wasserreicher Umgebung die angeblich älteste erhaltene Wasserburg Norddeutschlands, die im Mittelalter als Sommerresidenz der Havelberger Bischöfe diente. Die 1147 erstmals genannte Burg kaufte Bischof Reiner von Havelberg dem brandenburgischen Markgrafen Waldemar ab. Bis 1548 blieb sie bischöfliche Residenz. Danach verpfändete Kurfürst Joachim II. Burg und Herrschaft 1560 Matthias von Saldern als erbliches Lehen. Burchard von Saldern veranlasste um 1600 den Ausbau der Burg im Stil später Renaissance. Im Dreißigjährigen Krieg kam sie glimpflich davon, da der schwedische König Gustav Adolf der Herrschaft Plattenburg einen Schutzbrief ausstellte. 1675 waren es aber schwedische Truppen, die die Burg belagerten. 1940 brachte man französische Kriegsgefangene im Kapellenflügel unter und richtete ein Lazarett ein. Die Familie von Saldern musste 1945 die Enteignung hinnehmen. Flüchtlinge zogen ein. Die Unterburg verfiel, die Vorburg wurde zum Teil abgerissen. Aus der Hochburg wurde 1969 ein Ferienlager der Deutschen Reichsbahn, das bis 1991 existierte. Im gleichen Jahr gründete man den Verein zur Förderung und Erhaltung der Plattenburg, der umfangreiche Restaurierungen einleitete. Inzwischen bietet die Plattenburg ein Museum, einen Trauraum und Übernachtungsmöglichkeiten. Seit 2014 besteht sogar eine Burg-Brauerei.

Plattenburg (Foto: A. Savin)

Die Wasserburg umgibt ein Graben. Teilweise erhalten hat sich auch ein zweiter Wallgraben. Die Burg besteht aus der Oberburg, dem Burghof, der Unterburg, der Kapelle und der Vorburg. Architektonische Besonderheiten und bedeutende handwerklich-künstlerische Zeugnisse finden sich im prächtigen Rittersaal und in der Halle des Bischofsflügels. Frisch restauriert präsentiert sich der Ahnensaal. Das Knappenhaus der Unterburg entstand im 16. Jahrhundert an der Wehrmauer und beherbergte zeitweise die Burgverwaltung. Die früher dreiflüglige Oberburg besteht aus dem Palas oder Bischofsflügel und einem Wohnbau, der sich rechtwinklig anschließt. Die Reste des dritten Flügels hat man schon im 19. Jahrhundert abgetragen. Der spätgotische, verputzte, dreigeschossige Backsteinbau des Bischofsflügels

Luftbild der Plattenburg (Foto: Bernd Lammel)

wurde zu Beginn des 17. Jahrhunderts ausgebaut und erhielt 1724 einen Fachwerkanbau mit Eckpavillons. Friedrich August Stüler lieferte die Pläne für den 1861–65 erfolgten Umbau des Wohnflügels, der für das heutige Erscheinungsbild bestimmend geblieben ist. Er erhielt einheitliche Backsteinfassaden. Vor allem der Rittersaal und weitere Innenräume wurden neu gestaltet. Außerdem entstand der imposante Turm, der 1883 nach einem Brand um ein Geschoss aufgestockt wurde.

Der Hof der Unterburg ist auf drei Seiten von spätgotischen Backsteinbauten umgeben, die sich an die Ringmauer anlehnen. Der nördliche Flügel, in dem einst Brau- und Backhaus lagen, besitzt im Erdgeschoss eine vierjochige, zweischiffige Halle, über der die 1714 gestaltete Kapelle liegt, die 1885/86 eine neugotische Umgestaltung erfuhr. Der südliche Flügel aus dem 16. Jahrhundert, auch als Knappenbau bezeichnet, wurde 1878 ebenfalls neugotisch überformt.

Die Plattenburg hat sich längst zu einem kulturellen Zentrum der Prignitz entwickelt. Kulturhistorische Seminare oder Workshops, Ausstellungen und Konzerte, Hochzeiten und die „Plattenburger Tafelrunde" werden ausgerichtet. Und natürlich fehlt auch das alljährliche mittelalterliche Burgspektakel im Juni nicht.

ZITADELLE BERLIN IN BERLIN-SPANDAU

Zitadelle Berlin, Torhaus (Segmentbogengiebel mit dem brandenburgisch-preußischen Wappen um 1680, Fassadengestaltung von 1839) und Juliusturm links (13. Jahrhundert, Zinnenkranz unter Schinkel im 19. Jahrhundert erneuert)

Die Zitadelle Berlin-Spandau ist eine der am besten erhaltenen Festungsanlagen der Renaissance in Deutschland. Genutzt wird sie heute unter anderem als Museum und Ort kultureller Veranstaltungen.

Schon vor dem Jahr 1000 befand sich an der Stelle der heutigen Befestigungsanlage, die an der Mündung der Spree in die Havel liegt, ein hölzerner Vorgängerbau. Diese slawische Burg ersetzten die Askanier Ende des 12. Jahrhunderts nach und nach durch eine steinerne Festung, aus deren Frühzeit der erhaltene Bergfried stammt, der sogenannte Juliusturm, der nach dem Schwiegersohn Joachims II., Herzog Julius von Braunschweig-Wolfenbüttel, benannt ist. Er diente später unter anderem als Verlies für Gefangene. Nach dem Deutsch-Französischen Krieg 1871 bewahrte man in ihm ab 1874 den sogenannten Reichkriegsschatz auf. Es handelte sich um

Luftbild der Zitadelle Berlin (Foto: Kulturamt Spandau / Firma airdolly)

die Reparationsgelder Frankreichs an das Deutsche Reich. Sie besaßen einen Wert von 40 Millionen Talern (= 120 Millionen Goldmark), was einem heutigen Wert von ca. 1,3 Mrd. Euro entspricht, bestehend aus 1200 Goldmünzen, die in Kisten gelagert wurden. Mit dem Geld wurde 1914 die Mobilmachung Deutschlands Anfang des Ersten Weltkriegs finanziert.

1557 bis 1594 ließ Kurfürst Joachim II. von Brandenburg (1505–1571) die mittelalterliche Wehranlage modernisieren. Den Entwurf für den im Kern quadratischen Festungsbau mit pfeilförmigen Eckbastionen lieferte der italienische Baumeister Francesco Chiaramella de Gandino. Ab 1578 vollendete Rochus Graf zu Lynar die Zitadelle – eine in Backsteinmauerwerk ausgeführte Wehranlage italienischen Stils.

Die einzige militärische Auseinandersetzung hatte die Zitadelle 1813 bei der napoleonischen Besatzung zu bestehen. Als Folge der Explosion eines Pulvermagazin wurden Teile der südöstlichen Bastion und des Torhauses zerstört. Im 19. Jahrhundert fügte man die Kaserne auf der Nordseite und die Magazingebäude im Osten hinzu. In den 1930er Jahren erfolgte die Errichtung der Gebäude der „Heeresgasschutzlaboratien", in denen chemische Kampfstoffe erprobt wurden.

Zwar präsentiert sich die Zitadelle als regelmäßig ausgeführte Renaissance-Festungsanlage des 16. Jahrhunderts, die von einem Wassergraben umgeben ist. Die Details dokumentieren jedoch eine stetige Bautätigkeit. So wurde der untere Teil der Fassade des Tor- und Kommandantenhauses 1839 im Stil der Revolutionsarchitektur verändert, während der Segmentbogengiebel über dem Tor noch von um 1680 stammt. Die ältesten Bauteile der Zitadelle gehen auf das Mittelalter zurück, wie der dreigeschossige Palas, der mindestens zwei Vorgängerbauten besaß, und der 32 Meter hohe Juliusturm (1. Hälfte 13. Jahrhundert). Andere Militärbauten wurden erst im 19. und 20. Jahrhundert errichtet.

SCHLOSS WIESENBURG

Gemeinde Wiesenburg/ Mark, Kr. Potsdam-Mittelmark

Das heutige Schloss mit seinem ausgedehnten Schlosspark, ein „Kleinod der Bau- und Gartenkunst“, liegt im Naturpark Hoher Fläming. Die vorherige mittelalterliche Burg des 12. Jahrhunderts ersetzte man nach einem verheerenden Brand im 16. Jahrhundert durch einen Schlossbau, der allmählich die heutige Größe erreichte. Das neurenaissancezeitliche Erscheinungsbild geht auf den umfassenden Ausbau des 19. Jahrhunderts zurück. Ab 1946 diente das Anwesen als Schule und Internat. Private Investoren veranlassten ab 1998 weitgehende Sanierungen und Umbauten zu einer Wohn- und Büroanlage.

Die frühe Burganlage des 12. Jahrhunderts, eine Ringmauerburg, wurde von Albrecht dem Bären erbaut und 1161 erstmals urkundlich erwähnt. Sie kam 1180 in den Besitz des Herzogtums Sachsen und wurde weiter befestigt, da sie zusammen mit den Burgen Eisenhardt und Rabenstein den Hohen Fläming gegen brandenburgische und magdeburgische Übergriffe schützen sollte. Nach mehrfachen Besitzerwechseln erhielt 1456 Friedrich Brand von Lindau Burg und Ort Wiesenburg zu Lehen. Im Schmalkaldischen Krieg brannten spanische Söldner Kaiser Karls V. 1547 die Burg nieder. Lediglich der Bergfried und Teile der Ringmauer überstanden das Inferno.

Friedrich III. Brand von Lindau ließ ab 1550 auf den Fundamenten der zerstörten Burg ein Renaissanceschloss errichten. Sein Sohn führte die Arbeiten fort, und es entstand ein repräsentatives Bauwerk. Im Dreißigjährigen Krieg mussten die Bewohner das Schloss verlassen, das wiederholt geplündert wurde und schwere Schäden erlitt. Die Besitzer kamen nach dem Krieg zurück und begannen mit der Instandsetzung.

Das Hauptschloss erweiterte man 1730, vor allem der heutige Westflügel war von Umgestaltungen betroffen. Adam Friedrich war zu dieser Zeit der letzte männliche Schlossherr. Durch die Heirat seiner Tochter Luise Sophie fiel das Anwesen im Erbgang an die Familie von Watzdorf.

Männekentor (links) und Torhaus (rechts) von Schloss Wiesenburg (Fotos: Jürgen Rosemann, Gregor Rom)

Parkansicht und Bergfried von Schloss Wiesenburg (Fotos: Lencer)

Ab 1863 erfolgte die Umgestaltung des Schlosses im Stil der Neurenaissance. Außerdem legte man den Schlossgarten und den weitläufigen Landschaftspark an. Ein Blitzschlag in den Bergfried und seine Folgen hatten den Anstoß für diesen Umbau geliefert. Der Bergfried wurde aufgestockt und diente dann als Aussichtsturm.

Der Schlossherr, Curt Friedrich Ernst von Watzdorf, erlebte den Abschluss der Umbauten 1891 nicht mehr. Er starb schon zehn Jahre zuvor. Seine Schwester erbte die Wiesenburg. Über ihre Tochter kam das Schloss an deren Gemahl Prinz Heinrich XXVI. Reuß-Köstritz, der sich Graf von Plauen nannte. Im Zweiten Weltkrieg diente das Schloss als Quartier des Oberkommandos des Heeres und dann als Lazarett. Die Familie von Plauen wurde 1945 enteignet, und das Schloss fiel an Brandenburg, das die Räumlichkeiten bis 1992 als Schule und Internat nutzte. Im Verlauf der 2003 beendeten Sanierungen entstanden moderne Eigentumswohnungen, Büros und Ateliers. Im Torhaus befindet sich die Heimatstube, die über die Geschichte des Anwesens informiert. Und der Bergfried bietet eine großartige Aussicht über die weite Umgebung.

Das zweigeschossige Schloss präsentiert sich als vierflüglige Anlage auf einem unregelmäßig fünfeckigen Grundriss. Östlich liegt der Vorburg- oder Vorschlossbereich mit dem einstigen Kutscherhaus, das als Restaurant dient. Älteste Bauteile der Anlage sind der dominierende, 48 Meter hohe runde Bergfried aus dem frühen 13. Jahrhundert und die Reste der zwei Meter dicken Ringmauer. Das Torhaus stammt im Kern aus dem 13. und 15. Jahrhundert, wurde im 18. Jahrhunderts umgestaltet, im 19. Jahrhundert erneuert und birgt über der Durchfahrt die einstige Gerichtsstube. Im Innenhof steht ein bemerkenswertes, aus Italien beschafftes und 1609 aufgestelltes Brunnenhaus. Es wurde im 19. Jahrhundert vom Schlossgarten in den Schlosshof versetzt. Die zum Garten gerichtete neunachsige Schauseite des südlichen Flügels erhielt ihr Aussehen im 19. Jahrhundert.

Der aufwendig gestaltete, 110 Hektar große Schlosspark mit seiner Gestaltung des 19. Jahrhunderts empfiehlt sich natürlich für einen längeren Aufenthalt. Das gilt ebenso für den Schlossgarten mit seinen Blumenanlagen und dem Schlossteich.

BISCHOFSBURG WITTSTOCK

Stadt Wittstock an der Dosse, Landkreis Ostprignitz-Ruppin

Am südlichen Ende der Stadt Wittstock, die bereits im 10. Jahrhundert aus einer slawischen Siedlung entstand, liegt am Zusammenfluss von Dosse und Glinze die von den Havelberger Bischöfen im 12. Jahrhundert erbaute und von 1271 bis 1548 als Residenz genutzte Burg. In diesem Jahr starb der letzte katholische Bischof von Havelberg, Busso II. von Alvensleben, so dass die Reformation sich ausbreiten konnte. Die Burg galt bis zum Dreißigjährigen Krieg (1618–1648) als uneinnehmbare Befestigung. Danach aber begann ihr Niedergang. Die kleine Burgkapelle nutzte man noch bis zum Ende des 17. Jahrhunderts für Trauungen. Ein Sturm im Winter 1703/04 warf schließlich die tragenden Wände um.

In der Schlacht am Scharfenberg bei Wittstock am 4. Oktober 1636 unterlagen 22 000 Mann starke kaiserlich-kursächsische Einheiten 16 000 schwedischen Soldaten. Die verlorene Schlacht hatte für die Stadt und ihre Menschen schlimme Folgen, die zwei Jahre später auf grausige Weise noch übertroffen wurden, als die Pest die Bevölkerung um mehr als die Hälfte dahinraffte. Auch der Verfall der Burg war nicht mehr aufzuhalten. Ende des 20. Jahrhunderts erfolgten umfangreiche Restaurierungen und Rekonstruktionen, so dass die Burg das Ostprignitzmuseum und das Museum des Dreißigjährigen Kriegs aufnehmen konnte.

Die Bischofsburg war Teil der imposanten Wittstocker Stadtmauer, die eine Länge von mehr als 2,5 Kilometern besitzt und größtenteils erhalten geblieben ist. Sie war einmal 9 bis 11 Meter hoch und weist immerhin noch eine Höhe von 4 bis 7 Metern auf.

Durch einen nachmittelalterlichen Torbau kann man in den Bereich der einstigen Vorburg gelangen, in der man eine Parkanlage geschaffen hat. Ein westlicher Bau und die bedeutende Ringmauer mit Wehrhäusern und Türmen künden von der einstigen Wehrhaftigkeit der Anlage.

Bürgermeisterhaus und Amtsturm der Bischofsburg Wittstock (Foto: Doris Antony, Berlin)

Die Kernburg lag auf der südlichen Seite und war ebenfalls aus Backsteinen errichtet worden. Aus dem 13. Jahrhundert sind nur die starke Ringmauer und der mächtige Torturm der Burg geblieben, der als Amtssitz wie als Viehstall dienen musste, als Getreidespeicher wie als Jugendherberge, bis schließlich das Prignitzmuseum einzog. In neuerer Zeit erhielt der 32 Meter hohe quadratische Turm zwei flankierende Gebäude, die als Museum dienen, einen Fachwerkbau und das sogenannte Bürgermeisterhaus.

HESSEN

Sababurg
Löwenburg
Kassel
Burg Waldeck
Fulda
Lahn
Landgrafenschloss
Burg Dillenburg
Marburg
Burg Greifen-
stein
Gießen
Fulda
Schloss Braunfels
Burg Münzenberg
Burg Runkel
Kaiserpfalz
Gelnhausen
Burg
Königstein
Burg
Kronberg
Ronneburg
Frankfurt a. Main
Wiesbaden
Burg
Eppstein
Main
Darmstadt
Burg Breuberg

SCHLOSS BRAUNFELS

Stadt Braunfels

Die märchenhafte, vielgestaltige Ritterburg erhebt sich auf einer Basaltkuppe über Braunfels. Seit dem 13. Jahrhundert befindet sie sich im Besitz der Grafen von Solms bzw. heute der Grafen von Oppersdorf zu Solms-Braunfels, die aus ihrer Burg, die ein herausragendes Beispiel des Burgen- und Schlossumbaus in der Zeit des Historismus ist, ein höchst beliebtes Ausflugsziel gemacht haben, ein überaus sehenswertes Museum unterhalten und eine Vielzahl von Veranstaltungen ermöglichen.

Die Edelherren und späteren Grafen von Solms wurden erstmals 1129 urkundlich erwähnt. Sie saßen erst im heutigen Obernburg, dann im 12. Jahrhundert in Burgsolms und bauten im 13. Jahrhundert die 1246 erstmals genannte Burg Braunfels zum Sitz der Seitenlinie Solms-Burgsolms-Braunfels aus. Neue Befestigungen erfolgten in spätgotischer Zeit. Im 15. Jahrhundert wurde die Kernburg weiter verstärkt, und die Kapelle entstand. Um 1500 wandelte sich damit die mittelalterliche Burg zu einer modernen Festungsanlage. Im Dreißigjährigen Krieg wurde das Schloss mehrfach belagert, beschossen, erobert und beschädigt. Ab 1662 begannen umfangreiche Wiederherstellungen, und Graf Wilhelm Moritz (1693–1724) veranlasste die Umgestaltung zu einem barocken Schloss. Ab 1845 setzten erste Umbauten in romantisch-neugotischem Stil ein. Die umfassende Neugestaltung erfolgte in den 80er Jahren des 19. Jahrhunderts.

Das vielgestaltige Erscheinungsbild von Schloss Braunfels spiegelt seine lange Baugeschichte wider. Zahlreiche Gebäude umschließen einen kleinen östlich gelegenen Vorhof und einen großen Innenhof. Die Kernburg aus dem 13. Jahrhundert ist umgeben von einer Ringmauer aus dem 14. Jahrhundert, die im 15. und 16. Jahrhundert verstärkt und im 19. Jahrhundert mit mehreren Türmen ausgestattet wurde. Südwestlich befinden sich der Wehrgang und der Neue Torbau von 1662, südöstlich das Eiserne Tor mit tunnelförmiger Auffahrt. Darüber liegt die Schlosskirche von 1501. Die Nordseite des Vorhofs nimmt der Küchenbau aus dem frühen 18. Jahrhundert ein. Den westlichen Abschluss bildet der Ottonische Bau des 15. Jahrhunderts, durch den man in den großen Innenhof gelangt. Nordwestlich steht der Uhrenturm von ca. 1680, nordöstlich die mittelalterliche Kernburg mit dem Alten Stock, dem ehemaligen Bergfried und dem ehemaligen Palas des 13. Jahrhunderts. Nach Norden schließt sich der Friedrichsturm an, ein ehemaliger Wartturm. Die nördliche und westliche Seite ist mit Wohnbauten des 15. Jahrhunderts besetzt. Durch den nordwestlichen, 1881–85 umgestalteten Entréebau kommt man zur Ende des 15. Jahrhunderts errichteten Bastion bzw. zum Kanonenplatz. Westlich neben dem Entréebau reckt sich der Hauptturm oder der Neue

Schloss Braunfels, Ansicht von Westen mit Kleppertor (Foto: Ulrich Mayring)

Bergfried von 1884 in die Höhe. Nach Osten zur Stadt hin liegen die weitläufige Vorburg und Wehrgänge. Die unterste Pforte stammt von 1350, der mittlere Torturm von 1460 und das obere Schlosstor von 1491. Zahlreiche Innenräume der riesigen Schlossanlage sind im Rahmen einer Führung zu besichtigen. Dazu zählen die fürstlichen Räume mit Möbeln und Kunstsammlungen vom 13. bis 19. Jahrhundert, ferner die Altenberger Räume mit der Einrichtung des ehemaligen Klosters Altenberg sowie das Familienmuseum mit Waffen- und Kunstsammlungen, mit einer vorgeschichtlichen Abteilung und einer Skulpturensammlung, mit Tafelsilber, Meißener Porzellan und böhmischem Glas.

Schloss Braunfels, Gesamtansicht (Foto: Rainer Lippert)

Luftbild von Schloss Braunfels

Schloss Braunfels hat einen bemerkenswerten Wandel von einer Schutz- und Trutzburg über einen Adelssitz, eine Festung, eine fürstliche Residenz und ein repräsentatives Barockschloss zu einer vieltürmigen neugotischen Ritterburg erlebt. Dem Besucher bietet sich daher die Möglichkeit, gleich in verschiedene historische Epochen mit ihren unterschiedlichen politischen, sozialen, wirtschaftlichen, kulturellen und religiösen Aspekten einzutauchen.

Nach der Besichtigung des Schlosses sollte man nicht versäumen, auch der malerischen und romantischen Altstadt von Braunfels einen Besuch abzustatten, da sie sich mit ihren Mauern und Toren und beeindruckenden Fachwerkbauten mit der prachtvollen Schlossanlage zu einem harmonischen Gesamtbild verbindet.

BURG BREUBERG

Gemeinde Breuberg bei Neustadt, Odenwaldkreis

Auf dem ins Mümlingtal vordringenden Burgberg über Breuberg erhebt sich in beherrschender Lage die großartige Burg Breuberg, eine stauferzeitliche Gründung der Reichsabtei Fulda vom Ende des 11. Jahrhunderts. Nach dem Aussterben der Herren von Breuberg kam die Burg an mehrere Adelsgeschlechter und diente zeitweise als Residenz der Herrschaft Breuberg. Sie wurde um- und ausgebaut und erweitert und besitzt noch heute bedeutende Bauten aus der Zeit der Gotik und Renaissance. Die große Anlage wird derzeit als Museum und Jugendherberge genutzt.

Die Abtei Fulda wollte mit der Burg ihre Besitzungen im Odenwald schützen. Als Vögte wirkten die Herren von Lützelbach, die sich alsbald Herren von Breuberg nannten. Als Erbauer ist der 1189 erstmals genannte Konrad Reiz von Lützelbach zu vermuten. Aus der frühen Bauzeit haben sich nur der Bergfried und das romanische Portal der Hauptburg erhalten. Die Breuberger starben 1323 aus, und die Burg kam halb an Konrad von Trimberg und je zu einem Viertel an die Grafen von Wertheim und die Herren von Weinsberg. Die Besitzverhältnisse gestalteten sich anschließend noch komplizierter, bis die Grafen von Wertheim 1497 alleinige Inhaber wurden und umfangreiche Bauvorhaben umsetzen konnten. So entstand 1528 das Wertheimer Zeughaus, vor allem aber erfolgte die Sicherung der Burganlage gegen die neuen Feuerwaffen. Aber das Geschlecht starb schon 1556 aus, und es kam zu erneuten Teilungen. Die Grafen von Erbach, später von Erbach-Schönberg, und die Grafen von Stolberg-Königstein teilten sich die Burg. Im 17. Jahrhundert fiel der Stolberger Anteil an die Grafen von Löwenstein-Wertheim(-Rosenberg).

Im Dreißigjährigen Krieg wechselten mehrfach die Besatzungen. Erschwerend kam hinzu, dass die zuständigen Landesherren unterschiedlicher Konfession waren. Im Zusammenspiel mit den Schweden übernahmen zeitweise die protestantischen Erbacher Grafen die Burg.

Burg Breuberg, Gesamtansicht (Foto: Marco Tischler

Dann fiel sie dank der Verbindung zu den kaiserlichen Truppen an die katholischen Grafen von Löwenstein. 1644 wiederum eroberten die Erbacher die Burg zurück. Schließlich blieben aber beide Geschlechter im Besitz der Anlage, die sehr rasch ihren Residenzcharakter und ihre Festungsrolle einbüßte und nur noch als Verwaltungssitz diente, bis man sie schließlich im 19. Jahrhundert als Spielzeugfabrik nutzte. Später stand die Burg eine Zeitlang leer. Aber schon 1919 konnte das Deutsche Jugendherbergswerk die Anlage erwerben. Im Zweiten Weltkrieg quartierte man Zwangsarbeiter ein. Nach dem Krieg kam die Burg an Hessen, und die Jugendherberge konnte wenig später ihre Pforten wieder öffnen.

Die Burg besteht aus drei Teilen: aus den äußeren Befestigungen aus dem 16. Jahrhundert, der Vorburg aus dem 14./15. Jahrhundert und der Hauptburg des 12. Jahrhunderts. Die Gesamtanlage besitzt eine Länge von rund 320 Metern, im Bereich der Vorburg eine Breite von 200 Metern und im Bereich der Hauptburg eine Breite von 125 Metern. Die Vorburg bringt es auf ca. 162 x 112 Meter und die Hauptburg auf etwa 92 x 67 Meter. Die ältesten Teile der Hauptburg sind der Bergfried und das romanische Säulenportal des Torbaus. Die späteren Gebäude des 15. bis 17. Jahrhunderts errichtete man auf den älteren Mauern.

Den Besucher begrüßt rechts am Eingangstor, nicht eben höflich, ein in die Mauer eingelassener steinerner Landsknechtskopf mit herausgestreckter Zunge, der sogenannte „Breilecker“ oder „Spottkopf“. Rechts steht ein erster Wohnbau. Nach Durchschreiten des Torbaus gelangt

Burg Breuberg, Torbau und Hauptburg (Hintergrund)

Burg Breuberg, Grundriss

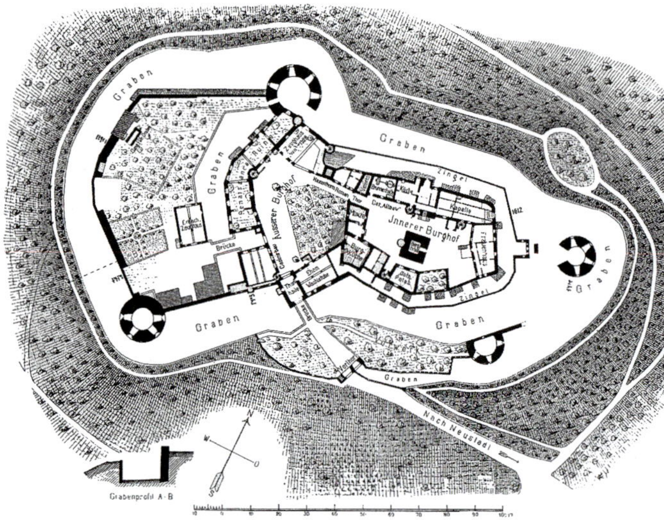

man in den Hof der Vorburg. Gleich links erblickt man den Johann-Casimir-Bau, erbaut 1606–1613, dessen Erdgeschoss als Marstall diente, über dem der Rittersaal lag. Heute ist hier das Breuberg-Museum untergebracht. Im Uhrzeigersinn folgen der Löwensteiner Kanzleibau, ein winkelförmiger Wohnbau von etwa 1560, das Wertheimer Zeughaus, das Tor zur Hauptburg, die Münze und das bereits erwähnte Wohnhaus. Passiert man

Bergfried der Burg Breuberg

den Torbau, dann gelangt man in den Innenhof der Hauptburg. Hier ragt der 25 Meter hohe, freistehende romanische Bergfried des 12. Jahrhunderts auf, der als Aussichtsturm dient. Abermals im Uhrzeigersinn umstehen den Hof der Altbau aus dem 15./16. Jahrhundert mit Treppenturm und Brunnenhalle sowie 85 Meter tiefem Brunnen, der Neubau und der Kapellenbau aus dem 16./17. Jahrhundert, der Obere Saalbau oder das Frauenhaus aus dem 15./16. Jahrhundert, das Erbacher Herrenhaus von 1568, die Rentschreiberei und der Küchenbau aus dem 15. Jahrhundert und die schon genannte Münze des 16. Jahhrunderts mit dem Oberbau von 1709.

Von besonderer festungsbaugeschichtlicher und damit militärischer Bedeutung ist der Umbau der mittelalterlichen Burg in eine starke Festungsanlage, womit man auf die Feuerkraft der neuen Geschütze reagierte. Man baute einen Zwinger mit 10–14 Meter hohen Böschungsmauern, einen breiten Ringgraben und zwischen 1480 und 1507 vier mächtige Geschütztürme mit Durchmessern von bis zu 20 Metern und einer Mauerstärke zwischen 3 und 6 Metern. Außerdem errichtete man westlich der Vorburg eine zusätzliche Plattform, auf der Kanonen aufgestellt werden konnten.

Weitere Informationen zur Burg und zum Breuberger Land erhält der Besucher im Breuberg-Museum im Johann-Casimir-Bau und im Wertheimer Zeughaus.

BURG DILLENBURG

Stadt Dillenburg

Das Dillenburger Schloss, das man ab 1520 zu einer mächtigen Festung ausbaute, diente als Hauptresidenz der Grafen von Nassau-Dillenburg. Im Verlauf des Siebenjährigen Kriegs zerstörten die Franzosen 1760 das stattliche Schloss und seine Wirtschaftsgebäude. Die Schleifung der Festungsanlagen folgte 1768. Die weitläufigen Kasematten des 16. Jahrhunderts sind zum Teil erhalten geblieben.

Die Geschichte der Anlage begann im 12. Jahrhundert mit der Burg der Grafen von Nassau. Eine runde Ringmauer mit einem Durchmesser von etwa 30 Metern umschloss einen frei stehenden Wohn- und Wehrturm mit Fachwerkgeschossen. Diese erste Burg wurde um 1325/27 zerstört. Um die Mitte des 15. Jahrhunderts baute man die Burg wieder auf und erweiterte sie. Seit dieser Zeit spielte Schloss Dillenburg als Hauptresidenz der Grafen von Nassau-Dillenburg aus der ottonischen Linie eine herausragende Rolle. Graf Wilhelm der Reiche, der von 1519–59 regierte, sah sich angesichts zunehmender Spannungen zur Landgrafschaft Hessen genötigt, seinen Sitz zu einer modernen, starken Festung umzugestalten. Man legte den großen Turm nieder, der bei einem möglichen Einsturz umliegende Gebäude hätte zerstören können. Zur Stadtseite hin entstand die Hohe Mauer. Weitere Bollwerke wurden aufgeführt, Gräben angelegt, das Zeughaus und der Neue Bau mit einem großen Saal gebaut. Im Dreißigjährigen Krieg bestand die Anlage ihre buchstäbliche Feuertaufe während einer gefährlichen Belagerung.

Im Juni 1760 belagerten französische Soldaten das Schloss und nahmen es unter Beschuss. Am 13. Juli schließlich geriet ein Heuschober in Brand. Das Feuer konnte nicht gelöscht werden und vernichtete die meisten Wohnbauten. Die Schleifung der Festungsanlagen folgte 1768.

Heute steht inmitten der Reste der Burg der beeindruckende Wilhelmsturm, 1872–1875 nach Plänen des Baumeisters Friedrich Albert Cremer errichtet. Er dient als Museum zur nassau-dillenburgischen Familiengeschichte und Geschichte der Oranier. An den Baukosten beteiligte sich maßgeblich die niederländische Prinzessin Marianne von Oranien-Nassau. Der Turm ist zugleich eine Erinnerungsstätte für Wilhelm von Oranien, der 1533 auf dem Schloss geboren wurde.

Burg Dillenburg mit Wilhelmsturm (Foto: Oliver Abels)

BURG EPPSTEIN

Stadt Eppstein im Taunus

Die beeindruckende Ruine der auf einem Felssporn stehenden Burg war einst der Stammsitz der Herren von Eppstein. Dank ihrer beherrschenden Lage, ihrer großen Zwingeranlagen, ihrer stattlichen Wohn- und Wirtschaftsgebäude, ihres hoch aufragenden Bergfrieds ist sie ein reizvoller Blickfang über der Stadt, die sich zu ihren Füßen erstreckt. Im Burgmuseum kann man der über 1000-jährigen Geschichte der Burg nachspüren. Gegründet wurde sie im 10. Jahrhundert als Reichsburg. Die erste urkundliche Erwähnung stammt von 1122. Damals kam sie in den Besitz des Erzstifts Mainz. Ende des 12. Jahrhunderts ging sie als Lehen an die Herren von Hainhausen, die sich nach ihrer neuen Burg benannten und ihren Ausbau vorantrieben. Nach der Familienteilung fiel die Anlage 1433 an die Linie Eppstein-Münzenberg, die 1492 die westliche Burghälfte aus finanziellen Gründen an die Landgrafen von Hessen verkaufen musste. Die östliche Hälfte fiel 1535 an die Grafen von Stolberg und 1581 an Kurmainz. 1803 wurde Eppstein dem Herzogtum Nassau zugeteilt, das die Burg 1804 auf Abbruch versteigern ließ. Der österreichische Freiherr Franz Maria von Carnea-Steffaneo di Tapogliano zu Kronheim und Eppenstein kaufte 1824 die Ruine, weil er irrtümlicherweise glaubte, selbst ein Eppsteiner zu sein. 1869 erwarben die Grafen zu Stolberg-Wernigerode die Burg, sicherten die Anlage und schenkten sie 1929 der Stadt Eppstein.

Die heutige Bausubstanz stammt überwiegend aus dem 14. und 15. Jahrhundert. Markantester Bau ist der Bergfried, der sich von seinen ehemals 33 Metern Höhe immerhin noch 24 Meter bewahrt hat. Südlich stehen die Reste des einst viergeschossigen Palas aus dem 14. Jahrhundert. Der Küchenbau von ca. 1500 auf der östlichen Seite ist noch relativ gut erhalten. Das ehemalige militärische Gewicht der Anlage ist unter anderem durch die große Zwingeranlage und ihre einstigen Türme erkennbar. Der einzige vollständig erhaltene Teil der Burg liegt östlich und besteht vor allem aus dem früheren Mainzer Schloss mit seiner Kapelle. Sie wurde bis 1903 als katholische Kirche genutzt, weshalb man das Gebäude nicht als Steinbruch missbrauchte.

Gesamtansicht der Burg Eppstein (Foto: Karsten11)

KAISERPFALZ GELNHAUSEN

Stadt Gelnhausen

Die Kaiserpfalz („Barbarossaburg") in Gelnhausen zählt zu den bedeutendsten erhaltenen Stauferbauten überhaupt, insbesondere wegen des kunst- und architekturgeschichtlich herausragenden Palas, der als „Höhepunkt" staufischer Palastarchitektur und Bauplastik gilt.

Die Gründung der zum Schutz und zur Ausweitung des Reichsbesitzes in der Wetterau erbauten Anlage ist in die Jahre vor 1170 zu datieren, also in die Zeit Kaiser Friedrichs I. Barbarossa (1122–1190). Hier fand 1180 der berühmte Gelnhausener Hoftag statt, auf dem man den Welfenherzog Heinrich den Löwen entmachtete. Die Pfalz verlor seit dem 14. Jahrhundert an Bedeutung, als Kaiser Karl IV. sie 1349 verpfändete und nicht wieder einlöste. Im Dreißigjährigen Krieg erlitten Pfalz und Stadt Gelnhausen schwere Zerstörungen. Schwedische und kaiserliche Truppen waren dafür verantwortlich, dass die Pfalz niederbrannte. 1736 kam Gelnhausen an Hessen-Kassel. Die Pfalz diente fortan als Steinbruch, noch erhaltene Teile mussten wegen Baufälligkeit abgetragen werden. Erst seit Anfang des 19. Jahrhunderts erfolgten Sicherungsarbeiten. Heute ist die Pfalz im Besitz des Landes Hessen und kann zusammen mit dem Burgmuseum besichtigt werden.

12 000 Eichenpfähle waren erforderlich, um ein tragfähiges Fundament für die von der Kinzig umflossene Wasserburg zu schaffen, die aus Vorburg und Kernburg besteht. Erhalten geblieben sind nur die rund 2 Meter starke Ringmauer, die hochbedeutende Fassade des Palas sowie Teile der Burgkapelle. Sie zählen zu den kunstgeschichtlich wichtigsten Profanbauten der Romanik in Deutschland. Man betritt die Pfalz durch die westlich stehende Torhalle mit der darüber liegenden Kapelle, jeweils mit vorzüglichen Architekturdetails und Schmuckformen ausgestattet. Gleich südlich steht der Torturm. Nördlich ist die Fassade des einst 29 x 15,7 Meter messenden Palas mit seinen reich verzierten Fensterarkaden und dem Kleeblattportal zu sehen. Im Osten sind die Fundamente des ehemals freistehenden Bergfrieds erhalten geblieben.

Kaiserpfalz Gelnhausen

BURG GREIFENSTEIN

Gemeinde Greifenstein, Lahn-Dill-Kreis

Die mächtige Höhenburg, deren einst grandioses Erscheinungsbild unter anderem durch einen Merianstich von 1655 überliefert ist, erhebt sich mit ihrem markanten und weithin sichtbaren doppeltürmigen Bergfried auf einem Berg des Dillwesterwalds.

Die 1160 erstmals urkundlich erwähnte Burg Greifenstein kam im 13. Jahrhundert als Lehen des Wormser Hochstifts an die Herren von Beilstein, die sich nach der Burg benannten. Diese wurde 1298 durch die Grafen von Solms und Nassau zerstört. 1314 erhielt Johann von Nassau-Dillenburg Burg Greifenstein als königliches Lehen von König Friedrich dem Schönen, weil er ihn bei der Königswahl unterstützt hatte. Die Burg wurde wieder aufgebaut und in der Folgezeit erweitert und verstärkt. Die Herren von Solms-Burgsolms kauften 1395 das Anwesen, das auf dem Erbweg 1415 an Solms-Lich und Solms-Braunfels fiel, ab 1432 aber ganz zu Solms-Braunfels gehörte. Unter Graf Wilhelm I. von Solms-Greifenstein erfolgte 1602–35 der Ausbau der Burg zu einer außergewöhnlich starken Festung. Unter Graf Wilhelm Moritz von Solms-Greifenstein kam es noch einmal zu einer barocken Umgestaltung. Nachdem der Graf jedoch 1693/94 seine Residenz nach Braunfels verlegt hatte, wurde die Anlage zur Ruine. 1969 erhielt der Greifenstein-Verein die Burg geschenkt, der sich seitdem um den Erhalt des großartigen Kulturdenkmals kümmert, das den Rang eines „Denkmals von nationaler Bedeutung" genießt.

Burg Greifenstein
(Foto: de:user:Wikibine)

Von der mittelalterlichen Burg ist nur die nördliche Schildmauer erhalten geblieben. Ansonsten stammen die Bauten der Kernburg hauptsächlich aus dem 14./15. Jahrhundert. Die hoch aufragenden Rundtürme, der westliche Nassauer Turm und der sogenannte Bruderturm, wurden Ende des 14. Jahrhunderts errichtet, ebenso der ehemalige Palas an der Südseite der Burg. Ein unregelmäßiger, nur in Resten erhaltener Bering aus dem 13. und 14. Jahrhundert umschließt die Kernburg. Östlich steht die Ruine des vierstöckigen Neuen Baus von 1687–93. Großenteils erhalten ist der äußere Bering aus der 2. Hälfte des 15. Jahrhunderts, der sich von der Kirche bis in den Ort erstreckt und mit Türmen und Wallgraben ausgestattet wurde. Aus der gleichen Zeit stammen die beiden Eckbollwerke. Batterietürme, von 1610–20 erbaut, sicherten zusätzlich die Anlage. Hervorzuheben ist die Rossmühle, eine besonders starke Bastion mit Geschützständen und Kasematten, heute Standort des Deutschen Glockenmuseums.

Beim Rundgang durch die Burgruine sind nicht nur Grundmauern und beeindruckende Mauerreste zu sehen, sondern auch ein Gefängnis mit Folterwerkzeugen, der Waffenkeller, ein Weinkeller und verschiedene Wohnkammern. Vor allem aber kann man den doppeltürmigen Bergfried mit seiner musealen Ausstattung besteigen und eine großartige Aussicht genießen.

Luftbild der Burg Greifenstein (Foto: Michael J. Zirbes)

Sehenswert ist weiterhin die Doppelkapelle der Burg. Die Katharinenkapelle wurde 1462 eingerichtet und war als Wehrkirche gedacht, weshalb Schießscharten und Kasematten und andere Verteidigungseinrichtungen zu sehen sind. Beim barocken Umbau der Anlage verfüllte man den ehemaligen Burghof mit Erde, so dass die Kapelle unter dem heutigen Platzniveau liegt. Über ihr entstand zwischen 1687 und 1702 eine neue barocke Kirche, die mit aufwendigen Stuckdekorationen überrascht. Eine Treppe verbindet beide Kirchenräume.

Im Bollwerk „Rossmühle", einem ehemaligen Geschützturm, ist seit 1984 das Deutsche Glockenmuseum untergebracht, das mit einer Vielzahl von Glocken vom 12. bis 20. Jahrhundert aufwartet, das Technik und Geschichte des Glockengusses veranschaulicht und dem Besucher die Möglichkeit bietet, die meisten Objekte anzuschlagen und ihren Tönen zu lauschen.

BURG KÖNIGSTEIN

Stadt Königstein im Taunus

Als eine der größten Burgruinen Deutschlands beeindruckt die auf einem Bergplateau liegende Anlage ihre Besucher. Sie gilt als zweitgrößte Festungsruine und hat nicht nur ihre mächtigen historischen Mauern zu bieten, sondern auch einen einzigartigen Panoramablick über den Taunus und die Rhein-Main-Ebene. Und sie begeistert zahlreiche Zuschauer alljährlich zu Christi Himmelfahrt mit dem großen Königsteiner Ritterturnier.

Mit der Burg verbindet sich eine Gründungssage: Der fränkische König Chlodwig I. (466–511) soll am Burgberg vorbeigekommen sein, als ihm auf einem Felsen eine Jungfrau erschien, die ihm im Zeichen des Kreuzes den Sieg über die Alemannen ankündigte. Chlodwig siegte, bekehrte sich zum Christentum und kehrte zurück, um auf dem Felsen eine Burg errichten zu lassen. Tatsächlich entstand die Burg im 10. oder 11. Jahrhundert zum Schutz der Handelsstraße zwischen Köln und Frankfurt. Sie wurde wiederholt erweitert. Die Herren von Falkenstein (1255–1418) beispielsweise ließen die Untergeschosse des heute 35 Meter hohen Bergfrieds und den Palas errichten. Die im Reichskrieg 1364–66 beschädigte Anlage wurde aber nicht nur immer wieder an den Fortschritt der Militärtechnik angepasst, sondern in der Zeit der Renaissance auch zu einer repräsentativen Residenz ausgebaut. Im 16. Jahrhundert entstanden die drei großen Rondelle an der östlichen Flanke sowie die Schaufassade der Kernburg. 1581 fiel sie an das Kurfürstentum Mainz und spielte nur noch militärisch eine Rolle. Unter Erzbischof Johann Philipp von Schönborn errichtete man südlich zwischen 1660 und 1670 die mächtigen Eckbastionen. 1792 eroberten französische Revolutionstruppen die Festung, die sich 1793 nach langem Beschuss den Preußen ergeben musste. 1796 sprengte ein französisches Kommando die Festung. Ihren heutigen Ruinenzustand verdankt die Burg aber auch den Einwohnern Königsteins, die sie ab 1796 als Steinbruch nutzten, um ihre Häuser zu bauen.

Burg Königstein (Foto: Johannes Robalotoff)

BURG KRONBERG

Stadt Kronberg im Taunus

Seit 1992 ist die Burg im Besitz der Stadt Kronberg und nach umfangreichen und aufwendigen Sanierungen und Restaurierungen der Öffentlichkeit zugänglich: für museale Zwecke und Besichtigungen, aber auch für private und kulturelle Veranstaltungen.
Die Reichsministerialen von Eschborn, seit dem 13. Jahrhundert von Cronberg, haben in der Mitte des 12. Jahrhunderts die Reichsburg auf dem Sporn des Altkönigs erbaut. Die Burg sollte zum Schutz des Kronguts Wetterau, der Reichsstadt Frankfurt und des Handelswegs von Frankfurt nach Köln beitragen. Ab 1175 existierten bereits die drei Türme der Oberburg, die dann durch Mauern miteinander verbunden wurden. Da verschiedene Familienzweige die Burg bewohnten, wurde sie zu einer Ganerbenburg mit mehreren Burgteilen, mit der Unter-, Mittel- und Oberburg. Seit dem 16. Jahrhundert erfolgten nur noch geringfügige Bautätigkeiten, abgesehen von Umgestaltungen der Giebel in der Mittelburg Anfang des 17. Jahrhunderts. 1704 starb der letzte Spross der Kronburger kinderlos. Die Burg fiel an Kurmainz, und ein Amtmann bezog die Mittelburg. In der Zeit der Napoleonischen Kriege besetzten französische Truppen die Burg und richteten beträchtliche Schäden an, nutzten den Fahnenturm als Gefängnis und die Kapelle als Pferdestall. Stadt und Burg kamen 1806 an das Herzogtum Nassau und 1866 an Preußen. Die Burg war in sehr schlechtem Zustand. Kaiser Wilhelm II. schenkte sie 1892 seiner Mutter, der Kaiserin Victoria, die in Kronberg auf Schloss Friedrichshof lebte. Sie ließ umfangreiche Restaurierungen durchführen und eröffnete 1902 ein Museum.
Die ca. 1330/40 entstandene Unterburg besteht nur noch aus dem Torgebäude und der Burgkapelle. Die Mittelburg mit dem Westflügel (1320) und dem Nordflügel (um 1500) beherbergt das Burgmuseum. Die Oberburg besitzt die ältesten Bauten – den Fünfeckturm (um 1150/um 1500), den Kapellenturm (12. Jahrhundert) und den Bergfried (um 1200/um 1500).

Burg Kronberg (Foto: Johannes Robalotoff)

LÖWENBURG IN KASSEL

Stadt Kassel

Im 18. Jahrhundert ließen sich viele Adelige künstliche Ruinen in ihren Parkanlagen erbauen. Sie sind malerische Stätten in reizvoller Umgebung, Dokumente romantischen Empfindens, Rückgriff auf die Zeit der Gotik, Kulisse fürstlichen Selbstverständnisses und Orte privater Lebensgestaltung abseits des höfischen Zeremoniells.

Zu den bedeutendsten Schöpfungen dieser Art zählt die Löwenburg im Wilhelmshöher Schlosspark, die sich Landgraf Wilhelm IX. (Kurfürst Wilhelm I.) 1793–1801 durch Heinrich Christoph Jussow errichten ließ. Durch ihre imponierende Größe führt sie allerdings über die sonst üblichen pseudomittelalterlichen oder antikisierenden Ruinen hinaus. Die Löwenburg war als bewohnbare „Ruine" konzipiert. Hier wollte Wilhelm IX. ein eher privates Leben mit seiner Geliebten Karoline von Schlotheim führen. Wie sehr er diese Stätte schätzte, zeigt die Tatsache, dass er die Burgkapelle sogar zu seiner Grablege bestimmte. Die Löwenburg erfüllt also ihre Aufgaben als Mausoleum, Lustschloss und romantische Parkdekoration. Dank des mittelalterlichen Erscheinungsbildes einer wehrhaften Ritterburg, ihrer barocken Raumfolge und kostbaren Ausstattung aus fünf Jahrhunderten vermittelt die Löwenburg eine anschauliche Vorstellung höfischen Lebens der Zeit um 1800.

Die Grundsteinlegung des zunächst als Felsenburg bezeichneten Objekts erfolgte im Dezember 1793. Als markantester Bauabschnitt entstand neben einigen wenigen Nutzräumen zunächst der 30 Meter hohe Bergfried. In der Folgezeit änderte der Landgraf mehrfach die Baupläne und veranlasste die großzügige Erweiterung zu einem „gothischen Bergschloß" mit Zugbrücke, Türmen und Zinnen sowie zahlreichen Baukörpern, die sich unregelmäßig um den Innenhof gruppieren. Da es zu einem repräsentativen Anwesen ausgebaut worden war, erhielt es 1796 den Namen Löwenburg – in Anlehnung an das hessische Wappentier.

Löwenburg im Kasseler Bergpark Wilhelmshöhe

Löwenburg im Kasseler Bergpark Wilhelmshöhe: Rittersaal (oben, Foto: Museumslandschaft Hessen Kassel, Löwenburg) und Außenansicht (unten)

LANDGRAFENSCHLOSS MARBURG

Stadt Marburg

Hoch über der Lahn und über der Marburger Altstadt thront in beherrschender Lage auf einem Bergsporn das mächtige Landgrafenschloss, einst eine der wichtigsten Residenzen der Landgrafen von Hessen.

Die steilen Flanken des Burgbergs und die damit gegebene gute Verteidigungslage führten schon früh zu ersten Befestigungsanlagen. Im unteren Geschoss des westlichen Schlossflügels haben sich Reste der alten Burganlagen aus dem 9. und 10. Jahrhundert erhalten. Um das Jahr 1000 entstand dann ein steinernes Haus, das um 1100 zu einem Wohnturm mit einer starken Umfassungsmauer ausgebaut wurde. Mauerreste und die Innenräume sind erhalten geblieben. Diese Datierungen beruhen allerdings zum Teil noch auf Vermutungen. Erstmals urkundlich erwähnt wurde die Burg 1138/39. Der entscheidende Ausbau zur heutigen weitläufigen Anlage begann um 1250 unter Herzogin Sophie von Brabant, der Tochter der heiligen Elisabeth, und ihrem Sohn Heinrich I. (1264–1308), der hier seine Residenz errichtete. Die frühesten sichtbaren Gebäudeteile entstammen daher dem 13. Jahrhundert. In der 2. Hälfte des 15. Jahrhunderts entstanden nach Plänen des Festungsbaumeisters Hans Jakob von Ettlingen und danach von Eberhardt Baldewein aufwendig gestaltete Wohn- und Repräsentationsbauten. Nach dem Tod des Landgrafen Ludwig IV., der kinderlos geblieben war, verlor das Schloss 1604 an Bedeutung,

Landgrafenschloss Marburg

Landgrafenschloss Marburg mit Schlosskapelle (Foto: G. Ulrich Großmann)

da es seine Residenzfunktion einbüßte. Zwar entstand unter Ludwig V. von Hessen-Darmstadt in der 1. Hälfte des 17. Jahrhunderts noch die festungsartige Verstärkung der Anlage, aber diese Befestigungen mussten 1776 und 1896 schon wieder geschleift werden. Die Gebäude dienten danach als Strafanstalt und Gefängnis, als Staatsarchiv und Sammelstelle hessischer Altertümer, weshalb auch nur noch Reste der einstigen Innenausstattung zu sehen sind. Im 19. und 20. Jahrhundert führte man wiederholt umfangreiche Restaurierungen und Umbauten durch. Im jüngsten Bau, dem Wilhelmsbau, dessen Grundsteinlegung 1493 erfolgte, richtete man 1981 in fünf Geschossen das Universitätsmuseum für Kulturgeschichte ein.

In der baulichen Entwicklung des Schlosses lassen sich somit acht verschiedene Phasen unterscheiden, die jeweils mit besonderen politischen und gesellschaftlichen Wandlungen verbunden sind: 1. früh- und/oder hochmittelalterliche Burg mit einem 16 x 9,5 Meter messenden Bau unter dem heutigen Westflügel; 2. Ausbau der Burg zur Zeit der Thüringer Landgrafen Mitte des 12. Jahrhunderts; 3. weiterer Ausbau in der 1. Hälfte des 13. Jahrhunderts; 4. Umgestaltung zur Residenz im späten 13. Jahrhundert; 5. spätgotische Umgestaltungen vor allem im 15. Jahrhundert; 6. Ausbau in der Renaissancezeit; 7. kleinere Umbauten des 17. und 18. Jahrhunderts; 8. Umgestaltungen im 19. und 20. Jahrhundert.

Das Schloss ist eine hufeisenförmige, nach Osten offene Anlage, die einen schmalen Innenhof umschließt. Auf der Kopfseite des Südtraktes steht die 1288 geweihte Schlosskapelle, die einen besonderen historischen Fußboden aus glasierten Tonfliesen von 1300 und sehr beachtliche originale Wandmalereien aufweist, die zum Teil um 1300 zu datieren sind. Nach Westen schließt der viergeschossige Landgrafenbau oder Südflügel an, an dem vom 13. bis 15. Jahrhundert gebaut wurde, der aber auch noch Reste eines romanischen Palas aufweist. Im zweiten und dritten Geschoss liegen je zwei Säle. Rechtwinklig dazu erhebt sich im Westen das Frauenhaus von

1486/87 mit zwei hohen Geschossen. Auf der Nordseite folgt der Saal- oder Fürstenbau mit zwei Hauptgeschossen über dem hohen Keller. Dieser gegen Ende des 13. Jahrhunderts errichtete Nordflügel birgt im Untergeschoss den kleinen Fürstensaal und den Waldecker Saal, im Obergeschoss den höchst beeindruckenden, zweischiffigen großen Fürstensaal, der mit einer Fläche von 420 Quadratmetern der größte gotische Profansaal Deutschlands ist und der bis heute bei festlichen Anlässen und kulturellen Veranstaltungen genutzt wird. Den Abschluss des Nordflügels bildet der Küchenbau bzw. das Leutehaus, das auf Mauerresten des 10. Jahrhunderts steht. Über dem Osttor stellt die Sakristei aus dem 14. Jahrhundert eine Verbindung zwischen Kapellen- und Küchenbau her. Der östliche Gebäudetrakt ist durch einen überdachten Laufgang mit dem dreigeschossigen Wilhelmsbau verbunden, einem ursprünglichen Wohn- und Saalbau, der heute als Universitätsmuseum genutzt wird.

Zur westlich vor dem Schloss liegenden Vorburg gehören der einstige Marstall von 1575, das ehemalige Zeughaus von 1568/69 und die zum Kommandantenhaus umgebaute ehemalige Schmiede. Von den einstigen Festungsanlagen sind beispielsweise die imposante Stützmauer aus dem 13. Jahrhundert, das Burgtor aus dem 15. Jahrhundert und die Alte Wache von etwa 1600 erhalten geblieben. Zum Schutz des Halsgrabens errichtete vermutlich Hans Jakob von Ettlingen ab 1478 den Weißen Turm oder Hexenturm. Von den sonstigen Festungsanlagen sind nach den Sprengungen von 1806 nur Reste erhalten. Die ehemaligen Kasematten hat man ab 1977 wiederhergestellt und zugänglich gemacht. Die Lage der meist im 16. Jahrhundert errichteten Wirtschaftsgebäude ist wenigstens in der Pflasterung der Nordterrasse oder durch Aufmauerungen kenntlich gemacht worden.

Besucher können die weitläufige Anlage und die Innenräume frei durchstreifen und entdecken und sich von der großartigen Architektur überwältigen lassen und/oder im Rahmen von Führungen auch die schlossnahen Kasematten sowie den Hexenturm besichtigen. Das Schloss ist nicht nur von großer historischer Bedeutung als Landgrafenresidenz, sondern nimmt dank der das heutige Erscheinungsbild prägenden Gebäudeflügel auch architektur- und kunstgeschichtlich einen besonderen Rang ein.

oben: Innenhof des Marburger Landgrafenschlosses

Mitte: Großer Saal im Marburger Landgrafenschloss (Foto: G. Ulrich Großmann)

rechts: Hexenturm am Marburger Landgrafenschloss

BURG MÜNZENBERG

Stadt Münzenberg im Wetteraukreis

Die große Ruine der Höhenburg zählt mit ihren beiden hoch aufragenden Türmen und ihren beiden Palasbauten zu den bedeutendsten mittelalterlichen Burganlagen in Deutschland.

Die erstmals 1162 in einer Urkunde Kaiser Friedrich Barbarossas erwähnte Anlage wurde auf einem ovalen Basaltrücken erbaut und sollte die nördliche Wetterau vor feindlichen Einfällen schützen. Konrad II. von Hagen-Arnsburg stiftete 1150 auf dem Gebiet eines ehemaligen Römerkastells das Benediktinerkloster Altenburg, das der Abtei Fulda unterstand. Im Gegenzug erhielt er den noch unbesiedelten Münzenberg, auf dem er und dann sein Sohn Kuno I. mit Zustimmung des Kaisers die Burg Münzenberg errichteten. Kuno nannte sich bereits nach der neuen Stammburg von Münzenberg. Das Geschlecht starb 1255 im Mannesstamm aus, und die Burg kam an Philipp von Falkenstein und seine Vettern von Hanau. 1286 besaßen die Falkensteiner bereits fünf Sechstel der Anlage, ein Sechstel verblieb den Hanauern. Die Falkensteiner zogen 1296 nach Lich um und starben 1418 aus. Das Erbe traten die Herren von Solms an. Das Hanauer Sechstel fiel 1736 an Hessen-Kassel und 1810 an Hessen-Darmstadt.

Luftbild der Burg Münzenberg

Falkensteiner Palas der Burg Münzenberg

Luftbild der Burg Münzenberg

Die Burg des 12. Jahrhunderts dürfte aus einer Ringmauer, dem romanischen Palas, dem östlichen Bergfried, dem Tor- bzw. Kapellenturm und einem unvollendeten Küchenbau bestanden haben. Eine neue Bauphase setzte um 1260 ein, als der nördliche Palas gebaut, der Küchenbau fertig gestellt, die Ringmauer vollendet und der westliche Bergfried errichtet wurden. Mehr als 100 Jahre blieb die Burg ungenutzt, bis im 15. Jahrhundert neue Ausbauten begannen. Unter Bernhard von Solms-Braunfels entstanden oder wurden umgebaut der Portenturm bzw. das heutige Mitteltor, die äußere Zwingeranlage mit Vorburg und die äußere Ringmauer. Nach Abspaltung der Linie Solms-Lich wurde ab 1514 der romanische Burgteil spätgotisch umgestaltet, und Batterietürme verstärkten die äußere Ringmauer. Die neuen Befestigungen blieben jedoch im Dreißigjährigen Krieg wirkungslos. Truppen der spanischen Habsburger besetzten die Burg, der kaiserliche Feldherr Wallenstein ließ sie beschießen, und am Ende des Krieges war sie nur noch eine Ruine, die die Solmser nicht wieder aufbauen konnten. Die Anlage verfiel. Erst 1846 begannen Teilrestaurierungen. Pläne für eine romantische Wiederherstellung der Burg zerschlugen sich allerdings. In den nächsten Jahrzehnten erfolgten weitere Sicherungsmaßnahmen. 1935 übernahm das Land Hessen die Burg.

Der Besucher passiert mit dem äußeren Burgtor zugleich die äußere Ringmauer und sieht rechts die Kernburg mit dem östlichen Bergfried aufragen. Durch das mittlere Tor gelangt er zum inneren Burgtor mit der Kapelle und anschließend in den Bereich des Innenhofs. Rechts sind der etwa 30 Meter hohe östliche Bergfried aus der Mitte des 12. Jahrhunderts und der Küchenbau zu sehen. Die südliche Seite nimmt der romanische Palas des 12. Jahrhunderts ein, der als ein beispielhaftes Werk profaner Baukunst gilt. Die nördliche Seite besetzt der imposante Fal-

kensteiner Palas von ca. 1260. Westlich steht der zweite Bergfried von etwa 1260, und dahinter liegt, bereits außerhalb der Kernburg, das Bollwerk aus dem frühen 16. Jahrhundert.
Burg Münzenberg kann ganzjährig besichtigt werden. Die Ruine dient aber auch als beeindruckende Kulisse für Theateraufführungen und gelegentlich sogar als Drehort für Filme.

Burg Münzenberg mit dem Palas des 12. Jahrhunderts

Burg Münzenberg mit dem Falkensteiner Palas (um 1260)

RONNEBURG

Ronneburg bei Büdingen

Die auf einem steilen Basaltkegel des südlichen Vogelsbergs aufragende große Burg ist eine der wenigen deutschen Höhenburgen, die den originalen Bauzustand des 16. Jahrhunderts hat bewahren können. Die Burg präsentiert sich dem Besucher daher als ein architektonisches Miteinander von mittelalterlichen und renaissancezeitlichen Bauteilen. Und bis heute ist sie eine sehr lebendige Burg mit zahlreichen Angeboten für Kinder und Schulklassen, aber auch für Erwachsene mit Ver mietungen, Hochzeiten, Bogenbauseminaren zur Herstellung von steinzeitlichen und mittelalterlichen Bögen zum Bogenschießen, mit Schwertkampfseminaren und mittelalterlichen Kochkursen. Darüber hinaus gibt es Burgfestspiele, Oster-, Pfingst- und Weihnachtsmarkt, Ritterturniere und andere Museumsveranstaltungen.

Obere Innenhof der Ronneburg

Die Ronneburg gehörte zu den mainzischen Burgen, die Anfang des 13. Jahrhunderts zum Schutz des Landes und der Handelsstraßen errichtet wurden. Da 1231 ein Altar in der Burg erwähnt wird, muss die Burg selbst schon zuvor entstanden sein. Vermutlich trug der Bergsporn aber schon eine sehr viel ältere Fliehburg. Nach mehreren Besitzwechseln und Verpfändungen gelangten die Fürsten zu Ysenburg und Büdingen 1476 in den Besitz der Burg

Vor- und Hauptburg der Ronneburg von Westen

und bauten sie aus, bis sie im 16. Jahrhundert ihr heutiges Erscheinungsbild erhielt. Die damals moderne Umgestaltung der Burg hat ihre Bedeutung jedoch nicht steigern, sogar nicht einmal wahren können. Im Dreißigjährigen Krieg brach aus Unachtsamkeit 1621 in der Vorburg ein Feuer aus, das sich auf die Kernburg ausdehnte und den nordöstlichen Teil zerstörte. Die Schäden sind nie wieder ganz behoben worden. Die Burg wurde während des Krieges auch noch geplündert. Sie büßte ihren Wehrcharakter und ihre Rolle als Adelsresidenz ein. Stattdessen diente sie ab 1700 als Rückzugsort religiöser und sozialer Gruppen, so seit 1736 der Herrnhuter Brüdergemeine des Grafen von Zinzendorf. Aber auch Juden und Zigeuner fanden Zuflucht. 1838 brach man die Vorburggebäude ab. Die letzten Bewohner verließen 1885 die verfallende Ronneburg. Sie blieb aber erhalten, wurde 1905 unter Denkmalschutz gestellt und

Luftbild der Ronneburg (Foto: Ekkhard Issel)

Ronneburg von Südwesten

schon bald vom wachsenden Tourismus entdeckt und mit neuem Leben erfüllt. Heute bemüht sich der Verein „Freunde der Ronneburg" mit großem Einsatz um das Burgmuseum, den Erhalt der Burg und die Organisation der zahlreichen Veranstaltungen.

Die etwa rechteckige Kernburg grenzt sich durch die starke Wehrmauer deutlich von der sonstigen Anlage ab. Diese Mauer begrenzt nördlich und südlich den Burghof, in dem östlich der Bergfried und westlich der Saalbau aus dem 14. Jahrhundert stehen. Im gleichen Jahrhundert entstanden der Zwinger und das Tor am Brunnenhaus. Weitere bauliche Um- und Ausgestaltungen erfolgten im 15. Jahrhundert. Die letzten bedeutenden Erweiterungen und Ausbauten geschahen in der 2. Hälfte des 16. Jahrhunderts und betrafen den Neuen Wohnbau, den Zinzendorfbau und den Helm des Bergfrieds sowie die weitläufige Vorburg.

Der Besucher kommt zunächst zum vorderen Torbau und sieht links den tiefer liegenden Bereich der mit starken Mauern und Türmen versehenen Vorburg, in der heute das nur noch eingeschossige Bandhaus von 1554/55 steht, das als Weinlager diente, und wo das Restaurant Burg Ronneburg auf seine Gäste wartet. Geradeaus führt der Weg westlich zum zweiten und dritten Torbau hinauf, den auf der linken Seite ein Turm sichert, während rechts das gotische Brunnenhaus folgt, in dem ein 96 Meter tiefer Brunnen mit altem Tretrad zur Wasserförderung zu bewundern ist. Er ist zumindest ins 13. Jahrhundert zu datieren, kann aber möglicherweise schon zu einer älteren Burganlage gehört haben. Hinter dem Torbau liegt ein kleiner Hof, der einmal die Vorburg der mittelalterlichen Anlage war. Durch den oberen Torbau gelangt man in den malerischen Innenhof der Kernburg. An der Ostseite erhebt sich rechts der 32 Meter hohe Bergfried aus dem frühen 13. Jahrhundert mit seiner auffallenden „Welschen Haube" aus der Renaissancezeit und mit einem Treppenturm aus dem 15. Jahrhundert. Gleich links steht südlich der Zinzendorfbau von 1570/71. Den westlichen Abschluss des Hofs bildet der dreigeschossige, 25 x 11,5 Meter messende Palas oder Saalbau mit einem Treppenturm des 15. Jahrhunderts. Über dem Weinkeller befindet sich im Untergeschoss die Hofstube und im 2. Obergeschoss der ehemalige Saal mit dem hofseitigen Kapellenerker aus dem 14. Jahrhundert. Hinter dem Saalbau liegen außen Zwinger und Burggarten. Die nördliche Seite nehmen der Küchenbau von 1573, der Alte Bau aus dem 15. und der ca. 32,5 x 9 Meter große Kemenatenbau aus dem 16. Jahrhundert ein.

Dem vom Rundgang durch die Burg und und vom vielen Treppensteigen sowie von den Informationen des Burgmuseums körperlich und geistig erschöpften und erholungsbedürftigen Besucher steht die Erlebnisgastronomie Ronneburg zum Beispiel mit zünftigen Rittermenüs oder Landsknechtsessen, mit einem Knappen- oder Burggrafenmahl zur Verfügung.

BURG RUNKEL

Stadt Runkel an der Lahn

Vom Lahntal aus bietet sich ein fast schon überwältigender Blick auf die mächtigen Ruinen der Höhenburg, die fast drohend und abwehrend aus 35–40 Metern Höhe das Lahntal und den zu ihren Füßen liegenden Ortsteil überragt.

Die von den Herren von Runkel zur Sicherung des Lahnübergangs erbaute mehrtürmige Anlage wurde zwar erst 1159 erwähnt, ist vermutlich jedoch wesentlich älter. Auf der höchsten Stelle des Lahnfelsens steht die Ruine der Kernburg, ein höchst beeindruckender mittelalterlicher Wehrbau. Westlich davon liegen etwas tiefer die gut erhaltenen Wohnbauten der Unterburg. Die möglicherweise in kaiserlichem Auftrag errichtete Burg wurde bis zum 16. Jahrhundert ständig erweitert und verstärkt. Im Verlauf eines um 1250 ausbrechenden Erbschaftsstreits musste Heinrich von Westerburg Runkel verlassen. Er baute daraufhin bis 1288 auf der anderen

Luftbild der Burg Runkel

Lahnseite die Burg Schadeck, von wo aus er der Burg Runkel schaden wollte, daher der Name Schadeck. Damals erfolgte auch die Trennung der gemeinsam verwalteten Herrschaften Runkel und Westerburg. Dietrich IV. von Runkel kam im 15. Jahrhundert durch seine Vermählung mit Anastasia von Isenburg-Wied in den Besitz der Grafschaft Wied, nach der sich dann seine Nachfahren nannten. Im Dreißigjährigen Krieg zerstörten 1634 kaiserliche Truppen unter Graf Isolani die Burg. Seither ist die Kernburg eine Ruine, während man die Unterburg gleich nach dem Krieg und dann noch zwischen 1701 und 1703 als repräsentatives Wohnschloss wieder aufbaute. Runkel wurde Zentrum der Grafschaft Wied-Runkel, die man 1791 zum Fürstentum erhoben. Es wurde 1806 mediatisiert. Als 1824 die wied-runkelsche Linie ausstarb, traten die Fürsten zu Wied-Neuwied das Erbe an.

Der Besucher betritt die weitläufige Anlage durch das malerisch von zwei Rundtürmen flankierte Außentor aus dem 15. Jahrhundert und gelangt zum inneren Torhaus, an das sich ein barocker Wohnbau anschließt. Vom äußeren Hof aus wird ersichtlich, dass die Unterburg aus drei Querflügeln besteht. Teile des mittleren und nördlichen Flügels stammen aus dem 14. Jahrhundert und wurden im 17. Jahrhundert jeweils verlängert. Der viergeschossige Mittelflügel oder gotische Palas beherrscht den äußeren Hof. Ein runder Bauteil führt zum südlich gelegenen Neuen Kelterhaus von ca. 1800, an das sich der dreigeschossige Südflügel anschließt, der um 1700 den 1634 zerstörten Renaissanceflügel ersetzte. Den nördlich liegenden kleineren Innenhof umschließen Nord- und Mittelflügel, die miteinander verbunden sind. Östlich befindet sich der Zwinger der Kernburg. Der viergeschossige Bergfried aus der 1. Hälfte des 13. Jahrhunderts überragt mit seinen mehr als 20 Metern die Ruine der Kernburg. Nördlich schließt sich über ungewöhnlich großen gewölbten Kellerräumen der Palas aus dem 13. Jahrhundert an, vor dem westlich die imponierende Mantelmauer des 13. Jahrhunderts steht. Den nördlichen Abschluss des Palas bildet der fünfeckige Schadecker Turm aus dem frühen 14. Jahrhundert mit einer Geschützplattform. Südlich des Bergfrieds befinden sich ein größeres Plateau mit einer 6 Meter starken Schildmauer und ein quadratischer, mehr als 20 Meter hoher Wehrturm aus dem 15. Jahrhundert.

Heute sind in der Burg Wohnungen, das Burgmuseum und der fürstlich-wiedische Verwaltungssitz untergebracht.

Luftbild der Burg Runkel

SABABURG

Mitten im verwunschenen, sagenumwobenen, romantischen Reinhardswald steht die Ruine der einst als Zappenburg oder Zapfenburg und dann in Anlehnung an das Brüder-Grimm-Märchen als Dornröschenschloss bezeichneten Sababurg. Die Höhenburg wurde auf einer Basaltkuppe ab 1334 auf Veranlassung des Bistums Mainz zum Schutz der Pilger errichtet, die den nahen Wallfahrtsort Gottsbüren besuchen wollten. Diese Zappenburg wurde 1346 zwischen den Landgrafen von Hessen und dem Bistum Paderborn geteilt und kam 1462 ganz in hessischen Besitz. Landgraf Wilhelm I. (1466–1515) errichtete auf den Resten der inzwischen verfallenen Anlage ab 1490 ein repräsentatives Jagdschloss. 1582 entstand das erhaltene Kanzleigebäude als Verwaltungssitz des Amtes Gieselwerder. Damals kam auch der Name Sababurg auf. Im Dreißigjährigen Krieg besetzte Feldmarschall Tilly mit katholischen Truppen 1628 das Schloss und richtete schwere Schäden an. Im Siebenjährigen Krieg (1756–63) zerstörten französische Soldaten das Schloss, das später als Forsthaus genutzt wurde. 1959 baute man die Ruine zu einem Hotel mit Restaurant und Café um. Das SabaBurg-Theater ist hier beheimatet. Seit 1987 kann man hier heiraten: im ersten Standesamt Deutschlands außerhalb eines Rathauses. Von den einstigen Wehranlagen ist die doppelte spätgotische Ringmauer mit Graben und Flankentürmen erhalten, vom ehemaligen Palas des späten 15. Jahrhunderts nur noch die Außenmauern. Bestimmend für das Erscheinungsbild der Anlage sind die beiden mächtigen Ecktürme des 15. Jahrhunderts mit ihren welschen Hauben. Bekannt ist die Sababurg für den 1571 gegründeten Tierpark unterhalb der Burg.

Sababurg, Ortsteil des Stadtteils Beberbeck von Hofgeismar

Luftbild der Sababurg (Foto: Presse03)

BURG WALDECK

Stadt Waldeck am Edersee

Die trutzige Burg Waldeck aus dem 12. Jahrhundert erhebt sich auf steilem Felsen gut 120 Meter über dem nördlichen Ufer des Edersees, der 1913/14 als Stausee entstanden ist. Die mächtige Anlage war einst Stammsitz der Grafen von Waldeck, die hier bis zum 17. Jahrhundert residierten. Heute wird sie als First-Class-Hotel mit Restaurant und als Burgmuseum genutzt, in dem sich der Besucher buchstäblich „Hinter Schloss und Riegel" (Titel der Dauerausstellung) in die bewegte und zum Teil gruselige Vergangenheit dieser historischen Stätte vertiefen kann. Und die Ausssichtsterrasse bietet einen traumhaften Blick auf den Edersee und über die Wälder und Berge des Nationalparks Kellerwald.

Die Gipfelburg mit westlich liegender Vorburg wurde 1120 erstmals urkundlich erwähnt und war im Besitz der Grafen von Schwalenberg. Eine Linie des Geschlechts nannte sich ab 1180 nach der Burg, die bis 1655 Residenz der Grafen von Waldeck blieb, die dann nach Bad Arolsen umsiedelten, wo noch heute die Familie von Waldeck-Pyrmont ihr barockes Residenzschloss bewohnt. Burg Waldeck wurde schon im 13. Jahrhundert erweitert und ausgebaut und nach der waldeckschen Landesteilung 1486 zur Ganerbenburg. Weitere Ausbauten folgten im 16. und 17. Jahrhundert. Nach dem Auszug der Grafen diente die Anlage als Festung und Kaserne, dann von 1734 bis 1868 als Zuchthaus und Frauengefängnis. 1906 öffnete ein Hotel seine Pforten, 1950 das Museum. Ausbau und Erweiterung des Hotels fanden 1979/80 statt, und über der Bastion entstand 1988/89 ein neuer Flügel. Eine umfassende Neugestaltung von Hotel und Museum erfolgte 1998/99.

Die Burg zeigt einen ungefähr dreieckigen Grundriss. Der runde Bergfried mit seinen mehr als 3 Meter dicken Mauern entstand im 13. Jahrhundert. Aus der gleichen Zeit stammte der Südflügel, der Eisenberger Flügel, der 1734 abgebrochen wurde und von dem nur die Keller und ein Treppenturm erhalten sind. Auf einem Teil seines Geländes erhebt sich der Museumsneubau von 1986–88. Im Westen steht der 1611 erbaute einstige Marstall, der mit einem Neubau aus dem 20. Jahrhundert an das Tor anschließt. An der Ostseite finden sich die drei Bastionen des 15./16. Jahrhunderts mit ihren Kasematten. Der nördlich gelegene dreigeschossige Wildunger Flügel des 16. Jahrhunderts besitzt einen Treppenturm mit drei Allianzwappen Waldecker Familienzweige. Der Torturm (16. Jahrhundert) wurde 1733 zu einem Flügelbau umgestaltet und 1810 noch einmal erweitert. Die Vorburg stammt aus dem 16. Jahrhundert.

Burg Waldeck (Foto: Philipp Wetzlar)

MECKLENBURG-VORPOMMERN

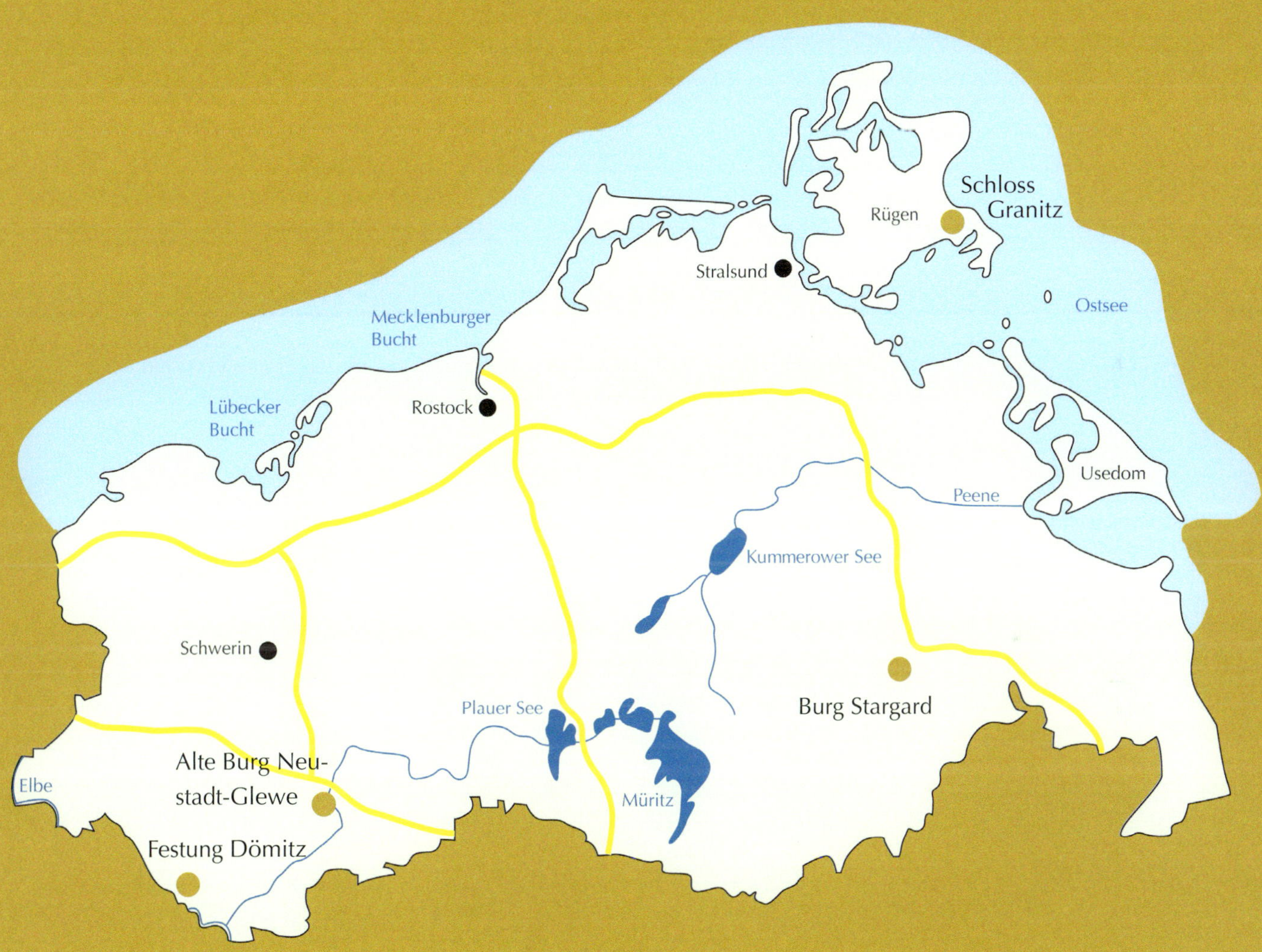

FESTUNG DÖMITZ

Gemeinde Dömitz an der Elbe

Die höchst sehenswerte Anlage am Elbufer ist eine der seltenen, aber sehr gut erhaltenen Flachlandfestungen des 16. Jahrhunderts und veranschaulicht in ihrer fünfeckigen Gestalt mit Bastionen und Kasematten eindrucksvoll die Festungsarchitektur der Renaissancezeit.

Im 13. Jahrhundert entstand an gleicher Stelle eine Rundburg, die aber schon 1353 von Lübecker Militär zerstört wurde und von der sich nur Fundamente und geringe Mauerreste im heutigen Museumsbau erhalten haben. Herzog Johann Albrecht I. befahl die Errichtung der größten mecklenburgischen Festung, um die südwestliche Grenze seines Landes zu sichern. Um den Bau voranzutreiben, entstand vor Ort eigens eine Ziegelei, und man ließ Maurer aus Italien kommen. So konnte die Zitadelle schon nach sechs Jahren (1559–65) vollendet werden. Die Bastionen mit ihren Kasematten und die bis neun Meter hohen Kurtinen dokumentieren noch heute den militärischen Charakter der Anlage. Im Dreißigjährigen Krieg nutzten die Heerführer Tilly und Wallenstein die Festung. Sächsische und schwedische Truppen lieferten sich 1635 die Schlacht bei Dömitz. Der Ort brannte nieder, und die Festung blieb vorerst in schwedischem Besitz. Ab 1705 nutzte man die Festung neben ihrer militärischen Bedeutung auch als Gefängnis und Irrenhaus. 1809 kam es bei Dömitz zu Kämpfen gegen Napoleon. Stadt und Festung wurden von französischen und holländischen Truppen angegriffen und erobert. Der Schriftsteller Fritz Reuter musste in der Festung 1838–40 den letzten Teil seiner siebenjährigen Festungshaft zubringen, die er in einem besonderen Buch verarbeitete, das den Titel „Ut mine Festungstid" erhielt. 1894 endete die militärische Nutzung. Die Gebäude im Festungsbereich wurden zu Wohnungen umgestaltet und als Verwaltungssitz eingerichtet. Im ehemaligen Kommandantenhaus öffnete 1953 ein Museum seine Pforten. Seit der Wende dient die Festung als Museum und als Ausrichtungsort für kulturelle Veranstaltungen, seit 2013 befindet sich hier das Informationszentrum des UNESCO-Biosphärenreservats Flusslandschaft Elbe- Mecklenburg-Vorpommern.

Die Festung präsentiert sich als regelmäßige, fünfeckige Anlage mit breitem Graben und mit fünf in Backsteinbauweise ausgeführten Bastionen und Kurtinen. Eine Zugbrücke führt neben der Bastion Cavalier über den Festungsgraben und in den Innenhof. Links sieht man die Hauptwache aus dem 18. Jahrhundert und auf der gegenüberliegenden nordwestlichen Seite das Zeughaus aus dem 17. Jahrhundert. Dazwischen liegt die Freilichtbühne für Konzerte oder andere Veranstaltungen. Nordöstlich steht vor der Bastion Berg das Kommandantenhaus mit dem ursprünglichen Hauptturm.

Festung Dömitz (Foto: Sammlung Museum Festung Dömitz)

SCHLOSS GRANITZ

Gemeinde Binz auf Rügen

Das 1837 bis 1846 erbaute Schloss Granitz, die „Krone Rügens", war im 19. Jahrhundert das luxuriös ausgestattete Jagdschloss der Fürsten von Putbus auf der Insel Rügen und ist heute ein besonders attraktives Ausflugsziel. Die Besucher, bemerkenswerte 250 000 jedes Jahr, erleben nicht nur ein sehenswertes Museum, sondern können auch den 38 Meter hohen Mittelturm besteigen, um einen grandiosen Panoramablick über Rügen und die Ostsee zu genießen. Da die 154 Stufen umfassende, freitragende und mit durchsichtigen Stufen versehene, nur an der Seitenwand befestigte gusseiserne Treppe sich offen nach oben windet, sollte man beim Aufstieg Höhenangst oder Schwindelanfälle möglichst vermeiden.

Schon Anfang des 18. Jahrhunderts hatten die Herren zu Putbus auf der höchsten Erhebung der Insel, auf dem 107 Meter hohen Tempelberg, ein Belvedere und ein Jagdhaus er-

Schloss Granitz (Foto: Lars0001)

Luftaufnahme von Schloss Granitz (Foto: Beuys)

richten lassen. Im 19. Jahrhundert reichte dieser bescheidene Sitz den 1807 gefürsteten Grafen nicht mehr aus, weshalb Fürst Malte I. den Plan eines standesgemäßen Bauwerks entwickelte. Es zog schon während der Bauzeit viele Neugierige an, so dass die Fürsten geradezu als Entwicklungshelfer des zunehmenden Bade- und Ausflugstourismus gelten können. Entscheidend wurde eine Zeichnung des damaligen Kronprinzen und späteren Königs Friedrich Wilhelm IV. Zunächst plante der Architekt Johann Gottfried Steinmeyer die Ausführung, die Karl Friedrich Schinkel dann überarbeitete. Er setzte sich auch wieder für den hohen Mittelturm ein. Das Schloss blieb bis 1944 im Besitz der Familie, so dass auch die fast schon überreiche Ausstattung bis zu diesem Zeitpunkt erhalten blieb. Aber die Einquartierung von Flüchtlingen und dann die Beutezüge der russischen Trophäenbrigade nach dem Krieg brachten die schicksalhafte Wende. Die Fürsten wurden enteignet, das Schloss verwüstet und geplündert. Es diente fortan als Jagd- und Naturkundemuseum und wurde immer wieder restauriert, zuletzt noch 2011–14.

Der ungefähr quadratische Schlossbau ist ein zweigeschossiges, verputztes Backsteingebäude auf einem Sockelgeschoss, das den norditalienischen Renaissancekastellen nachempfunden ist, was vor allem durch die vier Ecktürme betont wird. Die Innenräume präsentieren Jagdtrophäen und historische Möbel und werden für wechselnde Ausstellungen genutzt. Der beeindruckende Marmorsaal erlebt darüber hinaus auch zahlreiche klassische Konzerte.

ALTE BURG NEUSTADT-GLEWE

Gemeinde Neustadt-Glewe

Die Alte Burg ist zwar alt, aber doch mit pulsierendem Leben erfüllt, denn in den historischen Mauern befindet sich ein vorzügliches Restaurant und eine bekannte Eventgastronomie, die in romantisch-mittelalterlicher Atmosphäre gerne Feierlichkeiten und Feste aller Art organisiert.

Die um 1250 entstandene Niederungsburg rühmt sich, die älteste erhaltene Wehrburg Mecklenburgs zu sein. Auf einer Elde-Düne begannen die Grafen von Schwerin Mitte des 13. Jahrhunderts mit dem Bau der Anlage, die urkundlich erstmals 1331 erwähnt wurde. Sie sollte die Süd- und Südostgrenze der Grafschaft schützen. In der Folgezeit baute man sie wiederholt um und aus. Zusätzlich zum Alten Haus entstand das Neue Haus. Man nutzte die Burg als Vogtei und bis ins 18. Jahrhundert als Nebenresidenz. 1882 erfolgte die Gründung des Neustädter Technikums. Das Hengstdepot des Gestüts Redefin nutzte das Neue Haus bis 1954. Dann zog eine Jugendherberge ein, während andere Teile als Wohnungen dienten. Dringend erforderliche Sanierungen fanden zwischen 1994 und 1998 statt. Das heutige Museum veranschaulicht die bewegte Vergangenheit der Burg.

Die rechteckige Anlage mit einer Ausdehnung von 50 x 35 Metern besteht aus dem Alten und Neuen Haus, dem Bergfried sowie der Ringmauer. Frühere Bauten wie Torhaus, Kapelle, Marstall und Schmiede sind nicht erhalten geblieben. Der 28 Meter hohe Bergfried entstand Anfang des 15. Jahrhunderts auf den Grundmauern eines älteren Bauwerks. Im Erdgeschoss befand sich die Wachstube, darunter lag das Verlies. Das zweite Obergeschoss auf Höhe des Wehrgangs war in die Verteidigungsanlage einbezogen. Das erst im 16. Jahrhundert aufgesetzte Obergeschoss, das später als Rittersaal bezeichnet wurde, diente von Beginn an als Wohnraum. Im Alten Haus waren die Burgvögte untergebracht. Hier gab es u. a. eine Brau- und Backstube, die Küche und weitere Nutzräume. In diesem Gebäude waren im 20. Jahrhundert das Technikum, eine Schule und die Jugendherberge untergebracht. Das 1576 erstmals erwähnte Neue Haus enthielt die herzoglichen Räume und war standesgemäß eingerichtet. Seit dem 18. Jahrhundert stand dem Hofstaat dann das benachbarte Neue Schloss zur Verfügung, so dass man das Neue Haus als Marstall und Lagerhaus und als Sitz des Gestüts Redefin nutzte. Heute befindet sich in seinen Mauern ein Café und das Burgmuseum.

Alte Burg Neustadt-Glewe (Foto: Soerennb)

BURG STARGARD

Gemeinde Penzlin

In der einzigen erhaltenen mittelalterlichen Höhenburg Norddeutschlands, die auf einem etwa 90 Meter hohen Hügel über dem Ort Burg Stargard liegt, ist nach langwierigen und aufwendigen Restaurierungen neues Leben eingekehrt, in Form des Burghotels Stargard, so dass Besucher auch gleich an historischer Stätte Quartier beziehen können, aber auch dank des Museums im mittelalterlichen Marstall der Vorburg, das über die Burg-, Stadt- und Regionalgeschichte informiert.

Die günstige Höhenlage hatte schon in vorgeschichtlicher und dann in slawischer Zeit zu Befestigungen auf dem Hügel geführt. Das Gebiet um Burg Stargard kam im 12. Jahrhundert an die Herzöge von Pommern, die auf älteren Befestigungsresten eine neue Wehranlage errichteten. 1236 fiel das Gebiet an die Markgrafen von Brandenburg, und die zweiteilige Burganlage entstand. Die Markgrafentochter Beatrix von Brandenburg vermählte sich mit Fürst Heinrich II. zu Mecklenburg, so dass die Herrschaft Stargard 1292 in mecklenburgischen Besitz kam. Herzog Albrecht VI. veranlasste 1520 einen bedeutenden Um- und Ausbau der Burg. Im Dreißigjährigen Krieg bezog hier General Tilly zeitweise sein Hauptquartier. Erhebliche Beschädigungen waren die Folge. Und 1646 brannte nach einem Blitzschlag auch noch der Bergfried aus. Die Burg blieb Verwaltungssitz. 1726 erlebte sie den letzten Hexenprozess Mecklenburgs. Nach dem Zweiten Weltkrieg diente die Burg bis 1963 als Landesjugendschule und bis 1990 als Jugendherberge. Umfangreiche Instandsetzungsarbeiten folgten, darunter die Einrichtung des Museums und der Ausbau des Burghotels.

Die Burg besteht aus Vor- und Hauptburg und umfasst elf Backsteingebäude, darunter die Hauptburg, den Marstall mit dem Museum, das Torhaus, den Bergfried, das Alte Herrenhaus aus dem 15. Jahrhundert, das Obere Tor aus dem 16. Jahrhundert, das Amtsschreiberhaus aus dem 18. Jahrhundert sowie Stallhaus und Burgschenke aus dem 19. Jahrhundert. Den um 1245 erbauten Bergfried baute man 1821–23 zu einem Aussichtsturm aus, der mit seiner Spitze eine Höhe von 38 Metern erreicht. Das Obere Tor entstand Mitte des 13. Jahrhunderts als dreigeschossiger Torbau, dessen Obergeschoss als Burgkapelle diente. Im 16. Jahrhundert erfolgte die Schließung des Tors und der Umbau zu einer Doppelkapelle. Vom Unteren Tor (um 1240) ist nur die Fassade erhalten.

Amtsreiterhaus (links), Burgkapelle und Neues Tor (Mitte) sowie Münzprägerei (rechts) der Burg Stargard (Foto: Maria Krüger)

NIEDERSACHSEN

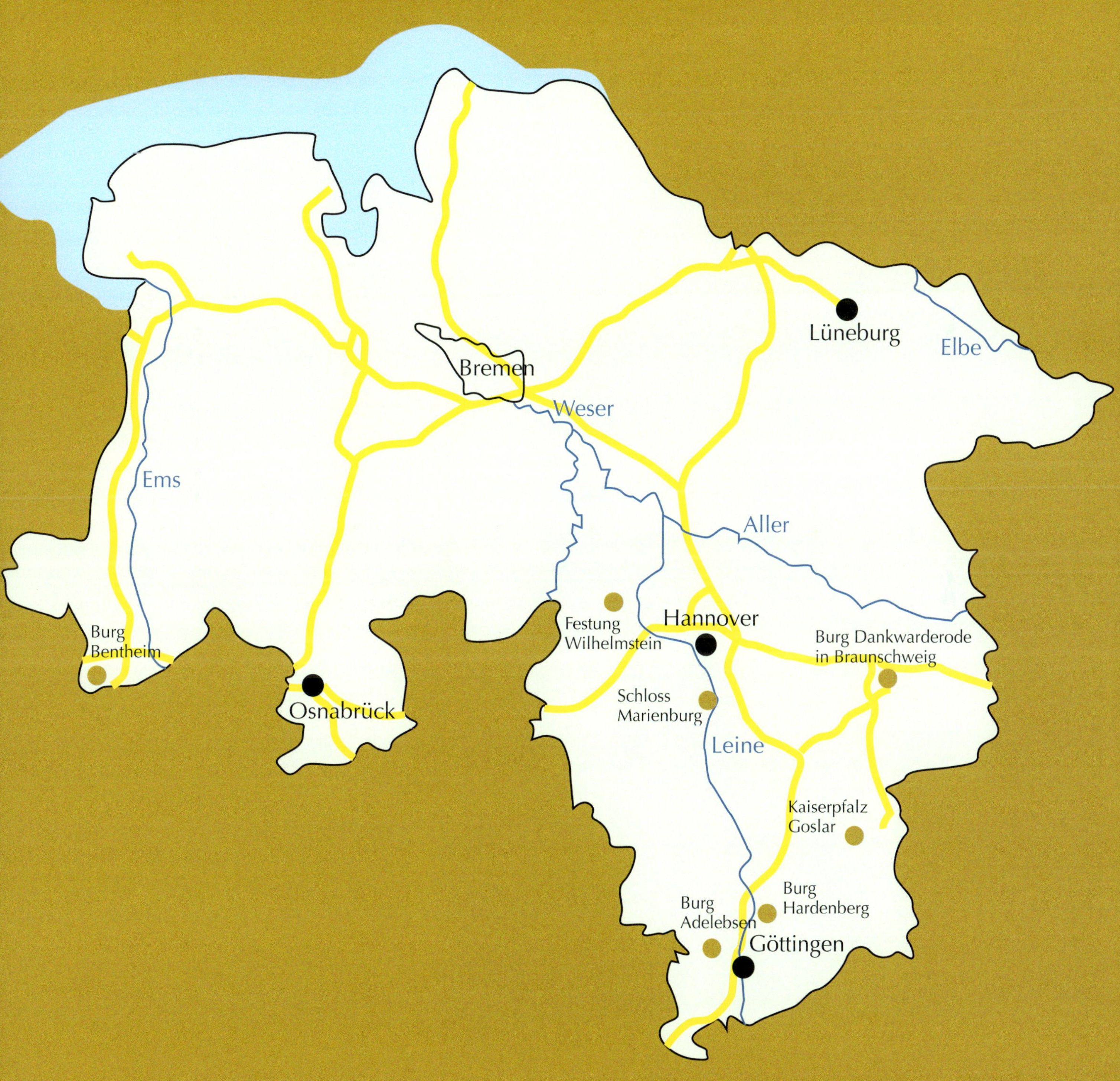

BURG ADELEBSEN

Gemeinde Adelebsen westlich von Göttingen

Bergfried der Burg Adelebsen (Foto: Gerhard Elsner)

Die ursprüngliche Burg, die in späterer Zeit zu einem Schloss umgestaltet wurde, präsentiert sich als mittelalterliche, auf einem Sandsteinfelsen errichtete Anlage. Die heutige Stiftung Burg Adelebsen wurde 1947 von Georg Freiherr von Adelebsen gegründet, dem letzten Familienspross, der 1957 verstarb. Mit ihm endete nach etwa 800 Jahren die Geschichte der Freiherren von Adelebsen. Die Stiftung soll den Erhalt der Burg und des zugehörigen Gutsgeländes garantieren.

Die Felsenburg erhebt sich in Spornlage 30 Meter über dem Schwülmetal südöstlich von Adelebsen. Der Ort selbst spielte bereits 990 eine Rolle, als Kaiser Otto III. seiner Schwester Sophie dort Ländereien schenkte. Über die Anfänge der Burg liegen nur höchst spärliche Nachrichten vor. Ein festes Haus wird 1253, die Burg selbst 1295 erstmals erwähnt. Als Bauherren traten die Herren von Wibbecke auf, die seit 1234 den Namen de Adelevessen führten, woraus dann von Adelebsen wurde. Die im Verlauf des 14. Jahrhunderts in mehreren Bauabschnitten errichtete Burg bestand aus der Vorburg und der Oberburg. Der Hildesheimer Bischof Magnus ließ sie 1466 niederbrennen. Schwere Schäden erlitt sie auch im Dreißigjährigen Krieg. Die erforderlichen Wiederaufbaumaßnahmen und vor allem die Erweiterungen verwandelten die Burg in ein beeindruckendes Schloss.

Der älteste erhaltene Bau ist der neungeschossige Wohn- und Wehrturm, dessen untere Geschosse der Zeit zwischen 1370 und 1380 entstammen, während die oberen Geschosse etwa 1420–40 folgten. Felsseitig besitzt der teils fünf- und teils sechseckige Turm eine Höhe von rund 39 Metern und eine Grundfläche von 15 x 19,5 Metern. Seine Mauern weisen eine Stärke von bis zu 4,60 Metern auf. Dieser Wohnturm zählt zu den bedeutendsten, mächtigsten Turmbauten in Deutschland und sogar in Europa. Der heute leer stehende Turm dient einer der größten säch-

sischen Dohlenkolonien als Nist- und Brutplatz, kann aber von Besuchern auch bestiegen werden.

Burg Adelebsen (Foto: Presse03)

Nördlich des Wohnturms stehen der zweistöckige Putzbau des Rentamts aus der Mitte des 18. Jahrhunderts und das heutige Forsthaus, ein Fachwerkbau von 1685 auf einem älteren, massiven Erdgeschoss. Östlich des Wohnturms liegt das einstige Hinterhaus, das sogenannte Mosthaus aus der ersten Hälfte des 14. Jahrhunderts, das 1597/98 umgestaltet und nach einem Brand 1626 wiederaufgebaut wurde. Durch den polygonalen Treppenturm erreicht man den Rittersaal im obersten Geschoss.

An das Hinterhaus schließt sich nach Süden das Unterhaus, das ehemalige Sommerhaus an. Es dokumentiert den Umbau der einstigen Burg zu einem adligen Wohnschloss. Auf der gegenüberliegenden Seite steht westlich das sogenannte Tantenhaus, in dem ursprünglich Stallungen und Gasträume untergebracht waren.

Ein großartiger Kupferstich von Caspar Merian aus dem 17. Jahrhundert zeigt eine imponierende Burg- und Schlossanlage.

BURG BENTHEIM

Gemeinde Bad Bentheim

Die frühmittelalterliche Burg in Bad Bentheim ist die größte Höhenburganlage Niedersachsens und eine der imponierendsten Burganlagen im nordwestlichen Deutschland. Sie erhebt sich auf dem letzten Ausläufer des Teutoburger Walds, auf dem Bentheimer Höhenrücken.

Auf den Resten einer germanischen Fliehburg ist die mächtige Festung erbaut worden, über deren Anfänge nichts bekannt ist. Die erste Erwähnung findet sich im zweiten Werdener-Heberegister um 1050. Herzog Lothar von Süpplingenburg oder Supplinburg, der spätere Kaiser Lothar III., eroberte 1116 die Burg in einer Auseinandersetzung mit Kaiser Heinrich V. und zerstörte sie. Vermutlich bestand sie zu dieser Zeit nur aus einem hölzernen Wehrbau.

Die Burg wurde wieder aufgebaut und kam an Lothars Schwager, den Grafen Otto von Salm-Rheineck, dessen Gemahlin ab 1150 hier ihren Witwensitz einrichtete. Sie wurde urkundlich 1154 als Gräfin von Bentheim bezeichnet. Nach kriegerischen Auseinandersetzungen und Erbfolgen fiel die Burg Bentheim Mitte des 12. Jahrhunderts an die Grafen von Holland, deren Bentheimer Linie im 14. Jahrhundert ausstarb. Durch Heiraten und Erbschaften bildete sich die heutige Linie derer zu Bentheim-Steinfurt.

Kaiser Friedrich III. belehnte 1486 Graf Eberwin II. mit Bentheim, so dass die Grafschaft erstmals als Reichslehen und als unabhängiges Territorium bestätigt wurde. Gegen Ende des 16. Jahrhunderts führte Graf Arnold II. die reformierte Lehre nach Calvin und Zwingli ein.

Mit dem Dreißigjährigen Krieg, Erbstreitigkeiten, Besetzungen und Plünderungen, mit Missernten und der Pest folgten schreckliche Jahre für die Grafschaft, die Graf Friedrich Carl Philipp schließlich 1752 an das Kurfürstentum Hannover verpfändete.

Weitere Kriege und Schrecknisse folgten, französische Revolutionstruppen wollten 1795 sogar die Burganlage sprengen, wofür man den Pulverturm mit Sprengstoff auffüllte. Aber ein Windstoß soll die Eingangstür zugedrückt haben, wobei die bereits brennende Lunte erlosch und die Burg verschont blieb, auch wenn sie erhebliche Schäden erlitten hatte.

Erst 1804 gelangten Grafschaft und Burg wieder in den Besitz der Grafen von Bentheim, die 1817 zu Fürsten erhoben wurden. Die Burg war in ruinösem Zustand und unbewohnbar. Erst Mitte des 19. Jahrhunderts begannen erste Wiederaufbaumaßnahmen. Dabei wurde vor

rechts: Burg Bentheim, Luftbild (Foto: Dietmar Rabich / Wikimedia Commons / „Bad Bentheim, Burg Bentheim -- 2014 -- 9555 -- Ausschnitt" / CC BY-SA 4.0)

Pulverturm und Tor der Burg Bentheim (Foto: Arch)

Pulverturm der Burg Bentheim (Foto: Kleuske)

allem der mittelalterliche Palas, die Kronenburg, zu einem repräsentativen Wohnsitz ausgebaut. Heute dient Burg Bentheim als Museum und präsentiert die Prunkräume der Kronenburg und Exponate zur Geschichte der Burg und der fürstlichen Familie. Auch Hochzeiten können in der Burg ausgerichtet werden.

Man betritt die Burganlage durch das untere Burgtor aus dem 13. Jahrhundert und das obere Burgtor aus dem 17. Jahrhundert. Rechts sieht man die gotische Katharinenkirche. Im Chor findet man seit 2016 den „Herrgott von Bentheim", ein frühromanisches Steinkruzifix des 11. oder 12. Jahrhunderts, das zuvor am Pulverturm stand. Über den Innenhof gelangt man zur dreiflügligen, neugotischen Kronenburg, deren Anfänge ins 12. Jahrhundert zurückreichen, die aber erst 1883–1914 zum repräsentativen Wohnsitz der Fürstenfamilie ausgebaut wurde. Im Winkel zum ehemaligen Marstall erhebt sich der 45 Meter hohe Runde Turm, auch als Batterieturm bezeichnet, der Anfang des 15. Jahrhunderts entstand. Ein zweigeschossiger Verbindungsgang führt zum ehemaligen Marstall, dessen Obergeschosse zu Wohnzwecken dienen. Anschließend gelangt man zum Bergfried. Dieser mächtige, 30 Meter hohe Pulverturm gehört zwar zu den ältesten Bauteilen der Burg, erhielt sein heutiges Erscheinungsbild jedoch erst im 16. Jahrhundert. Im Innern gibt es einen Raum, der 12 Meter tief in den Felsen getrieben worden ist und der als Pulverkammer, als Verlies und Vorratsraum gedient hat. Der viereckige Turm nimmt eine Grundfläche von 14 x 14 Metern ein und besitzt eine Mauerstärke von bis zu 5,5 Metern. In den Ecken der Plattform stehen kleine Sandsteintürmchen von 1706.

Wie viele andere historische Stätten verfügt auch die Burg Bentheim über eine Teufelssage, die mit dem Drususfelsen an der südwestlichen Ecke der Burg zusammenhängt. Ein Ritter Bento hatte mit dem Teufel ausgemacht, dass dieser ihm eine Burg erbauen und nach Fertigstellung als Lohn die erste Seele erhalten sollte, die ihm begegnen würde. Der Teufel schlief aber, von der schweren Arbeit erschöpft, ein, wobei er mit einem Ohr fest auf dem Felsen lag. Der Ritter schickte am Morgen seinen Raben los, dessen Krächzen den Teufel aufweckte. Der Teufel sah sich getäuscht und sprang wütend auf. Dabei riss er sich sein Ohr ab, das am Felsen hängen blieb. Der Teufel verschwand, der Ritter hatte seine Burg, und der Felsen erhielt den Namen „Teufelsohrkissen".

Auch in der Kunst hat die Burg mehrfach eine wichtige Rolle gespielt, da vor allem niederländische Landschaftsmaler sie wiederholt als Motiv für ihre Gemälde erwählten. Zu nennen ist insbesondere Jacob van Ruisdael im 17. Jahrhundert.

Innenhof der Burg Bentheim mit dem Marstall, dem Dach des Batterieturms, der Galerie und der Kronenburg (Foto: Kleuske)

BURG DANKWARDERODE IN BRAUNSCHWEIG

Stadt Braunschweig

Die 1067 erstmals genannte Niederungsburg der Brunonen war später im Besitz der Braunschweiger Herzöge und gehört heute zum Herzog-Anton-Ulrich-Museum.

Schon im 11. Jahrhundert besaßen die brunonischen Grafen auf einer Okerinsel eine befestigte Anlage, das „castrum Tanquarderoth". Etwa zwischen 1160 und 1175 errichtete man an ihrer Stelle als repräsentative Pfalz Heinrichs des Löwen die Burg Dankwarderode. Nach dem Vorbild der Goslarer Kaiserpfalz und in Konkurrenz dazu entstand ein zweigeschossiger Palas mit einer Doppelkapelle. Vom Obergeschoss aus führte ein Verbindungsgang in die seit 1173 entstehende Stiftskirche, den Dom. Wie die Goslarer Pfalz besaß auch das Erdgeschoss der Burg Dankwarderode eine Fußbodenheizung, ein unerhörter Luxus in jener Zeit. Die Burg und mit ihr große Teile der Braunschweiger Altstadt fielen 1252 einem Brand zum Opfer. Die Burg verlor zudem schon früh ihren wehrhaften Charakter durch die Anlage weiterer Stadtteile. Die Burgmauern trug man um 1580 weitgehend ab. Der Palas aber erhielt 1616 ein neues Erscheinungsbild im

Ansicht der Burg Dankwarderode in Braunschweig vom Burgplatz aus

oben: Burg Dankwarderode und Apsis des Braunschweiger Doms

Stil der Renaissance. In der Folgezeit kam es zu verschiedenen An- und Umbauten. Ab 1808 nutzte man den Palas als Kaserne. Nach einem neuerlichen Brand 1873 drohte der Abriss, den heftige Bürgerproteste aber verhindern konnten. Die Stadt kaufte die Ruine und ließ sie bis 1906 rekonstruieren und als neuromanischen Bau wieder aufbauen. Der mittelalterliche Grundriss konnte weitgehend erhalten werden. Allerdings verzichtete man auf die Wiederherstellung der ehemaligen südlich gelegenen Wohnräume und der großen Doppelkapelle St. Georg und Gertrud. Bis auf geringe Reste wie die Säulenarkade im Untergeschoss und die Rückwand des Palas besteht der Bau aus historistischen Rekonstruktionen.

Nach schweren Kriegszerstörungen birgt der heutige, 15 x 43 Meter messende Saalbau im Erdgeschoss den Knappensaal, der die Mittelalter-Abteilung des Museums aufgenommen hat, und im Obergeschoss den rekonstruierten Rittersaal, dessen Ausmalung nach originalen Quellen erneuert worden ist und der für Veranstaltungen und Wechselausstellungen genutzt wird.

unten: Rittersaal der Burg Dankwarderode in Braunschweig (Foto: Herzog Anton Ulrich-Museum Braunschweig, Kunstmuseum des Landes Niedersachsen, Museumsfotograf)

KAISERPFALZ GOSLAR

Stadt Goslar

Die Goslarer Kaiserpfalz ist ein einzigartiger Ort profaner mittelalterlicher Baukunst. Sie ist eine hoch bedeutende Stätte früher deutscher Geschichte. Hier wurde Weltgeschichte geschrieben. Sie bewahrt bis heute die Erinnerung an die einstige Macht und Größe der deutschen Kaiser.

Zum Bereich der einst rund 550 mal 250 Meter umfassenden Goslarer Kaiserpfalz gehören bzw. gehörten als herausragende Bauwerke das Kaiserhaus, die ehemalige Stiftskirche St. Simon und Judas, die Pfalzkapelle St. Ulrich und die Liebfrauenkirche. Erhalten geblieben sind das Kaiserhaus und die Ulrichskapelle. Von der auch als Dom bezeichneten, 1050 geweihten Stiftskirche steht nur noch die nördliche Vorhalle aus dem 12. Jahrhundert. Der Grundriss der Kirche ist in der Pflasterung des heutigen Parkplatzes kenntlich gemacht. Die einst zweigeschossige Liebfrauenkirche oder Marienkapelle existiert nicht mehr. Das Kaiserhaus ist Deutschlands ältester und größter Profanbau des 11. Jahrhunderts. Hier hielten sich vor allem die Salierkaiser auf. Seit 1992 zählen der Pfalzbereich, die Goslarer Altstadt und der Rammelsberg zum Weltkulturerbe der UNESCO.

Die spätere Kaiserpfalz ist vermutlich aus einem ottonischen Jagdhof hervorgegangen. Um 1005 ließ Kaiser Heinrich II. eine erste Pfalz errichten, die Konrad II. weiter ausbaute und die unter seinem Sohn Heinrich III. vollendet wurde. Im 12. Jahrhundert folgten weitere Umgestaltungen des großen Saalbaus. Aus dieser Zeit stammt auch die Ulrichskapelle.

Das 54 mal 18 Meter messende Kaiserhaus besitzt zwei übereinander liegende Säle von 47 mal 15 Metern. Der untere Saal, auch als Wintersaal bezeichnet, verfügte über eine Warmluftheizung.

Kaiserpfalz Goslar, Hauptansicht

Nach Norden schloss sich ein zweigeschossiges Wohngebäude an. Der Saalbau stürzte 1132 ein, wurde aber sofort mit einigen Umgestaltungen wieder aufgebaut. Die Doppelkapelle St. Ulrich bildet im Untergeschoss einen kreuzförmigen Zentralbau. Die Oberkapelle, die der kaiserlichen Familie zustand, zeigt sich oktogonal. In der Unterkapelle befindet sich heute ein Sarkophag mit einer Deckelplatte des 13. Jahrhunderts, die Kaiser Heinrich III. zeigt, dessen Herz in einer vergoldeten Kapsel im Sarkophag ruht.

In der Pfalz haben wichtige Ereignisse stattgefunden. Hier wurde beispielsweise am 11. November 1050 der spätere Kaiser Heinrich IV. geboren. Papst Viktor II. weilte 1056 einige Wochen als Gast Heinrichs III. in der Pfalz. Pfingsten 1063 kam es zum „Goslarer Rangstreit" und zu einem Blutbad im Dom, als sich Bischof Hezilo von Hildesheim und Abt Widerad von Fulda nicht über die Sitzordnung einigen konnten. Nachdem sich mit Wilhelm von Holland 1253 zuletzt ein deutscher König in der Pfalz aufgehalten hatte, begann der Niedergang. Eine Brandkatastrophe richtete 1289 schwerste Schäden an. Ein Jahr später übernahm die Stadt Goslar den Pfalzbezirk. Der Saalbau erlebte Gerichtsverhandlungen und wurde als Lagerraum genutzt. Die Ulrichskapelle wurde 1575 zu einem Gefängnis degradiert. Die Liebfrauenkirche verfiel, die Steine verkaufte man schließlich als Baumaterial. Die Stiftskirche trug wiederholt Schäden davon und wurde zur Ruine, die 1819 mit Ausnahme der nördlichen Vorhalle auf Abbruch verkauft wurde.

Als 1865 im Kaiserhaus erneut schwere Schäden eintraten, wäre fast ein Abriss erfolgt. Doch 1868 begannen umfangreiche Sicherungs- und Aufbauarbeiten, die 1879 abgeschlossen werden konnten. Die nationale Begeisterung der Zeit führte zu einer monumentalen Ausweitung des Projekts. Davon zeugen die großen Wandgemälde des Düsseldorfer Historienmalers Hermann Wislicenus, die 1879 bis 1897 entstanden, das Kaisertum der Hohenzollern verherrlichten und der Tradition der römisch-deutschen Kaiser zuordneten. Davon zeugen bis heute auch die Nachbildungen des Braunschweiger Löwen oder die Reiterstandbilder Kaiser Friedrich Barbarossas und Kaiser Wilhelms I. vor dem Kaiserhaus. Trotzdem oder gerade deswegen zählt die Goslarer Pfalz heute zu den großen touristischen Anziehungspunkten der Stadt.

Kaiserpfalz Goslar mit der Doppelkapelle St. Ulrich (Foto: Kassandro)

BURG HARDENBERG

Gemeinde Nörten-Hardenberg

Die historische Felsen- oder Höhenburg Hardenberg liegt als beeindruckende Ruine auf einem hohen, steil abfallenden Felsen. Die ehemalige Doppelburg bzw. Ganerbenburg, die durch einen Abschnittsgraben in ein Vorder- und ein Hinterhaus unterteilt war, in denen die beiden Familienzweige derer von Hardenberg wohnten, ist heute nur bedingt zugänglich. Wegen Baufälligkeit ist eine Besichtigung nur bei einer offiziellen Führung möglich. Das Erscheinungsbild der Burg wird durch einen Aussichtsturm bestimmt. Die beiden Burgbereiche besaßen keine Bergfriede, wie man sie sonst in Ganerbenburgen findet, wie beispielsweise bei Burg Thurandt an der Mosel. Bei in kirchlichem Besitz befindlichen Anlagen wie der Burg Hardenberg gab es üblicherweise keine derartigen Türme.

Die Burg verdankte ihre Entstehung dem Erzbistum Mainz und sollte dem Schutz und der Überwachung zweier Handelswege dienen. Erzbischof Ruthard musste 1098 auf der Burg Zuflucht suchen, die vermutlich schon Kaiser Otto I. der Große seinem Sohn Wilhelm übergeben hatte, der 954 bis 968 Erzbischof von Mainz war. Die erste Erwähnung eines festen Hauses erfolgte um 1101. 1287 musste Mainz die Burg verpfänden, und zwar an die Herren von Hardenberg, die in der Folgezeit als Besitzer auftraten. Als das Geschlecht sich in zwei Linien teilte und 1409 der Familienbesitz geteilt wurde, entstanden die beiden Linien Vorder- und Hinterhaus, und die Burg Hardenberg wurde zu einer Doppelburg. Der Mainzer Erzbischof Johann Schweikhard suchte 1607 das Pfand Hardenberg wieder einzulösen, stieß aber auf den entschiedenen Widerstand der Hardenberger. Der Streit konnte erst 1744 beigelegt werden und endete damit, dass Mainz den Hardenbergern ihr Privateigentum bestätigen musste.

Nach einem außergewöhnlich starken Gewittersturm stürzte 1698 das Vorderhaus zusammen. Dieser Familienzweig begab sich nach Göttingen und bezog 1710 das neue Schloss Hardenberg am Fuß des Burgberges. Nach erneuten Felsabstürzen gab 1720 auch der Familienzweig des Hinterhauses die Burg auf, die im 19. Jahrhundert saniert wurde und einige neugotische Einbauten erhielt, darunter den Aussichtsturm. Weitere Erhaltungsmaßnahmen

Burg Hardenberg (Foto: GNU Free Documentation License.)

folgten ab 1962 und erneut ab 1998. In diesem Zusammenhang wurden bauhistorische und archäologische Untersuchungen durchgeführt, die neue Erkenntnisse zur Baugeschichte erbrachten. Im Bereich des Hinterhauses oder Mainzer Hauses haben sich romanische Bauteile und der bereits genannte polygonale Turm erhalten, der 1842 seine romantisierende Form erhielt. Die übrigen Gebäudeteile entstammen dem 15. und 16. Jahrhundert. Das ehemalige Vorderhaus zeigt noch spätgotische Fenstergewände.

Die mehr als 1 000 Jahre alte Burg Hardenberg bietet auch als Ruine eine malerische Kulisse für eine Zeitreise in die Vergangenheit, die im Rahmen einer Führung unternommen werden kann.

Burg Hardenberg (Foto: Axel Hindemith)

SCHLOSS MARIENBURG

Die weitläufige Anlage, die auch als Märchenschloss der Welfen bezeichnet wird oder als Neuschwanstein des Nordens, ließ König Georg V. von Hannover 1858–69 als Sommerresidenz, Jagdschloss und späteren Witwensitz errichten. Das vielgestaltige, 130 Räume umfassende Schloss, das, dem Zeitgeschmack entsprechend, das Erscheinungsbild einer mittelalterlichen Ritterburg verkörpern sollte, war ein Geschenk des Königs an seine Gemahlin Marie zu ihrem 39. Geburtstag am 14. April 1857. Der König hat also der Liebe zu seiner Gemahlin ein grandioses Denkmal gesetzt. Das Schloss liegt in 135 Metern Höhe auf dem südöstlichen Bereich des Schulenburger Bergs und späteren Marienbergs und bietet einen grandiosen Ausblick über das Leinetal.

Die Pläne zu dem großen Schlossbau lieferten die Architekten Conrad Wilhelm Hase und Edwin Oppler. Königin Marie lebte nur ein Jahr in ihrem Schloss, bis sie, nachdem Preußen das Königreich Hannover nach dem Krieg von 1866 annektiert hatte, mit ihrem Gemahl nach Wien ins Exil ging. Das Schloss verblieb allerdings im Besitz der Welfen.

Die Königin verlangte von ihren Architekten den Bau einer romantischen, aber dennoch wehrhaft wirkenden mittelalterlichen Höhenburg im (neu)gotischen Stil. So entstand eines der bedeutendsten Baudenkmäler des Historismus in Deutschland. Vier Gebäudeflügel gruppieren sich achsialsymmetrisch um einen Innenhof, den ein imposanter Bergfried überragt. Zugbrücke, Fallgitter, Schießscharten, Zinnen, Türme und starke Torbauten unterstreichen den scheinbar

Gemeinde Pattensen westlich von Hildesheim

Marienburg, Gesamtansicht vom Ufer der Leine aus

wehrhaften Charakter der Anlage, verleihen ihr aber auch eine fast märchenhafte Wirkung. Ihr Erscheinungsbild passt zu dem sagenumwobenen Marienberg, der einst von Zwergen bewohnt gewesen sein soll. Nicht zu vergessen ist die Tatsache, dass das Schloss in einem vorgeschichtlichen Ringwall steht. Drei der zweigeschossigen Flügel nahmen die Wohn-, Gesellschafts- und Repräsentationsräume der Königsfamilie auf, der Nordflügel war für die Dienerschaft und für Gäste bestimmt.

Der Rückgriff auf das Mittelalter sollte die große Geschichte des Welfenhauses dokumentieren, das immerhin im 12. Jahrhundert mit Heinrich dem Löwen einen der mächtigsten Reichsfürsten hervorgebracht hat und dessen Könige im 18. und 19. Jahrhundert in Personalunion 123 Jahre lang auch Regenten des Königreichs Großbritannien und Irland waren.

König Georg V. hat das „kleine Eldorado" seiner Gemahlin nicht mit eigenen Augen sehen können, da er blind war. Und auch die Königin konnte ihr Schloss nur kurze Zeit genießen. Nach ihrem Weggang ins Wiener Exil hat sie es nicht wieder betreten. Nachdem das Königspaar das Land verlassen hatte, stand die Marienburg fast 80 Jahre leer, nur gehütet von einem Burgaufseher oder Verwalter. Erst nach dem Zweiten Weltkrieg zog wieder ein Welfe ein: Ernst August III. mit seiner Familie, der Enkel König Georgs V. und der Königin Marie. Seit 2004 ist Schloss Marienburg im Besitz Seiner Königlichen Hoheit Erbprinz Ernst August von Hannover, eines Ur-Ur-Urenkels von König Georg V. und seiner Gemahlin Marie. Er brachte neues Leben in die historischen Mauern und lässte das Schloss zu einem viel besuchten Ort der Kunst und Kultur werden. 2005 fand auf der Marienburg eine Ausstellung von mehr als 20 000 Kunstgegenständen statt, die zur Versteigerung angeboten wurden. Aus dem Erlös von 44 Millionen Euro wurde unter anderem eine Stiftung zur Erhaltung der Marienburg gegründet.

Im Jahr 2014 konnten gleich zwei große historische Ereignisse gefeiert werden: das dreihundertjährige Jubiläum der Personalunion zwischen Hannover und Großbritannien und die Erhebung Hannovers zum Königreich 200 Jahre zuvor. Die Ausstellung „Der Weg zur Krone. Das Königreich Hannover und seine Herrscher" würdigte diese Ereignisse. Die Besucher, die im Rahmen einer Führung durch das Schloss streifen, erleben dank der weitgehend erhaltenen Innenausstattung höfische Kultur des ausgehenden 19. Jahrhunderts. Außerdem können Räumlichkeiten für private Festlichkeiten angemietet werden.

Luftbilder der Marienburg (Foto: Ralf Claus)

FESTUNG WILHELMSTEIN

Gemeinde Wunstorf

Die Festung Wilhelmstein wurde auf einer 1,25 Hektar großen, künstlich angelegten Insel im Steinhuder Meer errichtet und sollte aus militärischen Erwägungen im 18. Jahrhundert als Landesfestung der Grafschaft Schaumburg-Lippe dienen. Die durch den Grafen Wilhelm zu Schaumburg-Lippe 1761–67 erbaute Inselfestung galt als uneinnehmbar, geschützt durch zahlreiche Kanonen und durch das erste deutsche Unterseeboot. Sie ist bis heute eine einzigartige Anlage in Europa. Der Graf wollte seine kleine Grafschaft, die gerade einmal 17000 Einwohner besaß, gegen landhungrige Fürsten schützen.

Ab 1761 wurde die Insel aufgeschüttet, wofür die Untertanen über Jahre an jedem Werktag etwa 30 Kubikmeter Sand, Kies und Steine anfahren mussten, vor allem mit Booten und im Winter mit Schlitten. Um dieses Unternehmen bewerkstelligen zu können, legte man einen 1,2 Kilometer langen Stichkanal von Schloss Hagenburg zum Steinhuder Meer an. Es ist bemerkenswert, dass der Graf seine Arbeiter entlohnte, obwohl er Anspruch auf ihre Frondienste hatte.

Nachdem der Baugrund erstellt war, entstand zunächst eine sternförmige Schanze mit vier Bastionen und Zitadelle. Die Außenmauern bestanden aus Natursteinen, die Innenseiten aus Backstein. Die Kasematten dienten zur Unterbringung der Soldaten, aber auch als Lagerräume für Munition und Proviant. Darüber erhob sich ein kleines Schloss mit Wohnräumen für den Kommandanten und die Offiziere. Auf dem Turm richtete man 1774 eine Sternwarte ein. Zum weiteren Schutz der Anlage legte man 16 kleine Inseln um die Fes-

Festung Wilhelmstein im Steinhuder Meer (Foto: ChristianSchd)

Lageplan der Festung Wilhelmstein, Zeichnung Ende 18. Jahrhundert

tungswerke an: acht kleine Kurtinen, vier mittlere Ravelins und vier Bastionen, die jeweils durch Zugbrücken miteinander verbunden waren. Diese Außenwerke verfügten über Kanonenstände, feste Häuser, Magazine, ein Lazarett, Studienräume und einen kleinen Hafen für fünf Kanonenboote. Man hat sie später in die eigentliche Insel einbezogen, als um 1810 die Kanäle zugeschüttet wurden. Aus der ursprünglich sternenförmigen Schanze entstand die bis heute bestehende etwa quadratische Gestalt mit Seitenlängen von 100 Metern.

Militärisch war die Festung Wilhelmstein durchaus bedeutend mit ihren anfangs 166 Kanonen und ihren Mörsern. Für den Ernstfall waren 800 Soldaten eingeplant. In Friedenszeiten sollten 250 Mann stationiert sein, deren Zahl sich aber aus Kostengründen immer weiter verringerte. Der Dienst war nicht ohne gesundheitliche Folgen. Vor allem Erkältungen und Rheuma stellten sich infolge der ständigen Feuchtigkeit ein.

Graf Wilhelm richtete in der Festung 1767 eine Kriegs- oder Militärschule ein, in der Artilleristen und Pioniere ausgebildet, in der aber auch allgemeine Fächer unterrichtet wurden. Der wohl bekannteste Schüler war der spätere preußische General und Heeresreformer Gerhard von Scharnhorst. Sicherlich bemerkenswert ist die Tatsache, dass 1772 vor der Insel das erste deutsche Unterseeboot, der „Steinhuder Hecht", erprobt wurde. Nach dem Tod des Grafen Wilhelm 1777 und der Verlegung der Schule nach Bückeburg 1787 funktionierte man die Festung bis 1867 zum Staatsgefängnis um, deren Insassen Zwangsarbeiten zu verrichten hatten.

Der Wilhelmstein ist noch heute im Besitz derer zu Schaumburg-Lippe. Die Insel ist längst zu einem beliebten Ausflugsziel geworden: mit Café, Souvenirladen, Trauungs- und Übernachtungsmöglichkeiten. Das Museum zeigt Exponate aus der Militärzeit, Waffen, Ausrüstungen, Kanonen. Kasematten und Gefängniszellen sind zu besichtigen. Und der Aussichtsturm bietet einen großartigen Panoramablick über das Steinhuder Meer.

Festung Wilhelmstein im Steinhuder Meer (Foto: Axel Hindemith)

NORDRHEIN-WESTFALEN

BURG ALTENA

Gemeinde Altena südöstlich von Hagen

Auf einem Bergsporn des Klusenbergs in Altena an der Lenne erhebt sich in malerischer Lage eine der schönsten Höhenburgen Deutschlands, als mächtiger Wehrbau seit dem 12. Jahrhundert von den Grafen von Berg erbaut und weithin bekannt, weil in ihren trutzigen Mauern Richard Schirrmann 1914 die erste Jugendherberge der Welt eröffnete. In der Burg sind gleich zwei Museen zu besuchen, das Museum Weltjugendherberge und vor allem das Museum der Grafschaft Mark mit Exponaten von der geologischen Frühgeschichte bis in die Gegenwart.

Vermutlich um 1108 soll Kaiser Heinrich V. die Brüder Adolf und Everhard von Berg für ihre treuen Dienste mit Besitzungen im Sauerland belohnt haben, die daraufhin auf dem Wulsberg eine Burg errichteten. So jedenfalls berichtet es eine Überlieferung zu ihrer Entstehungsgeschichte. Die Grafen von Altena zogen 1198 auf die Burg Mark bei Hamm und nannten sich daher Grafen von der Mark. Burg Altena wurde schließlich Amtmannssitz. Die zugehörige kleine Siedlung am Fuß des Berges erhielt 1367 weitgehende Rechte wie Zollfreiheit oder Selbstverwaltung. Ein Brand richtete in der Burg 1455 große Schäden an, die nur notdürftig behoben wurden. Später erhielt die Anlage eine Garnison, nahm das Armen- und Arbeitshaus der Stadt auf, diente als Kriminalgericht und Gefängnis und verfiel zusehends. Von 1856 bis 1906 unterhielt der Johanniterorden in der Burg ein Krankenhaus. 1906 wurde endlich der Märkische Burgenverein gegründet, der die Burg wieder aufbauen sollte, und zwar zur 300-Jahr-Feier der Zugehörigkeit der Grafschaft Mark zu Preußen 1909 (Dortmunder Rezess von 1609). 1914 waren die zeitweise heftig umstrittenen Rekonstruktionen so weit abgeschlossen, dass die erste ständige Jugendherberge der Welt eingeweiht werden konnte. Ihre originalen Räume sind in ein Museum umgewandelt worden. Die Jugendherberge befindet sich heute im unteren Burghof. 1943 kam die Burg in den Besitz des damaligen Kreises Altena. Sie ist heute das Wahrzeichen der Stadt und erlebt alljährlich zahlreiche Besucher und Mittelalterfeste. Ein Restaurant kümmert sich um das leibliche Wohl der Touristen. Einzigartig ist der 2014 eröffnete Burg- bzw. Erlebnisaufzug, der vom Burghof 60 Meter durch den Felsen des Klusenbergs zu einem knapp 100 Meter langen Stollen am Fuß des Berges zur Innenstadt führt. An mehreren Stationen eines Zeittunnels erhalten die Besucher umfangreiche Informationen über 900 Jahre Burggeschichte.

Luftbild der Burg Altena (Foto: Michael Kramer)

Auf dem Burggelände stehen auf lang gestrecktem Grundriss die Kernburg, zwei Türme und die Vorburg. Über die Baugeschichte, deren Beginn vermutlich ins 1. Viertel des 12. Jahrhunderts zu datieren ist, da Graf Adolf III. von Berg

Luftbild der Burg Altena (Foto: Gregor Schmitz)

1122 als Graf von Altena erwähnt wird, liegen nur spärliche Nachrichten vor. Spätestens um 1200 dürfte die Burg aber vollendet gewesen sein. Brände in den Jahren 1672 und 1696 ließen sie zur Ruine werden. Das heutige Erscheinungsbild geht, wie erwähnt, auf den Wiederaufbau bzw. die Rekonstruktion Anfang des 20. Jahrhunderts zurück, auch wenn man auf alten Fundamenten und unter Verwendung erhaltenen Mauerwerks gebaut hat. Fachwerkteile, Zierformen und die Dachgestaltung verleihen der Burg ihr malerisches Aussehen. Die Friedrichspforte von 1909, ein Werk das damaligen Architekten Georg Frentzen, orientiert sich an barocker Festungsarchitektur des 17. Jahrhunderts. Der Torweg führt zum unteren Burghof. Mitteltor, Oberes Tor und Bergfried enthalten noch Bausubstanz des 12. Jahrhunderts, ebenso der Alte Palas und der Pulverturm. Der Neue Palas, Burgschenke und Kapelle hingegen sind Neuschöpfungen.
Die Rekonstruktionen der Burggebäude führten zu kontroversen Diskussionen, in denen vor allem zwei Standpunkte eine Rolle spielten. Eine Seite vertrat die Überzeugung, man müsse sich streng an der historischen Bedeutung und der Authentizität der erhaltenen mittelalterlichen Bausubstanz orientieren und die Ruine als mittelalterliches Denkmal erhalten. Die andere Seite plädierte für eine Berücksichtigung patriotischer und touristischer Interessen und damit für die Schöpfung einer attraktiven Anlage im Sinn eines romantisierenden Mittelalterverständnisses. Die Besucher der Burg sind auch heute noch eingeladen, sich mit dieser Problematik der Denkmalpflege auseinanderzusetzen.

BURG BROICH IN MÜLHEIM

Gemeinde Mülheim an der Ruhr

Burg Broich, heute auch als Schloss Broich bezeichnet, ist die älteste Burganlage aus spätkarolingischer Zeit nördlich der Alpen. Zur Sicherung des nahen Ruhrübergangs, des Hellwegs und zum Schutz vor den Normannen entstand vor mehr als 1 100 Jahren eine starke Wehranlage, die sich über viele Jahrhunderte zum heutigen Schloss entwickelte, in dem beispielsweise die preußische Königin Luise ihre Großmutter besuchte. Die Schlossgebäude dienen heute teils als Museum, teils können sie für repräsentative Festlichkeiten und Empfänge oder für private Feiern wie Trauungen genutzt werden. Nachdem die Wikinger 883 Duisburg erobert und ihr Winterquartier bezogen hatten, ließ der ostfränkische Herzog Heinrich auf einem elf Meter hohen Sporn über der Ruhr eine feste Anlage errichten, die aus einer ovalen Ringmauer und mehreren Gebäuden bestand. Der Herzog vertrieb die Wikinger 884, und die Anlage wurde offenbar wieder aufgegeben. Den erneuten Ausbau der Burg veranlassten im 11. Jahrhundert die erstmals 1093 urkundlich erwähnten Edelherren von Broich. Der Kölner Erzbischof Philipp von Heinsberg erwarb die Burg 1188. Es folgte der Ausbau zu einer starken Festung. Die Ringmauer wurde verstärkt und auf eine Höhe von 9 Metern gebracht. Der mächtige freistehende Bergfried, der noch karolingische Bausubstanz umfasste, erhielt eine Höhe von 17,40 Metern. Er ummantelte in runder Form den frühromanischen quadratischen Bergfried. Kurz vor 1400 erfolgte auf der Südseite der Bau des zweistöckigen gotischen Palas. Eine Belagerung und Beschießung der Burg durch den Kölner Erzbischof Dietrich von Moers und Herzog Gerhard von Jülich-Berg 1443 führte zu schweren Zerstörungen und schließlich zur Einnahme der Anlage. Die Schäden wurden behoben, den Bergfried musste man jedoch abbrechen. Die Burg wurde 1459 Amtssitz der bergischen Unterherrschaft Broich. Um- und Ausbauten und die Errichtung neuer Gebäude veränderten im 16. Jahrhundert

Burg Broich, Reste des Bergfrieds und spätkarolingischer Mauern aus dem späten 9. Jahrhundert (Foto: Oliver Koeneke)

Burg Broich, Westflügel zur Straße (Foto: Docfeelgood)

Luftbild der Burg Broich in Mülheim an der Ruhr (Foto: Architektur-Bildarchiv/Thomas Robbin)

nachhaltig das Erscheinungsbild der Burg. Schwere Schäden brachten der Truchsessische oder Kölner Krieg sowie der Achtzigjährige Krieg mit sich. Erst Mitte des 17. Jahrhunderts war eine Behebung der Zerstörungen und der Bau des heutigen Hochschlosses möglich. Außerdem entstanden im Schlosshof unter Graf Wilhelm Wirich von Daun ein neuer, zweigeschossiger Flügel und weitere Anbauten an der westlichen Schlossmauer. Die Burg wurde zu einem repräsentativen Schloss ausgebaut. Die Reste der damals entstandenen wasserumwehrten Vorburg beseitigte man im 19. Jahrhundert. Im 18. Jahrhundert kam es zu einem teilweisen Neubau des westlichen Flügels, aber auch zum Abriss von Gebäudeteilen. 1787 und 1791 weilten hier bei ihrer Großmutter die Prinzessinnen Luise und Friederike von Mecklenburg-Strelitz, die späteren Königinnen von Preußen bzw. Hannover. 1815 fiel Broich an Preußen, und die Gebäude verfielen zusehends. 1857 kauften der Renteiverwalter Bilger und der Schwiegersohn, der Bankier Eduard Stöcker, Schloss Broich, ließen die Fachwerkbauten des Hochschlosses abreißen und eine klassizistische Villa erbauen. Schließlich fiel die Anlage 1938 an die Stadt Mülheim. Erneut drohte ein weitgehender Verfall. Restaurierungen und Ausgrabungen folgten 1967 bis 1974, u. a. wurden die karolingischen und späteren Grundmauern freigelegt. Die Öffentlichkeit konnte sich ab 1975 wieder selbst ein Bild von der Bedeutung der historischen Stätte machen. Von der einst ausgedehnten Schlossanlage sind das nahezu kreisförmige Hochschloss und das sogenannte Niederschloss mit dem gotischen Palas erhalten geblieben.

Seit 2010 finden erneut umfangreiche Sanierungen statt. Die repräsentativen Säle der Schlossbauten werden für öffentliche wie private Veranstaltungen genutzt, während im Hochschloss der Mülheimer Geschichtsverein sein sehenswertes Museum betreibt.

SCHLOSS BURG AN DER WUPPER

Ortsteil von Solingen

Das weithin bekannte und alljährlich von ganzen Besucherscharen heimgesuchte Schloss, das gelegentlich auch als „rheinische Wartburg“ bezeichnet wird, zeigt sich heute vor allem als eine beeindruckend rekonstruierte Höhenburg des späten 19. Jahrhunderts. Dabei war das rund 100 Meter über der Wupper gelegene Wahrzeichen des Bergischen Landes seit dem 12. Jahrhundert die Stammburg der mächtigen Grafen und Herzöge von Berg und ihre Hauptresidenz, bis diese 1380 nach Düsseldorf verlegt wurde. Nach Zerstörungen und Schleifungen und nach dem Auszug bergischer Kellner und Richter 1807 wurde die Burg rasch zu einer Ruine, deren Totalverlust drohte. Aber 1887 gründete man den Schlossbauverein, der zwischen 1890 und 1914 erfolgreich den Wiederaufbau bzw. die Rekonstruktion der großen Anlage betrieb und sich heute um ihre Erhaltung kümmert.

Die Anfänge der Burg liegen im ersten Drittel des 12. Jahrhunderts, als Graf Adolf II. über den Fundamenten einer älteren Anlage eine neue Burg errichten ließ, die aus Bergfried, Palas und Wirtschaftsgebäuden bestand, die sich um einen kleinen Innenhof gruppierten. Die erste Erwähnung des neuen Stammsitzes erfolgte 1160. Nach der Teilung der Grafschaft im gleichen Jahr und nach dem Tod der beiden Nachfolger kam die Herrschaft eigentlich widerrechtlich an den jüngeren Bruder Herzog Adolfs, an den Kölner Erzbischof Engelbert, einen der mächtigsten und einflussreichsten Männer seiner Zeit. Er ließ die Burg beträchtlich

Schloss Burg an der Wupper, Luftaufnahme (Foto: Frank Stursberg)

erweitern und zum Stammsitz seiner Familie ausbauen. Doch Engelbert II. wurde 1225 von seinem Neffen erschlagen, womit das bergische Grafengeschlecht im Mannesstamm ausstarb. Nachfolger als Graf von Berg wurde der zuvor übergangene Heinrich von Limburg. Sein Enkel Adolf V. hielt nach der Schlacht von Worringen 1288 den Kölner Erzbischof Siegfried von Westerburg 13 Monate lang auf Schloss Burg in Haft, bis die Bedingungen für eine Freilassung erfüllt waren. Adolf V. konnte nun am Rhein Düsseldorf noch im gleichen Jahr die Stadtrechte verleihen und zur Residenz ausbauen. Schloss Burg diente in der Folgezeit als Jagdschloss und Witwensitz, wozu angemessene Umbauten erfolgten.

Im Dreißigjährigen Krieg belagerten schwedische Truppen vergeblich das feste Schloss, richteten aber schwere Zerstörungen an. Nach dem Krieg schleifte man die Anlage und trug etliche Gebäude ab. Im notdürftig wiederhergestellten Palas zog die Kellnerei ein. In der Franzosenzeit verlor die Burg ihre Verwaltungsaufgabe und sollte verkauft werden. Es fand sich aber kein Käufer. Auch die Preußen suchten nach 1815 vergeblich einen Interessenten. In die verbliebenen Gebäude zogen nacheinander eine Fabrik, eine Rossmühle, eine Wollspinnerei und sogar eine Schule ein. Der Palas diente zuletzt noch als Scheune. Schließlich wurde die Anlage auf Abbruch verkauft. Erst

Schloss Burg an der Wupper, Nordwest-Ansicht des Palas (Foto: Sir Gawain)

Schloss Burg an der Wupper, Lageplan von Sir Gawain

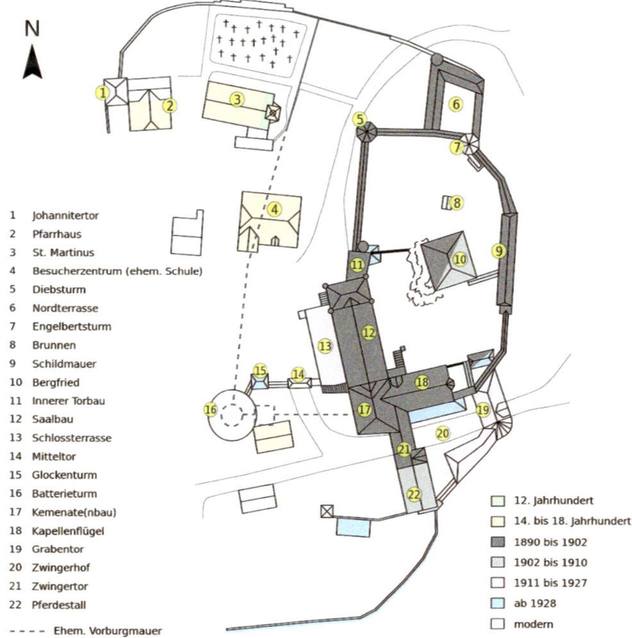

Schloss Burg an der Wupper, Ostansicht (Foto: Sir Gawain)

Schloss Burg an der Wupper, Rittersaal im Palas (Foto: André Schäfer) und Kemenate (Foto: Bozena Radowski)

die Gründung des Schlossbauvereins ermöglichte ab 1890 den Wiederaufbau der Ruine in der heutigen Form, unterbrochen vom Ersten Weltkrieg. Und dann richtete 1920 ein verheerender Brand erhebliche Zerstörungen an, die erst 1923 in vereinfachter Ausführung behoben waren.

Schloss Burg präsentiert sich als ausgedehnte Anlage mit Kernburg, dominierendem Bergfried, dem westlich und östlich liegenden Vorburggelände und der einstigen Burgfreiheit. Durch eine große Doppeltoranlage gelangt man zur Burgfreiheit und zur Kirche St. Martin, deren östliche Bauteile dem 12. Jahrhundert entstammen, und weiter zur Vorburg mit dem runden Batterieturm mit einer Mauerstärke von 4 Metern, mit dem Glockenturm und dem Reiterstandbild Engelberts von Köln von Paul Wynand. Zur Vorburg gehört auch die Nordterrasse mit ihren markanten Arkaden. Die Kernburg wird durch eine starke Schildmauer gesichert, vor der der Burggraben liegt und an die die Ringmauer der Kernburg anschließt. An der nordwestlichen Ecke steht der Diebsturm. Der Palas besteht aus dem Saalbau, dem Kapellenflügel und dem Kemenatenbau.

Bei der Gestaltung der Innenräume konnte man nicht auf eine aussagekräftige Überlieferung zurückgreifen, sondern musste sich an Vergleichsobjekten orientieren. Monumentale Fresken der Düsseldorfer Malerschule zieren die Wände und veranschaulichen die Geschichte der Burg wie des Bergischen Landes, zeigen mittelalterliches Burgleben oder den Stammbaum der bergischen Landesherren.

Rund 250 000 Besucher durchstreifen jährlich Schloss Burg, das damit nicht nur eine touristische Attraktion ist, sondern auch ein bedeutender Wirtschaftsfaktor. Die Burganlage wird heute für eine Vielzahl von Veranstaltungen genutzt, angefangen mit dem Ostermarkt, weiteren Märkten und Basaren, Comedy-Shows, Konzerten und historischen Schauspielen, die in die Welt des Mittelalters entführen. Bestimmte Räumlichkeiten können aber auch für private Festlichkeiten, für Vorträge oder Trauungen genutzt werden, wovon ca. 100 Paare jährlich Gebrauch machen.

Nicht zu vergessen ist das Bergische Museum Schloss Burg an der Wupper, das über die Geschichte des Bergischen Landes und des Schlosses informiert. Erwähnenswert ist auch die Gedenkstätte des Deutschen Ostens im Batterieturm. Und nicht zu vergessen ist weiterhin die besondere Rolle, die Schloss Burg seit jeher in Kunst und Kultur gespielt hat und weiterhin spielt.

BURGRUINE DRACHENFELS UND SCHLOSS DRACHENBURG IN KÖNIGSWINTER

Gemeinde Königswinter am Rhein

Die weltberühmte Burgruine Drachenfels auf dem gleichnamigen, 321 Meter hohen Berg ist der Rest einer stolzen Höhenburg über dem Rhein, mit deren Bau der Kölner Erzbischof Arnold I. 1138 begann. Propst Gerhard von Are vom Bonner St. Cassius-Stift kaufte die Burg 1149, die schon damals urkundlich als Burg auf dem Drachenberg bezeichnet wurde, vollendete den Bau und setzte als Verwalter einen Burggrafen ein. Die Burg, die zusätzlich zu ihrem Bergfried aus Kapelle, Palas und weiteren Wohngebäuden bestand, sollte das südliche Kölner Gebiet gegen feindliche Übergriffe sichern. Heute ist die Ruine des dreistöckigen Bergfrieds das markante Wahrzeichen des Siebengebirges.
Von 1176 bis 1530 amtierten die Burggrafen von Drachenfels, die im 15. Jahrhundert Vorburg und Zwinger anlegten. Ihre Hauptlinie starb 1530 aus. In der Folgezeit kam es immer wieder zu Besitzerwechseln. Im Dreißigjährigen Krieg eroberten schwedische Truppen 1632 die Burg, wurden aber schon bald von spanischen Einheiten wieder vertrieben. Die schweren Zerstörungen wurden nicht wieder behoben, zumal der Burgherr auf Burg Gudenau lebte und sich für den

Burgruine Drachenfels in Königswinter, Luftaufnahme (Foto: Phantom3Pix)

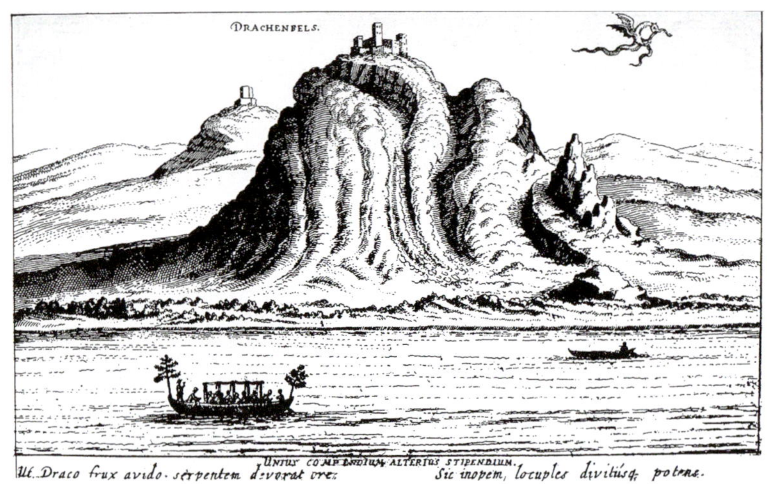

Die noch unzerstörte Burg Drachenfels und die ehemalige Wolkenburg bei Königswinter, Kupferstich von Matthäus Merian 1618/19

Drachenfels nicht einsetzte. Die Bausubstanz verfiel immer mehr. Bonner Studenten bestiegen am 18. Oktober 1819 den Drachenfels, um den Jahrestag der Völkerschlacht bei Leipzig zu begehen. Dazu gehörte auch Heinrich Heine, der sich zu seinem Gedicht „Die Nacht auf dem Drachenfels“ inspirieren ließ.

Von den Gebäuden der Vorburg wie der Hauptburg haben sich nur spärliche Reste erhalten, so dass die Ruine des dreigeschossigen Bergfrieds das Erscheinungsbild bestimmt. Er besitzt eine Höhe von 25 Metern, eine Breite von 10,5 und eine Tiefe von 9,20 Metern.

Bereits in römischer Zeit hat man am Drachenfels Quarztrachyt abgebaut. Das beliebte Baumaterial verwendete man beispielsweise für den Bau des Kölner Doms, dessen Außenfassade ganz aus Drachenfelser Trachyt bestand. Im Lauf der Zeit nahm diese Tätigkeit bedrohliche Formen an, die das Ende von Burg und Berg befürchten ließen. Die westliche Bergseite war unterhöhlt worden, und so stürzten 1788 ein Teil des Bergfrieds, das rheinseitige Wohngebäude und ein Teil der Kapelle ab. Es drohte der Totalverlust der Burg. Erst 1836 schloss die preußische Regierung den damaligen Steinbruch Drachenfels, um die von der Rheinromantik längst begeistert gefeierte Ansicht von Burg und Berg zu retten. Der 1869 gegründete Verschönerungsverein Siebengebirge konnte mit den Einnahmen aus einer 1880 genehmigten Lotterie die restlichen Steinbrüche aufkaufen und den Erhalt des Bergs dauerhaft sichern. Dennoch kam es bis in die jüngste Vergangenheit immer wieder zu Felsabbrüchen, so dass Wege gesperrt und Stahlanker und Betonarmierungen zur Absicherung des Gipfels eingesetzt werden mussten.

Der Name „Drachenfels“ wird auf die sagenhafte Überlieferung als Fels eines Drachen zurückgeführt, der den Berg und seine Umgebung unsicher gemacht haben soll. Aus dieser Sage ergab sich eine Verbindung zur Nibelungensage und zu Siegfried dem Drachentöter, die aber nicht belegbar ist – trotz der touristisch attraktiven Nibelungenhalle mit Drachenhöhle und Repti-

Burgruine Drachenfels und Schloss Drachenburg, Ansicht vom linken Rheinufer aus

Schloss Drachenburg bei Königswinter, Luftbild (Foto: Phantom3Pix)

lienzoo, die 1913 zum 100. Geburtstag Richard Wagners eingeweiht wurde und eine Sammlung von Gemälden zum „Ring des Nibelungen" und zum „Parsifal" birgt.

Höchst bedeutsam war und ist der Tourismus für den Drachenfels. Der Besuch Lord Byrons 1816 machte die Ruine europaweit bekannt. Mit seinem Gedicht begeisterte er seine Landsleute, die mit der einsetzenden Rheinromantik zu den ersten ausländischen Touristen zählten. Seit 1883 befördert die Drachenfelsbahn, die älteste Zahnradbahn Deutschlands, die Besucher zum Gipfel.

Unterhalb der berühmten Drachenfels-Ruine erhebt sich etwa auf halber Höhe **Schloss Drachenburg** – ein einzigartiges Märchenschloss, das aus einer Mischung von Villa, Burg und Schloss besteht, das mit seinen Türmen, Erkern und Zinnen, seiner neugotischen Bauzier und Vielgestaltigkeit imponiert. Es ist eines der wichtigsten Denkmäler des Historismus im Rheinland und darüber hinaus.

Das weitläufige Bauwerk entstand 1882–84 nach Plänen von Bernhard Tüshaus und Leo von Abbema und anschließend von Wilhelm Hoffmann als repräsentativer Wohnsitz des in Bonn geborenen reichen Börsenmaklers, Finanzfachmanns und Barons Stephan von Sarter (1833–1902), der es allerdings nie bewohnte. Dennoch war es selbstbewusster Ausdruck seines

Vorburg von Schloss Drachenburg

Reichtums und seines Ansehens und wurde mit Blick auf die Reichsgründung von 1871 geradezu ein Nationaldenkmal. Sarter hatte das Schloss mit seiner Jugendliebe beziehen wollen, die aber noch vor der Vollendung des Bauwerks verstarb.

Nach mehrfachen Besitzerwechseln und Umnutzungen – zuletzt von 1948 bis 1960 als „Pädagogische Reichsbahnzentralschule" – stand das Schloss, das 1953 vom Land Nordrhein-Westfalen erworben worden war, lange Zeit leer und verfiel. Schließlich rettete ein Privatmann 1971 die Drachenburg vor dem endgültigen Untergang: der Unternehmer Paul Spinat. 1989 gingen Schloss und Park wieder in den Besitz des Landes Nordrhein-Westfalen über, und seither ist die Nordrhein-Westfalen-Stiftung verantwortlich für deren Nutzung und Unterhalt.

Die zweiteilige Anlage besteht aus der dreiflügligen Vorburg und der lang gestreckten Hauptburg, deren vieltürmiges Erscheinungsbild alte Rheinburgen zitiert. Das zweigeschossige Bauwerk erhebt sich auf einem hohen Terrassensockel, und seine Fassaden bieten ein reiches Skulpturenprogramm mit berühmten Persönlichkeiten der deutschen Geschichte, Kultur und Sagenwelt. So erscheinen an der südlichen Fassade Caesar, Karl der Große, Kaiser Wilhelm I., an der Eingangsseite der sagenhafte Siegfried. Von Wilhelm Albermann stammen die Figuren im Zinnenkranz des Nordturms, nämlich der Kölner Dombaumeister Gerhard, Albrecht Dürer, Peter Vischer und Wolfram von Eschenbach. Das großzügige Treppenhaus schmücken große Wandgemälde zur lokalen und deutschen Geschichte sowie Bildnisse deutscher Kaiser.

Der Besucher kann sich durch die besondere Lage über dem Rheintal, die beeindruckende Atmosphäre von Schloss und Park verzaubern oder in der Vorburg bewirten lassen und dabei an Sagen und Märchen denken, die um das Rheingold, Siegfried und die Nibelungen kreisen.

Schloss Drachenburg bei Königswinter, Detail (oben) und Luftbild (rechts, Foto: hantom3Pix)

BURG DRINGENBERG

Gemeinde Bad Driburg

Über dem Tal der Öse erhebt sich auf einem rund 300 Meter hohen Bergkegel als beeindruckende, trutzige Höhenburg mit Burgkapelle, Rittersälen, weitläufigen Gewölbekellern und Heimatstuben die ehemalige Sommerresidenz der Paderborner Fürstbischöfe, die als Museum dient und noch einige Wohnungen bereithält. Eine starke Ringmauer umschließt den annähernd rechteckigen Burgplatz. Ein zweiflügliger Wohntrakt und Wirtschaftsgebäude umschließen den großen Innenhof der Burg, die von einem breiten Halsgraben zusätzlich gesichert wird.

Das 1066 in einer Urkunde Kaiser Heinrichs IV. erstmals genannte Dorf Dringin bzw. die Freigrafschaft Dringen kaufte 1316 der Paderborner Dompropst und spätere Bischof Bernhard V. zur Lippe von den Grafen von Everstein aus Polle an der Weser. Der anschließend errichtete Gründungsbau aus den Jahren 1318 bis 1328 erfuhr 1488 gründliche Erneuerungen und Verstärkungen. Es entstanden das Torhaus mit der Burgkapelle, der Süd- und Ostflügel und der Wehrturm. Der repräsentative Ausbau des Südflügels, der Bau des Treppenturms und die Verlängerung des Westflügels folgten um die Mitte des 16. Jahrhunderts. 1646 nahmen die Schweden während des Dreißigjährigen Kriegs die Burg ein und brannten sie nieder. Ab 1651 begann der Wiederaufbau, dem 1711/12 weitere Neu- und Umbauten folgten. Nach dem Reichsdeputationshauptschluss von 1803 und der Säkularisation, die zur Aufhebung des Fürstbistums Paderborn führte, kamen Burg und Ort an Preußen. Die Gemeinde Dringenberg erwarb 1825 die Burg, in die dann das Gericht und ein Mädchenpensionat einzogen. Umfangreiche Restaurierungsmaßnahmen erfolgten zwischen 1983 und 1987.

Die malerische Anlage mit ihren festen Bruchsteinmauern, ihren einladenden, durch Geschossgesimse gegliederten Fensterfronten und ihrem wehrhaften Torhaus nehmen den Besucher ge-

Burg Dringenberg, südlicher Burggraben mit Blick zum Burgtor

Burg Dringenberg, Burgtor

Burg Dringenberg, Ostflügel

Burg Dringenberg (Foto: Linda.floren)

fangen. Dieser Eindruck verstärkt sich im Innenhof mit den Fassaden des Süd- und Westflügels und dem verbindenden Treppenturm. Im südlichen Flügel ist das Untergeschoss des mittelalterlichen Palas erhalten geblieben und zeigt hohe, spitzbogige Kreuzgratgewölbe. Im markanten, zweigeschossigen Torhaus führt eine Wendeltreppe zur gewölbten Burgkapelle, in der das Standesamt der Stadt Bad Driburg Trauungen ausrichtet. Der quadratische Raum besitzt an der östlichen Seite einen auffallenden Apsis-Erker, der auch das äußere Erscheinungsbild des Torhauses bestimmt. Eine umfassende Renovierung der Kapelle erfolgte 1983.

Die Museumsräume bieten natur- und heimatkundliche Exponate und ermöglichen Einblicke in Wohn- und Arbeitsverhältnisse des späten 19. und frühen 20. Jahrhunderts. Kunstausstellungen können im Rittersaal und im sehenswerten Gewölbekeller aus der Gründungszeit der Burg bewundert werden. Die Burg wird heute als Museum und Ausstellungsort genutzt. Im südöstlichen Flügel befinden sich die Räumlichkeiten verschiedener Vereine und im Südwestflügel einige Wohnungen.

BURG GUDENAU

Gemeinde Wachtberg-Villip südlich von Bonn

Die vielgestaltige, malerische Anlage, die durch ihre Größe wie ihren gepflegten Zustand begeistert, bewachte und/oder beschützte den Ausgang eines kleinen Tals und war einmal die Residenz der Burggrafschaft Drachenfels, einer Kölner Unterherrschaft, die bis 1794 bestand. Die Ländereien im Tal gehörten seit 886 dem Kloster Prüm. Die Grafen von Are wirkten als Vögte des Klosters und errichteten im 13. Jahrhundert eine erste Schutzburg, die sie einem Burgmann übertrugen. Auf die Grafen von Are bzw. Are-Hochstaden folgten, erstmals erwähnt 1317, die Herren von Gudenau. Ihnen wiederum folgten die Waldbott von Bassenheim, die Vorst-Lombeck und die Freiherren von Mirbach, mit denen bereits das 19. Jahrhundert erreicht wurde. Dass es in der Zwischenzeit für die Gudenau sehr bewegte Zeiten gegeben hat, braucht nicht eigens hervorgehoben zu werden. Im Jahr 1836 kaufte der Kölner Kaufmann Carl Fiévet das Anwesen, veräußerte es aber schon 1882 an den Kölner Fabrikanten Carl Guilleaume, der es renovieren ließ. Er starb 1887, und seine Witwe verkaufte die Gudenau 1909 ihrem ältesten Sohn, dem Kommerzienrat Theodor Guilleaume, der mit seinen Brüdern Inhaber der Kölner Firma Felten & Guilleaume war und

Burg Gudenau, Luftbild (Foto: Wolkenkratzer)

geadelt sowie in den erblichen Freiherrenstand erhoben wurde. Durch Heirat und Erbschaft kam der inzwischen großbürgerliche Landsitz an die Grafen von Strasoldo, die nach schweren Kriegszerstörungen die Rettung der Burg bewerkstelligen konnten und sie zu einem Juwel unter den zahlreichen rheinischen Wasserburgen machten.

Die imposante dreiteilige Wasserburg entstand im frühen 13. Jahrhundert. Ihr heutiges vielgestaltiges Erscheinungsbild, das Bausubstanz des 13. bis 18. Jahrhunderts verbindet, geht jedoch im Wesentlichen auf das 16.–18. Jahrhundert zurück. 1557–62 erfolgte der großzügige Ausbau der vierflügligen Hauptburg, der zwei dreiflüglige Vorburgen zugeordnet sind. Die innere, von einem großen Torturm beherrschte Vorburg barg die Marställe, die breit gelagerte äußere Vorburg den Wirtschaftshof. Die Gesamtanlage liegt im Schutz breiter Wassergräben.

Zentrum der Kernburg ist der viergeschossige Wohnturm des 13. Jahrhunderts, den eine barocke Haube deckt. Nordwestlich folgt das vierflüglige, zweigeschossige Herrenhaus, das noch aus gotischer Zeit stammt, aber im 16.–18. Jahrhundert erneuert wurde. Der Rundturm an der nordwestlichen Ecke entstand im Mittelalter. Parkseitig umschließen zwei kleine Seitenflügel von ca. 1700 eine kleine Terrasse mit einem weiteren Rundturm. Neben der Kapelle und dem vormaligen Sommerspeisesaal sind nur wenige barocke Räume erhalten. Insgesamt sind die Innenräume des Herrenhauses nach den schweren Bränden und Zerstörungen von 1944 und 1954 wiederhergestellt worden, wenn auch in vereinfachter Form. Zwischen Wohnturm und innerer Vorburg erhebt sich der eindrucksvolle sechsgeschossige Torturm von 1708. Nach Osten folgt die dreiflüglige innere Vorburg mit ihren beiden Ecktürmen. Diese Baugruppen sind gelb gestrichene Putzbauten, während die aus dem 16. und 18 Jahrhundert stammende und im 19. Jahrhundert umgestaltete äußere Vorburg weißen Putz trägt. Die Gudenau befindet sich in Privatbesitz und kann daher nicht besichtigt werden. Die Parkanlagen sind jedoch zugänglich.

Burg Gudenau, Luftbild (Foto: Wolkenkratzer)

BURG HÜLCHRATH

Gemeinde Grevenbroich

Die ehemalige kurkölnische Landesburg am Gillbach in Hülchrath, im Mittelalter eine der bedeutendsten Burgen der Kölner Erzbischöfe und Kurfürsten, ist aus einer frühen Anlage des 12. Jahrhunderts erwachsen, die sich von einer kleinen Befestigung auf einer Motte zu einer zweiteiligen, großen Wasserburg und schließlich zu einem repräsentativen Schloss entwickelte. Nach der Zerstörung im 17. Jahrhundert erfolgte erst Anfang des 20. Jahrhunderts ein weitgehender Wiederaufbau.

Ursprünglich war die Burg im sumpfigen Gelände des Gillbachs wohl Sitz der Grafen des Gillgaus, auf die 1122 die Grafen von Saffenberg folgten. In der ersten urkundlichen Erwähnung wurde Hülchrath 1120 als eine sehr alte und stark befestigte Burg bezeichnet. 1175 kam Hülchrath an die Grafen von Sayn, vorübergehend wohl als ihr Allod, also als ihr Eigenbesitz. Die

Burg Hülchrath

Burg wurde kurz nach 1200 großzügig ausgebaut und erhielt eine polygonale Ringmauer mit Flankentürmen. Verpfändungen, Verkäufe und Erbschaften führten zu wiederholten Besitzwechseln, bis schließlich 1323 Hülchrath zu einem kurkölnischen Amt wurde. Die Burg erbaute man im 14. und 15. Jahrhundert zu einer der größten rheinischen Burgen aus, die das Macht- und Repräsentationsbedürfnis der Kurfürsten eindringlich dokumentierte und sich damit auch als Absicherung gegenüber dem Herzogtum Jülich bewährte, dessen Truppen beispielsweise 1499 vergeblich die Burg belagerten. Im Truchsessischen Krieg suchten der ehemalige Kurfürst Gebhard Truchsess von Waldburg und seine Frau Agnes von Mansfeld Zuflucht in der Hülchrather Burg, die daraufhin von kaiserlichen Truppen belagert und beschossen wurde und 1583 übergeben werden musste. Das Paar soll zuvor durch einen Geheimgang entkommen sein. Im Dreißigjährigen Krieg nahmen 1642 hessische Truppen das Schloss ein, die von kaiserlichen Soldaten wieder vertrieben wurden. 1676 waren es Söldner des Fürstbistums Osnabrück, die die Burg besetzten. Obgleich sie auch weiterhin bewohnt wurde, setzte doch zunehmend der Verfall der Anlage ein. In der Franzosenzeit wurde das Schloss an den letzten kurkölnischen Amtmann Heinrich Joseph von Pröpper verkauft, dessen Nachfahren es 1874 an den Fürsten Alfred zu Salm-Reifferscheidt-Dyck veräußerten, der 1901 an einen Bürgerlichen verkaufte. 1907 erwarb Freiherr Enno Rudolf von Bennigsen die Anlage und ließ die Ruine in historisierendem Stil wiederaufbauen. Renaissance-Bausubstanz wurde abgerissen, und es entstanden neue Gebäude. Heute wird das Hochschloss von einem Gastronomiebetrieb genutzt.

Die sich über Jahrhunderte erstreckende Baugeschichte ist bis heute ablesbar, angefangen von der ursprünglichen, mittelalterlichen Motte mit einem Turmbau über die Ringmauer des 13. Jahrhunderts mit ihren Türmen, über den Bau des Palas und die Erhöhung der Ringmauer im 14./15. Jahrhundert, über den neuen Eingangsbereich Anfang des 17. Jahrhunderts mit dem Umbau zu einem Renaissanceschloss mit zum Teil zweigeschossigen Arkaden bis hin zum romantisierenden Teilwiederaufbau Anfang des 20. Jahrhunderts. Der markanteste Bauteil der aus Vorburg und Hochschloss bestehenden Anlage ist der einstige Torturm des Schlosses mit einer Höhe von 64 Metern. Das fünfgeschossige Bauwerk war Wehranlage und Machtdemonstration in einem, erbaut aus Basalt und Tuff. Das vorkragende oberste Stockwerk des rund 8 x 9 Meter messenden Turms diente als Wehrgang und erhielt an den Ecken vier Scharwachttürmchen. Der tragende Rundbogenfries besitzt Konsolsteine mit hebräischen Inschriften. Es handelt sich um ehemalige jüdische Grabsteine des Kölner jüdischen Friedhofs Judenbüchel, den 1349 Kölner Bürger verwüstet hatten.

Burg Hülchrath (Foto: Käthe und Bernd Limburg, www.limburg-bernd.de / Lizenz: Creative Commons BY-SA-3.0 de)

Erwähnenswert ist noch die Tatsache, dass einer der Ringmauertürme als Hexenturm bezeichnet wird, ein Hinweis auf eine dunkle Seite der Burggeschichte und die Hexenpro-

zesse des 17. Jahrhunderts, in deren Verlauf man beispielsweise die sogenannte Wasserprobe im Schlossgraben praktizierte. 1629 wurden gleich 13 Frauen als vermeintliche Hexen auf dem Scheiterhaufen verbrannt. Ein Geschehen, dass zu dem Hülchrather Sprichwort führte: „Wer in Hülchrath geht über die Brück, kommt selten oder nie zurück".

Luftbild der Gesamtanlage von Burg Hülchrath (Foto: Stefan Frankewitz)

Heute kann man auf Schloss Hülchrath märchenhafte Hochzeiten, Geburten, Taufen, Kommunion usw. feiern und andere private wie öffentliche Veranstaltungen buchen. Man kann Mittelalter-Spektakel oder Open-Air-Veranstaltungen erleben, Vatertage mit Rockmarathon oder Afrikamärkte. Es empfiehlt sich allerdings vor allem ein Besuch der großen, geschichtsträchtigen Burganlage außerhalb solcher Events.

BURG KONRADSHEIM

Gemeinde Erftstadt-Lechenich südwestlich von Köln

Burg Konradsheim (Foto: Achim Raschka)

Die zweiteilige Niederungsburg Konradsheim, eine der wenigen erhaltenen spätmittelalterlichen Burgen, rechnete schon Georg Dehio „aufgrund des hervorragenden Originalbestandes zu den wichtigsten Zeugnissen des rheinischen Burgenbaus". Dank ihrer erhöhten Lage auf einem künstlich aufgeworfenen Hügel (Motte) bietet sie schon von außen einen überaus imposanten Anblick.

Die Burg wurde erstmals um 1337 urkundlich genannt. Erbaut wurde sie vom erzbischöflichen Küchenmeister Arnold von Buschfeld. Die enge Nachbarschaft zu ihrer eigenen Landesburg in Lechenich behagte den Kölner Erzbischöfen allerdings nicht, weshalb es 1354 zwischen Erzbischof Wilhelm von Gennep und dem damaligen Besitzer Gerhard Beissel von dem Weyer zu einer Einigung kam, wonach in Burg Konradsheim Türme, Zinnen und Mauern eine bestimmte Höhe nicht überschreiten durften bzw. bis zur untersten Fensterbank abzutragen waren. Nach wechselnden Besitzern erhielt die Burg 1548 ihr heutiges Erscheinungsbild. Das Herrenhaus zeigt die typische Winkelform der rheinischen Wasserburgen, verfügt über zwei Ecktürme und bildet mit zwei weiteren Türmen eine unregelmäßig viereckige Anlage. Die zweigeschossigen Backsteingebäude stehen auf einem hohen Sockelgeschoss.

Vom 1617 bis 1938 waren die Herren von Loë zu Wissen Eigentümer der Burg Konradsheim, die anschließend in den Besitz der Provinzialverwaltung der Rheinprovinz überging. Deren Rechtsnachfolger, der Landschaftsverband Rheinland, verkaufte sie 1976 an die Familie Neisse. In der Zwischenzeit waren umfangreiche Restaurierungen vorgenommen worden. So wurden 1963/64 der untergegangene Nordflügel des Torhauses und 1971/72 der um 1870 eingestürzte Südwestturm wiederaufgebaut. Gut 30 Jahre lang hatte ein Antiquitätenhändler die Burg gepachtet, der in den großzügigen Räumlichkeiten vor allem antike Möbel präsentierte. Die heutigen Eigentümer veranlassten umfangreiche Sanierungen und konnten so ab 2009 die Burg für vielfältige Veranstaltungen anbieten. Man kann also die historischen Gemäuer für besondere Veranstaltungen mieten, um im Gewölbekeller, in den Sälen und den Außenanlagen Hochzeitsfeiern, Jubiläen und andere Anlässe zu zelebrieren. Auf Burg Konradsheim finden aber auch Open-air-Konzerte, Kürbisfeste, Ausstellungen, Vernissagen und andere Events statt.

In einem zweigeschossigen, spätmittelalterlichen Backsteingebäude, das als Pferdestall und Remise diente, befindet sich heute das Clubhaus des Golfclubs Burg Konradsheim, der einen 18-Loch-Platz betreibt.

Burg Konradsheim (Foto: Willy Horsch)

BURG LINN IN KREFELD

Kapelle der Burg Linn in Krefeld (Foto: Chris06)

Burg Linn in Krefeld (Foto: Joerg74)

Ursprung der ehemaligen kurkölnischen Landesburg Linn war um das Jahr 1000 ein auf einer Motte stehender hölzerner Wachturm, der zusätzlich durch Palisaden gesichert war. Dieser Turm wurde im 12. Jahrhundert durch den rund 8,5 x 14,5 Meter messenden steinernen Wohn- und Wehrturm der Edelherren Otto und Gerlachus von Linn ersetzt. Der rechteckige Grundriss und die verhältnismäßig geringe Mauerstärke lassen allerdings eher auf ein „festes Haus" schließen. Sein Standort ist im Burghof durch Ziegeleinfassungen kenntlich gemacht. Otto von Linn verkaufte zwar 1188 seine Burg an den Kölner Erzbischof Philipp I. von Heinsberg, behielt sie aber gleichzeitig als Lehen. Er baute die Anlage weiter aus und schloss die bestehende Schildmauer aus Tuffstein mit einer weiteren Backsteinmauer ringförmig zusammen. Anschließend legte man die alte Schildmauer nieder und gestaltete die Mauer zu einer sechseckigen Anlage um. Die ersten Abschnitte entstanden zwischen 1195 und 1200. Dann wurden offenbar die Pläne geändert, denn die weiteren Bauabschnitte fielen kleiner aus als ursprünglich geplant und waren auch erst um die Mitte des 13. Jahrhunderts vollendet. Ende des 13. Jahrhunderts erhöhte man die Mauer noch um drei Meter. Die Anlage gehörte inzwischen zur Grafschaft Kleve. Da die Burgherren dazu übergingen, als Raubritter das Land unsicher zu machen, stürmten kurkölnische und klevische Truppen die Burg. Die kurkölnische Lehnhoheit wurde 1392 vertraglich festgeschrieben, und die Burg Linn Sitz des kurkölnischen Amtes Linn. Zu dieser Zeit war der Wohnturm vermutlich längst abgetragen und die Anlage zu einer sechsflügligen hochgotischen Wohnburg umgebaut worden. 1488 verfüllte man den alten Burggraben, um den weiteren Ausbau und die Errichtung einer zusätzlichen Außenmauer zu ermöglichen, vor der ein neuer Graben angelegt wurde. Weitere Verstärkungen machten sie zu einer der größten und bedeutendsten Wasserburgen am Niederrhein. Anfang des 17. Jahrhunderts fasste man Burg und Stadt Linn mit Gräben und Erdwällen zu einer befestigten Anlage mit fünf Bastionen zusammen. Sie wurde im Dreißigjährigen Krieg dennoch von hessischen Truppen eingenommen und noch einmal verstärkt. Das Ende der Burg kam im Spanischen Erbfolgekrieg, als 1702 kaiserliche Truppen die französische Besatzung vertrieben. Die Burg brannte nieder. 1704 kam es zu einem erneuten Brand, ebenso nach einem Blitzschlag 1715. Die Burg wurde als unbewohnbar aufgegeben, zumal sie ihre strategische Bedeutung verloren hatte. Das 1488 in der Vorburg entstandene Back- und Brauhaus baute

Luftbild von Burg Linn in Krefeld (Foto: Stefan Frankewitz)

man zur Kellnerei um, also zum Sitz des kurkölnischen Amtmanns. Die Kellnerei ließ Kurfürst Clemens August zu einem kleinen Jagdschloss umgestalten. 1806 kaufte der Krefelder Seidenfabrikant Isaac de Greiff die Burg mit Jagdschloss, Zehntscheune und den umliegenden Ländereien. Seine Nachkommen bewohnten das ehemalige Jagdschloss, bis sie das gesamte Anwesen 1924 an die Stadt Krefeld verkauften. Erst nach dem Zweiten Weltkrieg begann die Restaurierung bzw. der Wiederaufbau der Ruine, der sich über Jahrzehnte hinzog, bis sich Burg Linn wieder als beispielhafte mittelalterliche Burg mit Wällen und Gräben, Palas und Bergfried, Türmen und Zinnen, Verlies und großzügiger Vorburg präsentieren konnte. In den 1990er Jahren folgten neue Dächer, die man den steilen mittelalterlichen Dachformen nachempfand und die das heutige Erscheinungsbild bestimmen.

Der Besucher gelangt durch den äußeren Torturm in den Bereich der Vorburg mit dem zweigeschossigen Putzbau des Jagdschlosses auf der einen und der ebenfalls zweigeschossigen mittelalterlichen Zehntscheune auf der anderen Seite. Über eine Holzbrücke gelangt er zum frühgotischen Torzwinger und zum dreigeschossigen Torturm, bevor er den Innenhof erreicht. Rechts erhebt sich der zweigeschossige Palas mit zwei großen Sälen und der Kapelle, links ein weiterer Wohnflügel mit Küchenräumen im unteren und Wohnräumen im oberen Geschoss. Der 24 Meter hohe Bergfried überragt als viergeschossiger Rundturm die Anlage. Zwischen Bergfried und Palas sind die Grundmauern nicht erhaltener Wirtschaftsgebäude zu sehen. Burg, Jagdschloss und das benachbarte Archäologische Museum, das frühere Niederrheinische Landschaftsmuseum, gehören heute zum überregional bedeutenden Museumszentrum Burg Linn.

SCHLOSS MOYLAND

Gemeinde Bedburg-Hau zwischen Kalkar und Kleve

Das Wasserschloss Moyland im Kreis Kleve am Niederrhein zählt zu den bedeutendsten neugotischen Bauten Nordrhein-Westfalens und vermittelt mit seinen vier mächtigen Türmen und seinen Zinnen den Eindruck einer (fast) mittelalterlichen Burg. Es birgt heute das Museum moderner Kunst der Brüder van der Grinten mit u. a. annähernd 5 000 Werken des in Krefeld geborenen Kunstprofessors, Aktionskünstlers, Bildhauers und Zeichners Joseph Beuys (1921–1986) und ist außerdem ein sehr beliebtes Ausflugsziel.

Die erste urkundliche Erwähnung eines befestigten Hofes stammt aus dem Jahr 1307, als Jakob van den Eger, später Lütticher Archidiakon, das Anwesen von Graf Otto von Kleve in Erbpacht übernahm. Bei einer erneuten Verleihung 1339 wurde dann erstmals eine Burg Moyland genannt. Nach etlichen Besitzerwechseln erwarb 1696 der brandenburgische Kurfürst und spätere König Friedrich I. die inzwischen zu einem Schloss umgestaltete Anlage, die er als Jagdschloss nutzte, aber auch als intimen Schauplatz seiner Affäre mit der siebzehnjährigen Emmericher Bürgerstochter Katharina Ryckers (Rickers). Bedeutsam wurde Schloss Moyland am 11. September 1740 wegen des Zusammentreffens Friedrichs II. des Großen mit dem französischen Philosophen, Lyriker, Dramatiker und Epiker Voltaire. 1766 kam das Schloss als Entschädigung für geleistete Kredite im Siebenjährigen Krieg an die niederländische Familie von Steengracht und blieb in ihrem Besitz bis zur Gründung der Stiftung Museum Schloss Moyland 1990. Das im Krieg stark zerstörte Schloss, das zwischenzeitlich nur notdürftig gesichert worden war, konnte nach umfangreichen Restaurierungen 1997 als Museum eröffnet werden.

Aus dem ursprünglichen festen Hof war 1345–55 ein gotisches Kastell geworden, eine vierflüglige Anlage mit vier starken Ecktürmen. Auf der westlichen Seite stand der Palas,

ansonsten umschlossen dicke Mauern mit Wehrgängen den Innenhof. Im 15. Jahrhundert folgten weitere Flügelbauten und ab 1662 der Umbau zu einem barocken Schloss. Dem Geschmack der Zeit entsprechend ließ Nikolaus Johann von Steengracht 1854–62 Schloss Moyland durch den Kölner Dombaumeister Ernst Friedrich Zwirner im Stil der Neugotik umgestalten.

Den Zweiten Weltkrieg überstand das Schloss ohne größere Schäden. Der britische Feldmarschall Bernard Montgomery quartierte sich 1945 ein, und auch Winston Churchill suchte Moyland auf. Nach dem Abzug Montgomerys aber hausten kanadische Soldaten im Schloss, dessen wertvolle Innenausstattung durch Raub und Diebstahl fast vollständig verloren ging. Und sinnloser Vandalismus verwüstete außerdem das Anwesen. Notreparaturen von 1954 wurden zwei Jahre später durch einen Brand wieder zunichtegemacht. Das Schloss verfiel zusehends und konnte erst durch die Stiftungsgründung vor dem Untergang bewahrt werden.

Schloss Moyland, Luftbild (Foto: DirkV71)

links: Schloss Moyland, Ansicht von Süden (oben) und Fassade (unten)

BURG NIDEGGEN

Gemeinde Nideggen

Die Grafen von Jülich ließen ab 1177 die mächtige Spornburg Nideggen in strategisch günstiger Lage errichten, um ihr Gebiet gegen mögliche Übergriffe der Kölner Erzbischöfe zu schützen. Offensichtlich mit Erfolg, denn Wilhelm IV. ließ 1242 nach einer siegreich bestandenen Schlacht Erzbischof Konrad von Hochstaden neun Monate lang ins Nideggener Verlies sperren. Zuvor hatte schon um 1214 Herzog Ludwig von Bayern die dortige „Gastfreundschaft genießen" dürfen. Und von 1267 bis 1271 hielten die Jülicher den Kölner Erzbischof Engelbert II. von Falkenburg gleich mehr als drei Jahre lang gefangen. Seit Wilhelm V., dem späteren Herzog Wilhelm I., der die Burg weiter ausbauen ließ, war Nideggen ab 1356 Hauptsitz des Geschlechts. Nach dem Tod Rainalds von Jülich (1365–1423), der als Rainald IV. Herzog von Geldern und als Rainald I. Herzog von Jülich war, kam die Familie von Berg in den Besitz der Burg, deren Mitglieder sich Herzöge von Jülich und Berg nannten. Nach ihrem Aussterben trat das Herzogtum Kleve das Erbe an. In den Erbstreitigkeiten um das Herzogtum Geldern wurden im Dritten Geldrischen Erbfolgekrieg 1542 Burg und Stadt Nideggen von kaiserlichen Truppen zerstört. Das gleiche Schicksal wurde der Burg 1689 im Pfälzischen Erbfolgekrieg zuteil, als Truppen Ludwigs XIV. sie plünderten und niederbrannten. Die Erdbeben der Jahre 1755 und 1878 besiegelten endgültig das Schicksal der einst so stolzen Burg. Schon 1794 auf Abbruch verkauft, wurde sie über Jahrzehnte als Steinbruch missbraucht. Der Kreis Düren übernahm 1888 die Ruine, und unmittelbar nach der Jahrhundertwende erfolgten Sicherungs- und zum Teil auch Wiederaufbauarbeiten, die zum dauerhaften Erhalt der großartigen Burg führten. Erneute Baumaßnahmen und Teilrekonstruktionen führte man nach den Schäden des Zweiten Weltkriegs durch – bis hin zum Wiederaufbau des mächtigen Wohnturms.

Burg Nideggen, Wohnturm (Foto: M. Budde)

Die große befestigte Anlage der Spornburg Nideggen besteht aus der eigentlichen Burg und dem östlich vorgelagerten Burgflecken, die durch starke Mauern einerseits verbunden waren, aber andererseits auch durch einen tiefen Halsgraben voneinander getrennt blieben.

Der Besucher der Burg muss zunächst den Burgflecken passieren, in dessen Mitte die 1177–1219 errichtete Pfarrkirche St. Johann Baptist steht, die nach Kriegszerstörung ihr altes, beeindruckendes Erscheinungsbild zurückerhalten hat. Durch das östlich gelegene Pförtnerhaus aus dem 18. Jahrhundert, rekonstruiert 1979, erreicht man den Zwinger vor dem spätromanischen Haupttor der Burg und sieht die Stirnseite des imposanten Palas aufragen. Der Torbau ist unter Berücksichtigung der erhaltenen Bausubstanz 1901–06 rekonstruiert worden.

Hat man den Innenhof erreicht, dann erblickt man nordwestlich das 1950/63 entstandene Burgrestaurant, dessen Außenmauern noch spätromanische Bausubstanz aufweisen. An der Südseite des Burghofs sieht man die Reste des aus der Zeit ab 1336 stammenden großartigen Palas, der einst zu den größten Saalbauten der Gotik in ganz Deutschland zählte. Er maß 61 x 16 Meter. Erhalten geblieben sind vor allem die östliche Stirnwand und Reste der talseitigen Mauer mit großen Sitznischenfenstern sowie weitere Säulen- und Mauerreste. Der Palas war zweigeschossig und barg in jedem Geschoss einen zweischiffigen Saal.

Beherrscht wird die Burganlage vom fünf- und später sechsgeschossigen Wohnturm auf der Ostseite, der teilweise mit Buckelquadern ausgeführt wurde. Er ist der älteste Teil der Burganlage, erbaut 1177–90. In jedem Geschoss finden sich zwei Räume. Die beiden unteren Geschosse entstammen noch dem 12. Jahrhundert, die oberen hat man beim Ausbau im 14. Jahrhundert erneuert. Das Erdgeschoss beeindruckt mit seiner originalen romanischen Bausubstanz. Hier finden sich die Kapelle und das Verlies. Im Wohnturm befindet sich heute das Burgenmuseum Nideggen, das über die Geschichte der Burg und über die Burgenkultur der Eifel informiert.

Luftbild der Burg Nideggen (Foto: Wolkenkratzer)

Burg Nideggen von Westen (Foto: Anton)

SCHWANENBURG IN KLEVE

Stadt Kleve

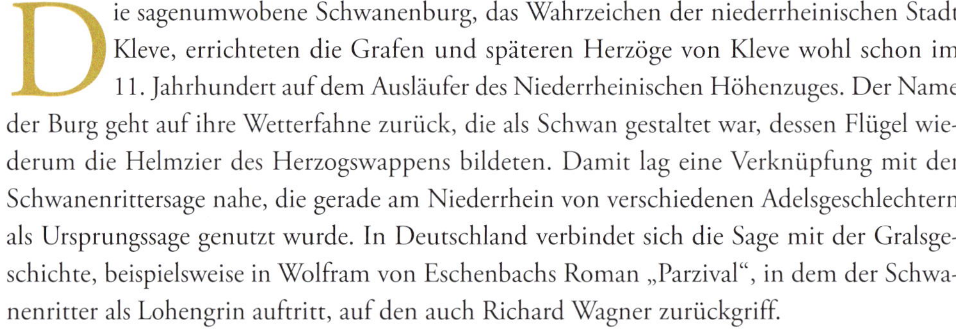

Die sagenumwobene Schwanenburg, das Wahrzeichen der niederrheinischen Stadt Kleve, errichteten die Grafen und späteren Herzöge von Kleve wohl schon im 11. Jahrhundert auf dem Ausläufer des Niederrheinischen Höhenzuges. Der Name der Burg geht auf ihre Wetterfahne zurück, die als Schwan gestaltet war, dessen Flügel wiederum die Helmzier des Herzogswappens bildeten. Damit lag eine Verknüpfung mit der Schwanenrittersage nahe, die gerade am Niederrhein von verschiedenen Adelsgeschlechtern als Ursprungssage genutzt wurde. In Deutschland verbindet sich die Sage mit der Gralsgeschichte, beispielsweise in Wolfram von Eschenbachs Roman „Parzival", in dem der Schwanenritter als Lohengrin auftritt, auf den auch Richard Wagner zurückgriff.

Schwanenburg in Kleve

Die urkundliche Ersterwähnung eines Klever Grafen, des Grafen Dietrich I., stammt aus dem Jahr 1092. Er dürfte sich nach seiner Stammburg genannt haben. Das Geschlecht starb 1368 im Mannesstamm aus, und die Grafschaft Kleve mit der Schwanenburg fiel an die Grafen von der Mark. 1417 erhob Kaiser Sigismund Adolf II. von Kleve-Mark in den Herzogsstand. Die Schwanenburg büßte ihren Rang als Residenz im 16. Jahrhundert ein, als die Herzöge an die Spitze der Vereinigten Herzogtümer Jülich-Kleve-Berg traten und Düsseldorf und Jülich ihre bisherige Rolle übernahmen. Durch Erbteilung fiel Kleve später an die Mark Brandenburg und wurde nach Berlin und Königsberg zur dritten brandenburgischen Residenzstadt. Mitte des 17. Jahrhunderts erlebte Kleve unter dem Statthalter Johann Moritz von Nassau-Siegen noch eine letzte große Blütezeit, als die europaweit gerühmte Park- und Gartenstadt entstand. Im 18. Jahrhundert nutzte man die Schwanenburg nur noch als Sitz der Verwaltungs- und Justizbehörden. Amts- und Landgericht Kleve tagen bis heute in der Schwanenburg, während im Schwanenturm die geologische Sammlung des Klever Heimatmuseums gezeigt wird.

Als Ergebnis der Ausgrabungen 1999/2000 steht fest, dass spätestens gegen Ende des 11. Jahrhunderts eine Burg bestanden hat, deren Ursprünge sogar in spätkarolingischer Zeiten liegen sollen. Eine erste indirekte Erwähnung der Burg stammt von 1145. In einem Siegburger Mirakelbuch wird sie dann 1184 genannt. Damals existierte ein viereckiger Wohnturm, der um 1150 eine polygonale Ringmauer erhielt. Östlich erhob sich der ca. 12 x 30 Meter messende Palas. Der Johannisturm sicherte das Burgtor, und südwestlich stand bereits der komfortabel ausgestattete Spiegelturm. Dieser Bereich zählte im 12. und 13. Jahrhundert zu den bedeutendsten Profanbauten der Romanik im Rheinland. An- und Umbauten im 14. und 15. Jahrhundert dokumentierten die besondere politische und kulturelle Stellung der Herzöge. Nachdem 1439 der alte Wohnturm zusammenstürzte, errichtete man an seiner Stelle den Schwanenturm, der erst 13 Jahre später vollendet war und einen vergoldeten Schwan als Wetterfahne erhielt, der ihm zu seinem Namen verhalf. Im 16. Jahrhundert veranlasste Herzog Wilhelm

Schwanenburg in Kleve, Ansicht von Osten

der Reiche die Erweiterung der Burganlage. Zwischen 1663 und 1666 gestaltete man die Burg zu einem eher schlichten barocken Schloss um. Die gotischen Bauwerke verschwanden überwiegend zugunsten von Neubauten wie dem Zwischenflügel mit seinem imposanten Durchgang oder wie den Arkadengängen in den Innenhöfen. Dieses Erscheinungsbild prägt bis heute die Gesamtanlage. Leider vernachlässigte man das Schloss im 18./19. Jahrhundert, so dass wesentliche Teile niedergelegt werden mussten, darunter der prächtige staufische Palas aus dem 12. Jahrhundert oder der Johannisturm. Umbauten für die Justizverwaltung besorgten 1828 weitere Verluste. Nach schweren Zerstörungen im Zweiten Weltkrieg kam es zu einem vereinfachten Wiederaufbau.

Die polygonale Burganlage folgt in ihrem Grundriss den natürlichen Gegebenheiten. An drei Seiten fällt das Gelände rund 40 Meter steil ab. Südlich steht der beherrschende 28 Meter hohe Spiegelturm, an den sich nach Osten ein viergeschossiges Gebäude von 1463 anschließt, das als Alte Kanzlei bekannt ist. Westlich des Spiegelturms erhebt sich ein dreigeschossiger Trakt mit einem Arkadengang der Renaissancezeit. Der alles überragende Bau aber ist der 54 Meter hohe Schwanenturm mit seinem spitzen, laternengekrönten Dach.

BURG VEYNAU

Gemeinde Euskirchen-Wißkirchen

Die mittelalterliche Wasserburg am Veybach am Rand der Eifel ist nicht nur die größte Burg im Kreis Euskirchen, sondern auch eine der beeindruckendsten des ganzen Rheinlands. Die große Anlage besteht aus der äußeren und inneren Vorburg mit runden Schalentürmen sowie der Kernburg mit mächtigem Palas und zwei Ecktürmen. Die Existenz mittelalterlicher Flügelbauten ist an den erhaltenen Maueransätzen erkennbar.

Gegründet wurde Burg Veynau um 1340. Der Markgraf von Jülich übertrug sie als Lehen an den Truchsess Dietrich Schinnmann von Aldenhoven, der sie stark befestigte. Die Burg wurde 1351 zum Kölner Offenhaus, kam aber schon 1355 in Jülicher Besitz und schloss dann den Burgenring um Euskirchen, der auch als Jülicher Burgengürtel bezeichnet wird. Die Lehnsträger wechselten in der Folgezeit wiederholt. Und die Burg spielte in den Machtkämpfen zwischen dem Herzog von Jülich-Berg, der Stadt Köln, Kaisern und Königen immer wieder eine wichtige Rolle. Im Geldrischen Krieg (1542/43) belagerten kaiserliche Truppen Veynau vergeblich, aber der Dreißigjährige Krieg führte zu schweren Schäden, die bis 1664 behoben werden konnten. Französische Truppen brannten die Burg 1708 nieder, die jedoch wieder aufgebaut wurde. Sie kam 1722 an den kurpfälzischen Generalfeldmarschall Maximilian Carl von Martial und 1743 auf dem Erbweg an den Freiherrn Joseph Anton Beissel von Gymnich. Ihre Bedeutung sank im 19. Jahrhundert, und aus der stolzen Burg wurde ein Landgut. Herzog Prosper Ludwig von Arenberg kaufte 1843 das Anwesen, das im 20. Jahrhundert lange Zeit leer stand und zu verfallen drohte. Die Arenberger verkauften die Burg 1973 dem Landwirt Theodor Bamberg, der sie 1988 dem Freiherrn Harald von Elmendorff übergab, der mit Landesunterstützung die großartige Burg umfassend restaurierte, so dass sie wieder ein beeindruckendes Bild von einer monumentalen und vor allem authentischen gotischen Ritterburg vermittelt. Die Vorburg und die umliegenden Ländereien sind weiter im Besitz der Familie Bamberg und werden landwirtschaftlich genutzt.

Burg Veynau (Foto: Alupus)

Von der äußeren Vorburg haben sich das Torhaus aus dem 15. Jahrhundert und Teile der Umfassungsmauer erhalten. Die einen unregelmäßig fünfeckigen Grundriss aufweisende innere Vorburg aus dem 14. Jahrhundert besitzt noch weitgehend die mit Schießscharten bestückte Umfassungsmauer und die runden Schalentürme an den Ecken.

Die imposante Kernburg war ursprünglich eine quadratische Anlage mit Palas und den Innenhof umschließenden Wehrmauern. Das zweigeschossige spätgotische Herrenhaus enthält noch Bausubstanz aus der Mitte des 14. Jahrhunderts. Dieser Zeit gehören auch der Rundturm an der östlichen und der Vierecktturm an der westlichen Ecke an. Das heutige Erscheinungsbild geht auf die umfangreichen Ausbauten im 15./16. Jahrhundert zurück.

Luftbilder der Burg Veynau (Fotos: Wolkenkratzer)

BURG VISCHERING

Gemeinde Lüdinghausen

Die malerisch gelegene münsterländische Wasserburg, die eine einmalige Atmosphäre ausstrahlt, gehört zu den besterhaltenen und ältesten des Landes, auch wenn ihr heutiges Erscheinungsbild weitgehend dem 16. Jahrhundert entstammt. Sie verbindet ihren deutlich wehrhaften Charakter mit durchaus repräsentativen Wohnmöglichkeiten. Als Trutzburg der Bischöfe von Münster spätestens 1271 gegen die Herren von Lüdinghausen gegründet, wurde die Burg zum Stammsitz der Familie Droste zu Vischering. Als die Familie 1690 nach Schloss Darfeld umzog, verblieb in Vischering nur ein Rentmeister. Nach dem Zweiten Weltkrieg richtete der damalige Kreis Lüdinghausen als Pächter in der Burg ein Kultur- und Bürgerzentrum ein. Heute ist in ihren Mauern u. a. das Münsterlandmuseum untergebracht.

Machtpolitische Auseinandersetzungen zwischen Gerhard von der Mark, dem Bischof von Münster, und den Herren von Lüdinghausen führten im 13. Jahrhundert unter dem Erstgenannten zum Bau der Burg Vischering auf einer etwa 80 Meter langen Sandinsel in einem Steverarm. Die Burg brannte 1521 nieder und wurde bis 1580 auf den alten Fundamenten und unter Verwendung erhaltener Bausubstanz nicht nur wieder aufgebaut, sondern erhielt im Stil der Renaissance einen neuen Südflügel, der durch einen Zwischenbau Anschluss an den westlichen Flügel erhielt. Auf der Südseite kam 1617 mit der sogenannten Auslucht noch ein mehrgeschossiger Anbau hinzu. Als 1893 Maximilian Graf Droste zu Vischering mit seiner Gemahlin Sophie Gräfin von Waldburg-Zeil nach Vischering umzog, erfolgten im Innern umfangreiche Neugestaltungen, um die Burg zu einem standesgemäßen Wohnsitz zu machen.

Die beiden besonders trockenen Sommer 1911 und 1912 hätten fast das Schicksal der Burg besiegelt, da der Wasserspiegel deutlich sank und die Pfahlrostgründung ihre Tragfähigkeit zu verlieren begann. Risse mit einer Breite von bis zu 15 Zentimetern drohten das Mauerwerk zu

Luftbild der Burg Vischering (Foto: Dirk Frerichmann)

sprengen. Von 1927–29 wurden daher statische Sicherungsmaßnahmen ergriffen, Stahlbetonelemente eingebracht und Radialanker eingebaut.

Burg Vischering (Foto: Rainer Lippert)

Die Detonation einer Luftmine in der Nähe der Burg richtete im November 1944 schwere Schäden an, deren Behebung bis in die 60er Jahre dauerte. Die Detonation hatte im Rittersaal den Deckenputz abfallen lassen, wodurch farbig gefasste Deckenbalken zum Vorschein kamen.

Anfang der 70er Jahre pachtete der damalige Kreis Lüdinghausen die Burg, um ein Kulturzentrum einzurichten. Schon 1972 konnte der Kreis Coesfeld, Rechtsnachfolger des vormaligen Kreises Lüdinghausen, das Münsterlandmuseum eröffnen. Ab 1979 begannen auch im Vorburgbereich Baumaßnahmen, um Museums-, Ausstellungs- und Veranstaltungsräume zu gewinnen.

Die Burganlage verteilt sich auf zwei Inseln, auf denen die Kern- oder Oberburg und die Vorburg stehen. Die Inseln liegen in einem großen Hausteich, der rund 81 x 137 Meter misst und von Teichen, Wällen und Gräften umgeben ist. Eine Lindenallee führt von Westen zur Burg. Der Besucher passiert rechts die 1495 geweihte Georgs- oder Grabkapelle und gelangt über die Mühleninsel zur Vorburginsel mit ihren ehemaligen Wirtschaftsgebäuden, d. h. dem Bauhaus und

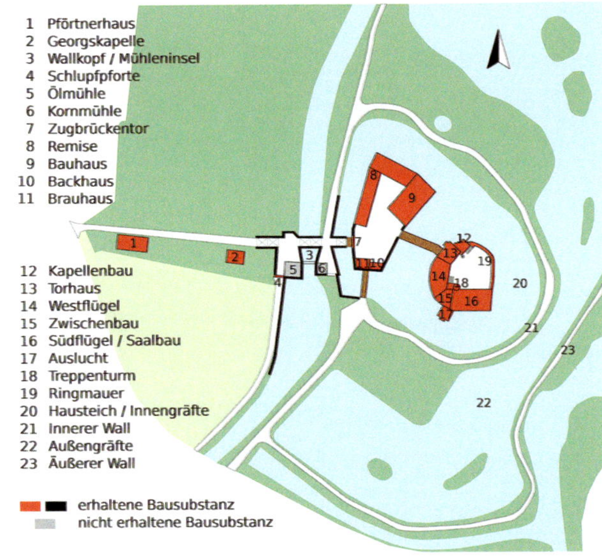

Lageplan der Burg Vischering (Grafik: Sir Gawain)

der zweiflügligen Remise. Die Vorburg besteht seit mindestens 1315. Das Bauhaus stammt von 1584, das L-förmige Wirtschaftsgebäude von 1720. Zur fast runden Kernburg, einer Ringmantelburg, gelangt man über eine 25 Meter lange Holzbrücke. Das steile Satteldach weist noch zahlreiche seltene Biberschwanzziegel oder Ochsenzungen aus dem 16. Jahrhundert auf. Inschrift und Wappen des Torhauses belegen eine Entstehung im Jahr 1519, womit es der älteste Bauteil der Anlage ist. Die Außenseite schmückt ein Erker aus dem 17. Jahrhundert, der nach seiner Zerstörung im Zweiten Weltkrieg in alter Form 1952 neu erstanden ist.

Südlich des Torhauses steht auf hohem Kellergeschoss mit zwei Obergeschossen der schlichte Westflügel aus dem 16. Jahrhundert, an den sich ein Zwischenbau anschließt, der nach Süden zum Saalbau mit dem sogenannten Rittersaal führt. Hier erhebt sich die sogenannte Auslucht, die 1617–16 in den Hofteich hineingebaut worden ist und drei Geschosse aufweist. Der Saalbau stammt aus dem 3. Viertel des 16. Jahrhunderts. Im Erdgeschoss liegen der Rittersal und die früher übliche Saalkammer. An den Fenstern des Saals sind aus der Erbauungszeit als seltene Beispiele profaner Wandmalerei Darstellungen mit Menschen- und Tierfiguren erhalten geblieben.

An den Südflügel schließt sich nach Osten und Norden die starke, an der Basis bis zu 1,70 Meter dicke Ringmauer an, die einmal einen zweistöckigen Wehrgang trug und die den ca. 35 x 38 Meter messenden Innenhof umschließt, der von einem oktogonalen Treppenturm überragt wird. Im ersten Stock der Kernburg und in den Gebäuden der Vorburg präsentiert das Münsterlandmuseum seine wertvollen Exponate. In der Vorburg werden bäuerliches Leben und Wirtschaften thematisiert und Kutschen und Karren gezeigt, während in der Burg selbst deren Geschichte und adliges Leben vorgestellt werden.

Innenhof der Burg Vischering (Foto: Günter Seggebäing, CC BY-SA 3.0)

WEWELSBURG

Gemeinde Büren-Wewelsburg

Die Wewelsburg, die als Deutschlands einzige Dreiecksburg gilt, präsentiert sich als geschlossene Anlage im Stil der Weserrenaissance und beeindruckt durch ihre mächtigen Mauern und Türme. Das zwischen 1603 und 1609 auf älterem Mauerwerk als Nebenresidenz der Paderborner Fürstbischöfe auf einem Bergsporn über dem Almetal errichtete Bauwerk beherbergt heute das Kreismuseum Wewelsburg mit dem Historischen Museum des Hochstifts Paderborn und der Erinnerungs- und Gedenkstätte Wewelsburg 1933–1945 und dient außerdem als Jugendherberge.

Als früher Vorgängerbau wird die von einem mittelalterlichen Chronisten erwähnte Wifilisburg angesehen, die im 9./10. Jahrhundert Schutz gegen die Ungarneinfälle bot. Graf Friedrich von Arnsberg errichtete 1123 eine neue Anlage, die von den Bauern der Umgebung nach seinem Tod schon 1124 zerstört wurde. Danach bauten die Grafen von Waldeck und nach dem Verkauf 1301 die Paderborner Fürstbischöfe die Wewelsburg wieder auf. Damals existierten nach Ausweis der Kaufurkunde zwei befestigte Bauten auf dem Hügel.

Das heutige Erscheinungsbild ist der Umgestaltung bzw. dem Neubau der Burg in den Jahren von 1603 bis 1609 durch Fürstbischof Dietrich von Fürstenberg zu verdanken. Es entstand ein durchaus wehrhaft wirkender Schlossbau, der als Nebenresidenz der Fürstbischöfe, als Jagdschloss

Wewelsburg (Foto: Hobbyphoto283)

Innenhof der Wewelsburg (Foto: Marc Ryckaert)

Luftbild der Wewelsburg (Foto: Wolfram Czeschick)

und Verwaltungssitz genutzt wurde. Die Kalksteinmauern waren damals verputzt und betonten die Farbgestaltung der Fenster und der sonstigen Bauzier.
Erhebliche Zerstörungen musste die Wewelsburg im Dreißigjährigen Krieg und auf Befehl Himmlers 1945 hinnehmen, so dass aus fürstbischöflicher Zeit nur spärliche Ausstattungsreste erhalten geblieben sind. Der Wiederaufbau im 17. Jahrhundert veränderte das Erscheinungsbild des Schlosses, das zudem seinen Residenzstatus verlor, wesentlich.
Nach der Auflösung des Paderborner Hochstifts im Zusammenhang mit der Säkularisation fiel die Wewelsburg 1802 an Preußen. Nach einem Blitzschlag brannte 1815 der Nordturm aus. Der ehemalige Kreis Büren kam 1924 in den Besitz der Burg, die zu einem Kulturzentrum mit Heimatmuseum und Jugendherberge umgestaltet wurde.
1934 mietete die NSDAP die Burg an, und Reichsführer SS Heinrich Himmler plante die Einrichtung einer Ausbildungsstätte für SS-Führungskräfte, dann einen Versammlungsort für die SS-Gruppenführer. Die Burg erhielt eine neue Innenausstattung, der Außenputz wurde beseitigt, die Gräben wurden vertieft. Auf dem Vorplatz entstanden zwei große SS-Verwaltungsgebäude. Um Arbeitskräfte für die laufenden und die geplanten Arbeiten unterbringen zu können, errichtete man in der Nähe das Konzentrationslager Niederhagen. Im März 1945 befahl Himmler die Sprengung der Burg und der Verwaltungsgebäude. Burg und Wachgebäude brannten aus, das Stabsgebäude wurde völlig zerstört.
Nach dem Krieg baute man die Burg wieder auf, in der seitdem das Kreismuseum und eine Jugendherberge Platz finden. Aus der SS-Zeit haben sich im Nordturm zwei Räume erhalten: im Untergeschoss die sogenannte „Gruft“ und darüber der Marmorsaal mit einem Arkadenumgang, der einstige „Obergruppenführersaal“.
Die Erinnerungs- und Gedenkstätte im ehemaligen Wachgebäude der SS informiert die Besucher mit der Dauerausstellung „Ideologie und Terror der SS“ über die Geschichte dieser Schutzstaffel der NSDAP und erinnert an die Opfer der SS-Gewalt.
Die Besucher der Burg können sich nach ausführlichen Rundgängen durch Museum und Gedenkstätte und nach der Verarbeitung höchst unterschiedlicher historischer Informationen im Café-Restaurant von den körperlichen und geistigen Strapazen wieder erholen.

RHEINLAND-PFALZ

BURG BERWARTSTEIN

Gemeinde Erlenbach bei Dahn

Am Schnittpunkt mehrerer Täler steht im südlichen Pfälzerwald auf einem Bergrücken die berühmte Burg Berwartstein, eine zu ihrer Blütezeit uneinnehmbare Felsenburg, auf der einst der berühmt-berüchtigte Marschall und Heerführer Hans Trapp lebte, der Kommandant der kurpfälzischen Truppen, der sich durch seine Untaten und Raubzüge einen zweifelhaften Ruhm erwarb. Die Burg, die 1591 nach einem Blitzschlag abbrannte und nur als Ruine fortbestand, wurde erst Ende des 19. Jahrhunderts wiederaufgebaut.

Die erste urkundliche Erwähnung des Berwartsteins datiert aus dem Jahr 1152, als der Stauferkaiser Friedrich I. Barbarossa die Burg dem Speyerer Bischof Gunther von Henneberg zu Lehen gab. Anfang des 13. Jahrhunderts tritt das Geschlecht der Herren von Berwartstein auf, die für die Bischöfe von Speyer die Burg verwalteten. Da diese Herren über ihre Verpflichtungen hinaus auch zu räuberischen Unternehmungen neigten, wurde ihre Burg von Verbänden der Städte Straßburg und Hagenau belagert, erobert und zerstört. Nach dem zeitnahen Wiederaufbau verblieb sie den Berwartsteinern, bis sie 1345 ausstarben. Die Burg fiel 1347 an das Benediktinerkloster Weißenburg, das sich 1453 dem Schutz des Kurfürsten von der Pfalz anvertraute, der die Burg 1480 trotz des Protestes des Klosters seinem Marschall Hans von Trotha bzw. Hans Trapp gab. Er veranlasste weitere Befestigungen, so dass die Anlage schon bald den Ruf der Uneinnehmbarkeit genoss. Als der Kurfürst ein Jahr später dem Marschall auch das sogenannte „Zugehör" Berwartsteins übergab, protestierte das Kloster erneut, woraufhin Hans von Trotha das Flüsschen Wieslauter aufstauen ließ und Weißenburg von der Wasserversorgung abschnitt, worüber Abt Heinrich (1475–1496) ebenfalls brüskiert war. Daraufhin ließ Trotha den Staudamm einreißen, was jedoch zu einer Überschwemmung in Weißenburg führte. Das Kloster wandte sich an den Papst, und 1499, also 14 Jahre später (!) verhängte Papst Alexander VI. den Kirchenbann über Hans von Trotha. Das scherte ihn aber ebenso wenig wie die Reichsacht, die Kaiser Maximilian I. schon 1496 veranlasst hatte. Nachdem 1545 mit Christoph von Berwartstein der Letzte seines Geschlechts ohne männliche Erben gestorben war, ging die Burg an seinen Schwiegersohn Friedrich von Fleckenstein. Nach einem Blitzschlag brannte sie 1591 nieder und blieb Ruine. 1893 erwarb Hauptmann a. D. Theodor Hoffmann gen. von Baginski (1845–1929) die Burg und ließ sie 1893–1895 als freie Rekonstruktion wiederaufbauen. Das mit Buckelquadern verkleidete Mauerwerk stammt daher in den beiden Untergeschossen noch aus staufischer Zeit, während das dritte Geschoss und die Türme und Terrassen dem Ausbau des 19. Jahrhunderts zu verdanken sind.

Burg Berwartstein
(Foto: Richard W. Gassen)

SCHLOSS BÜRRESHEIM

Stadt Mayen/Eifel

Das nordwestlich von Mayen gelegene Schloss gilt als seltenes Beispiel einer kontinuierlichen Entwicklung von einem mittelalterlichen Wehrbau zu einer repräsentativen Wohnburg bzw. zu einem barocken Wohnschloss, auch wenn der wehrhafte Charakter unübersehbar geblieben ist. Da die Inneneinrichtung weitgehend erhalten ist, kann der Besucher Wohnkultur und Lebensstil des rheinischen Adels seit dem 15. Jahrhundert unmittelbar studieren, schließlich war das Schloss bis weit ins 20. Jahrhundert bewohnt. Sein malerisches Erscheinungsbild wird durch Bautätigkeiten vom 12. bis zum 17. Jahrhundert geprägt und hat dazu beigetragen, dass etwa die ARD Schloss Bürresheim als Kulisse für den Märchenfilm Rumpelstilzchen wählte oder dass es im Film „Indiana Jones und der letzte Kreuzzug" sowie im Kinderfilm „Der Prinz und der Prügelknabe" einen Auftritt hatte.

Die imposante Burg- und Schlossanlage erhebt sich auf einem Felssporn im Nettetal. Sie hat wechselvolle Zeitläufe, Kriege und Revolutionen ohne Zerstörungen überstanden. Erbaut wurde sie im 12. Jahrhundert, erstmals urkundlich erwähnt 1157. Etwa 1188 erwarben der Kölner Erzbischof Philipp von Heinsberg und anschließend der Trierer Erzbischof Heinrich II. von Finstingen je eine Hälfte der Burg. Es folgten verschiedene Lehnsträger, Bürresheim wurde zu einer Ganerbenburg, und 1572 kam es zu Besitzstreitigkeiten, die erst 1659 mit einem Vergleich endeten. Die Herren von Breidbach erhielten den Gesamtbesitz. Sie starben 1796 aus. Das Erbe fiel an Graf Klemens Wenzeslaus von Renesse, dessen Nachfahren das Schloss weiter be-

Luftbild von Schloss Bürresheim (Foto: Wolkenkratzer)

wohnten. Die letzte Bewohnerin starb im Alter von 32 Jahren nach ihrer Hochzeit bei einem Verkehrsunfall. So erbten 1921 die Grafen von Westerholt das Schloss, die es 1938 verkaufen mussten. Nach dem Krieg gelangte es in den Besitz des Landes Rheinland-Pfalz.

Die Einheitlichkeit der Schlossanlage täuscht. Mit Blick auf die Ruinen der einstigen Kölner Burg wird deutlich, dass Bürresheim einmal aus zwei selbständigen Burgen bestand, die nur der aus dem 12. Jahrhundert stammende Bergfried verband. Zur Kölner Burg gehörten die große Vorburg, von deren Ringmauer nur Reste erhalten geblieben sind, und natürlich die Kernburg mit Doppelturmtor und Saalbau. Der Ausbau der größeren Trierer Burg ab 1659 führte dazu, dass die Kölner Burg nur noch als Wirtschaftsgebäude diente und schließlich verfiel. Unter den Herren von Breidbach setzte ein umfangreicher Um- und Ausbau ein, der aus der wehrhaften Burg ein standesgemäßes Wohnschloss machte. Neben dem Wohnbau des 14. Jahrhunderts entstanden nach 1473 ein dreigeschossiger Wohnbau mit einem starken Rundturm, an den sich später der große Südflügel anschloss. Die Lücke zwischen Bergfried und gotischem Wohnbau schloss der Kapellenbau.

Die Räume der Burg stehen den Besuchern im Rahmen einer Führung offen. Sie dokumentiert, dass Bürresheim lange Zeit im Besitz einer Familie war, die eine beeindruckende Ausstattung von der späten Gotik bis zum Historismus hinterlassen hat. Man geht am ehemaligen Küchengarten vorbei durch das äußere Burgtor, am Schlossgarten und am mächtig aufragenden Rundturm sowie an der Außenfront des Amtsgebäudes vorbei zum Zwinger. Durch den überbauten, gewundenen „Kanonenweg“ gelangt man in den Burghof, an dessen südlicher Seite sich das Vogthaus und das Amtshaus erheben, gegenüber der spätgotische Ost- und Nordbau sowie der Kapellenbau und der Bergfried. Daneben sieht man die Ruinen der Kölner Burg mit dem einstigen Palas.

Schloss Bürresheim (Foto: Klaus Graf)

BURG COCHEM

Stadt Cochem/Mosel

Die Reichsburg Cochem erhebt sich in malerischer Lage auf einem steilen Bergkegel 100 Meter über der Stadt Cochem an der Mosel. Ihre tausendjährige Geschichte, vor allem aber ihr vielgestaltiges Erscheinungsbild mit dominierendem Bergfried, unterschiedlichen Bauten und einer bewegten Dachlandschaft machen sie zu einem besonderen Ausflugsziel, auch wenn ihre heutige Gestalt dem Wiederaufbau von 1868–1877 zu verdanken ist.

Die Burg soll um das Jahr 1.000 unter Pfalzgraf Ezzo entstanden sein, denn die angeblich erste Erwähnung stammt von 1051. Die betreffende Urkunde ist jedoch eine Fälschung aus dem 13. Jahrhundert. Daher gilt als sicher belegbare Ersterwähnung das Jahr 1130. König Konrad III. besetzte 1151 die Burg und zog sie als erledigtes Reichslehen ein, das in der Stauferzeit von Burggrafen verwaltet wurde. Während des Mittelalters diente die Anlage als Zollburg. Mit einer Kette konnte man von der Burg aus die Mosel sperren, um von den Schiffern den Zoll einzutreiben. 1294 kam die Burg in kurtrierischen Besitz und wurde anschließend erweitert und stark befestigt. Im Pfälzischen Erbfolgekrieg besetzten französische Truppen die Burg, die sie 1689 niederbrannten und sprengten. Die Stadt Cochem zerstörten sie bei dieser Gelegenheit auch fast völlig. Die Burgruine erwachte erst wieder zu neuem Leben, als 1868 der Berliner Kaufmann und spätere Geheime Kommerzienrat Louis Ravené sie für 300 Goldmark erwarb, im Stil des Historismus wieder aufbauen und in bester handwerklich-künstlerischer Arbeit ausstatten ließ. Die neugotische Stilrichtung entsprach den Vorstellungen des 19. Jahrhunderts von einer „ech-

Luftbild der Burg Cochem (Foto: Wolkenkratzer)

Ansicht der Burg Cochem von der Mosel (Foto: or H.Peierl)

ten“ mittelalterlichen Ritterburg. Die erforderlichen Pläne lieferten der Berliner Architekt Hermann Ende und danach der königliche Baurat Julius Carl Raschdorff, der Schöpfer des Berliner Doms. 1942 wurde die Burg an das Deutsche Reich verkauft und kam 1978 in den Besitz der Stadt Cochem.

Das Erscheinungsbild der Burg Cochem ist größtenteils dem im 19. Jahrhundert erfolgten Wiederaufbau zu verdanken, der allerdings auch mittelalterliche Bausubstanz aufweist. Von der mittelalterlichen Burg waren vor allem der aus dem 11. Jahrhundert stammende, im 14. Jahrhundert ummantelte und aufgestockte Bergfried sowie der „Hexenturm“ erhalten. Zentrum und beherrschendes Element der gesamten Anlage blieb der romanische Bergfried, der eine Seitenlänge von 5,40 Metern und eine Mauerstärke von bis zu 3,50 Metern besitzt. Durch zwei Tore und vorbei an einem Wehrgang, über eine Brücke und durch ein weiteres Tor gelangt man in den Burghof mit Burgmannshäusern, Kapelle und Treppenturm. An die vom Bergfried überragte Hochburg schließt sich östlich ein romanisches Wohngebäude an, neben dem der „Hexenturm“ steht.

Die Burg dient heute als Museum und ist im Rahmen von Führungen zu besichtigen. Die Besucher sehen eine überaus wertvolle Inneneinrichtung im Stil der Neurenaissance und des Neubarock. Für private Feierlichkeiten wie Hochzeiten können angemessene Räumlichkeiten angemietet werden. Die Burg steuert dazu ihre traumhafte Kulisse bei.

FESTUNG EHRENBREITSTEIN IN KOBLENZ

Stadt Koblenz

Die mächtige Festungsanlage, die auf steil abfallendem, 180 Meter hohem Felssporn hoch über Koblenz und gegenüber der Einmündung der Mosel in den Rhein liegt, ist heute ein viel besuchtes Ausflugsziel und Kulturzentrum, das mit einer wechselvollen, spannenden Geschichte aufwartet – und mit einem grandiosen Ausblick ins Rhein- und Moseltal sowie über Koblenz. Die historischen Bauten dokumentieren anschaulich die Festungsgeschichte, lassen uns diese geradezu hautnah erleben und laden zu einer informativen Zeitreise durch die weitläufige Anlage ein. Die aus der Barockzeit stammenden Befestigungsanlagen sprengten 1801 französische Revolutionstruppen. Unter der Leitung des preußischen Ingenieur-Offiziers Carl Schnitzler erhielt die Festung 1817–1828 ihre heutige Gestalt. Als Teil des großen Koblenzer Festungssystems, das den Schutz der Stadt und des Mittelrheintals übernahm, diente die Anlage bis 1918 militärischen Zwecken.

Der Ehrenbreitstein war nachweislich schon um 4 000 vor Christus besiedelt und gehörte später zu einer befestigten Anlage der Bronzezeit auf dem südlichen Bergsporn. Auch die Römer haben den Felsen genutzt und zwischen 250 und 450 einen Burgus unterhalten. Keramikfunde lassen weiterhin eine karolingische Anlage des 8. oder 9. Jahrhunderts vermuten. Eine Burg Ehrenbreitstein soll vermutlich um das Jahr 1000 entstanden sein, die wiederum um 1020 an die Erzbischöfe von Trier gekommen sein soll. Sicher ist, dass die vorhandene Anlage um 1160 erweitert und verstärkt wurde: um einen Halsgraben, einen fünfeckigen Bergfried, eine Zisterne und anderes. Im 16. Jahrhundert begann der Ausbau zur Festung, womit man auf die neuen Kriegstechniken reagierte. Im Dreißigjährigen Krieg besetzten wechselweise französische und kaiserliche Truppen den Ehrenbreitstein, der 1650 an Kurtrier zurückging, das die Festung erneut ausbauen

Festung Ehrenbreitstein in Koblenz

und verstärken ließ. Unter Erzbischof Franz Georg von Schönborn begann 1729 nach Plänen von Balthasar Neumann der Ausbau zur barocken Festungsanlage. Ab 1795 belagerten französische Revolutionstruppen mehrfach die Festung, die aber erst 1799 kapitulierte. Als die Franzosen nach dem Frieden von Lunéville 1801 abziehen mussten, sprengten sie systematisch die barocke Festung. Nach dem Sturz Napoleons kamen als neue Herren die Preußen, die alsbald die Festung Koblenz errichten ließen, zu der auch der Ehrenbreitstein zählte. Sie war eine der stärksten Festungen Europas. Die weitere Entwicklung der Kriegstechnik minderte zwar zunehmend ihren militärischen Wert, aber die Festung blieb bis zum Erste Weltkrieg einsatzbereit. Dann kamen amerikanische und französische Besatzungseinheiten und 1936 wieder deutsche Soldaten. Im Zweiten Weltkrieg, der die Stadt Koblenz zu 87 % zerstörte, blieb der Ehrenbreitstein weitgehend unversehrt. Heute ist die Festung im Besitz des Landes Rheinland-Pfalz und beherbergt das Landesmuseum Koblenz, eine Jugendherberge, ein Restaurant, das Ehrenmal des Deutschen Heeres und etliche Verwaltungsbehörden. Zur Bundesgartenschau 2011 erfolgten umfangreiche Sanierungen.

Festung Ehrenbreitstein in Koblenz, Bastionsbefestigung (oben) und Luftbild (unten)

Den Erfordernissen des Geländes entsprechend, entstanden nach Norden und Osten die stärksten Befestigungen: 5 Meter tiefe und 20–25 Meter breite Gräben, Wälle und Kasematten mit 3 Meter dicken Mauern und übereinander liegenden Reihen von Kanonenscharten. Der nach außen abschreckende Charakter der Anlage erhielt mit dem Oberen Schlosshof ein ganz anderes Gesicht. Die klassizistischen Fassaden der dortigen Gebäude wirken eher wie repräsentative Schlossbauten.

Der Ehrenbreitstein war im Lauf seiner wechselvollen Geschichte nicht nur militärisch von großer Bedeutung, sondern als sicherster Ort des Erzbistums auch wiederholt Aufbewahrungsstätte seiner wichtigsten Reliquien und Kunstschätze oder Archivalien. Auswärtige Museen, Bibliotheken und Archive brachten hier ihre Schätze in Sicherheit. Aber auch Sträflinge, Offiziere und Zivilisten verbüßten hier ihre Arreststrafen bzw. ihre Festungshaft.

EHRENBURG

Gemeinde Brodenbach im Hunsrück

Die mächtige Burganlage liegt im Hunsrück oberhalb des Ehrbachtals und des Moselortes Brodenbach (fast) versteckt auf einem ins Ehrbachtal vorspringenden Felssporn. Die weitläufige Ruine, die in großen Teilen erhalten bzw. wieder aufgebaut worden ist, präsentiert sich als großartige mittelalterliche Ritterburg und versetzt jeden Besucher in diese längst vergangene Epoche.

Als Trierer Lehen wurde die Burg um 1120 an verteidigungstechnisch günstiger Stelle vom späteren Pfalzgrafen Hermann von Stahleck errichtet. Bereits in römischer Zeit hat es hier Befestigungen gegeben. Die Ehrenburg wurde erstmals 1161 erwähnt, als Kaiser Friedrich I. Barbarossa einen Streit um ihren Besitz zwischen dem Trierer Erzbischof und dem Pfalzgrafen bei Rhein schlichtete. In der „Eltzer Fehde" 1331 spielte die Burg eine wichtige Rolle, als sich mehrere Adelsfamilien gegen Erzbischof Balduin von Trier zusammenschlossen, nach einigen Jahren aber die Oberhoheit Triers anerkennen mussten. Der letzte Ehrenburger trug 1397 eine Fehde mit den Bürgern der Stadt Koblenz aus, wo er 200 Häuser zerstörte. In den nächsten Jahrhunderten kam es zu vielen Besitzerwechseln, bis 1688 französische Truppen die Burg besetzten und am 30. April 1689 großenteils sprengten. 1798 kam die Ruine an den Freiherrn vom Stein, durch Erbschaft 1831 an die Grafen von Kielmansegg, 1867 an die Grafen von der Gröben und 1924 an die Grafen von Kanitz. 1991 gelangte sie in Privatbesitz. Seit 1992 ist der gemeinnützige Freundeskreis der Ehrenburg e. V. für den Erhalt, die Restaurierung und für Wiederaufbauarbeiten zuständig.

Luftbild der Ehrenburg (Foto: Manfred Obersteiner)

Über die ehemalige Zugbrücke, natürlich längst ersetzt durch eine feste Anlage, die den Halsgraben überspannt, und durch den zweigeschossigen Pfortenturm gelangt man in den Hof der Vorburg, die sich nach rechts um die Oberburg herumzieht. Hier befinden sich heute das Backhaus, die Töpferei und eine kleine Schmiede sowie der ‚Rittersaal' im einstigen Marstall. – Vor dem Besucher ragen höchst beeindruckend der Bastions- oder Rampenturm und der doppeltürmige Bergfried auf. Der Rampenturm ist ein architektonisch und militärtechnisch einzigartiges Bauwerk der Renaissance, in dem sich eine breite Rampe zum Turmplateau hinaufwindet, die man mit Wagen befahren und über die man Geschütze in Stellung bringen konnte. – An der Westseite des Bergfrieds stehen die Reste des einstigen Palas, des ältesten, um die Mitte des 12. Jahrhunderts errichteten Teils der Burg. – Von hier aus ist der 20 Meter hohe Bergfried zu ersteigen, der aus zwei miteinander verbundenen Türmen besteht. Vielleicht ist dieses besondere Bauwerk der Tatsache zu verdanken, dass sich einmal zwei Ehrenberger Familien in den Besitz der Burg teilten. Vielleicht sollten die beiden Türme aber auch eine Machtdemonstration sein.

Der einmaligen Atmosphäre dieser historischen Stätte kann man sich nicht entziehen. Und wer will, kann auch länger vor Ort verweilen, im Restaurant oder auch im Hotel, oder er kann an den wöchentlichen Burgspielen teilnehmen und sich im Bogen- und Katapultschießen versuchen, sich von Tanz und Musik verzaubern lassen oder Schwert- und Streitaxtzweikämpfen, Magiern und Minnesängern, Spielleuten und Scharlatanen zuschauen. Aus der großartigen Ruine der Ehrenburg ist also längst wieder eine lebendige Burg mit einer großen Vergangenheit und offensichtlich auch einer vielversprechenden Zukunft geworden, deren Besuch sich nachdrücklich empfiehlt.

Ehrenburg
(Foto: Dieter Rogge)

BURG ELTZ

Gemeinde Wierschem bei Münstermaifeld

Die vollständig erhaltene, einzigartige Anlage zählt zu den bekanntesten und meistbesuchten, zu den schönsten und romantischsten Burgen Deutschlands. Sie wird als „Stein gewordenes Märchen" gerühmt, als „Burg schlechthin", als „deutsche Musterburg", als „wahrgewordenes Märchenschloss", das eine seltene Einheit von Architektur, Mittelalter und Natur darstellt. Sie hat die Jahrhunderte mit ihren zahlreichen Kriegen überstanden und ist von Beginn an im Besitz einer Familie geblieben, der Grafen von Eltz. Sie liegt im Eltzer Wald, steht fast versteckt über dem engen Eltzbachtal auf einem 70 Meter hohen Felsen, den der Eltzbach auf drei Seiten umfließt.

Die Burg entstand Anfang des 12. Jahrhunderts. Ein Rudolf von Eltz erschien urkundlich um 1130, die Burg selbst wurde erstmals 1157 erwähnt. Um die Mitte des 13. Jahrhunderts erfolgte eine Aufteilung auf drei Brüder, so dass in der Folgezeit zusätzlich zum spätromanischen Bergfried/Wohnturm Platteltz drei Burghäuser entstanden: Eltz-Kempenich, Eltz-Rübenach und Eltz-Rodendorf, benannt nach den jeweiligen Gemahlinnen. Zwischen 1331 und 1336 kam es mit Erzbischof Balduin von Trier in der „Eltzer Fehde" zu ernsthaften Auseinandersetzungen, weil sich die Eltzer Herren und andere freie Reichsritter gegen die Territorialpolitik des Erzbischofs auflehnten. Balduin ließ am Hang über Burg Eltz die Belagerungsburg Trutzeltz errichten und unterband jeglichen Nachschub. Erst

Burg Eltz (Foto: Dieter Ritzenhofen, Münstermaifeld)

nach zwei Jahren mussten die Belagerten aufgeben. Aus freien Rittern wurden Burggrafen des Erzbischofs. Im Laufe der Zeit besetzten die Eltzer hohe Ämter in den Erzbistümern Trier und Mainz und stellten sogar im 16. und 17. Jahrhundert mit Jakob III. von Eltz und Philipp Karl von Eltz die Erzbischöfe. Im Pfälzischen Erbfolgekrieg, als die Pfalz und so viele Burgen von den Franzosen zerstört wurden, blieb Eltz verschont, da Hans Anton zu Eltz-Üttingen als ranghoher Offizier in französischen Diensten stand. In der Franzosenzeit 1794–1815 galt Graf Hugo Philipp als Emigrant, weshalb Burg Eltz und seine anderen Güter eingezogen wurden. Man machte den Vorgang rückgängig, da er nicht emigriert, sondern in Mainz geblieben war. 1815 wurde er nach dem Kauf des Rübenacher Hauses zum Alleinbesitzer der Burg. Im 19. Jahrhundert mussten umfangreiche Erhaltungsmaßnahmen durchgeführt werden, die sich streng an der historischen Bausubstanz orientierten. Im Kempenicher Haus brach am 20. September 1920 ein Brand aus, der Teile der Dächer sowie der Ausstattung des Kempenicher und Rodendorfer Hauses zerstörte. Die Behebung der Schäden dauerte bis 1930. Umfangreiche Sanierungen und Restaurierungen erfolgten in den Jahren 2009 bis 2012. Große Teile der Burg können im Rahmen von Führungen besichtigt werden. Neben den historischen Räumlichkeiten, die die Wohnkultur vergangener Jahrhunderte dokumentieren, sind wertvolle Ausstattungsstücke und Kunstwerke aus Familienbesitz zu sehen: eine Waffensammlung, Möbel, Gemälde, Wandteppiche, Porzellan, Keramik. In der Schatzkammer sind kostbare Kunstobjekte vom 12. bis 19. Jahrhundert zu bestaunen.

Luftbild der Burg Eltz

Burg Eltz (Foto: Dieter Ritzenhofen, Münstermaifeld)

Dem Besucher bietet sich schon von der Zufahrtsstraße aus ein überaus malerisches Bild der hoch aufstrebenden, bis zu sieben Geschosse aufweisenden, vielfach gegliederten, mit Kapellenerkern, Türmchen und steilen Dächern, mit Bruchsteinmauern und Fachwerk ausgestatteten Burganlage. Er erblickt nach dem Passieren des äußeren Torbaus zu seiner Rechten das Goldschmiedehaus und das Handwerkerhäuschen, zu seiner Linken den Remisenbau. Durch das innere Burgtor geht es in den engen, ovalen Burghof. Man kommt am Kapellenbau vorbei und erblickt auf der linken Seite die Rodendorfer Häuser. Im Uhrzeigersinn schließen sich die Kempenicher Häuser an. Dahinter liegt das Amtmannsgärtchen („Alte Burg"), und rechts ist der Wohnturm Platt-Eltz zu sehen. Zurück in Richtung Burgtor folgen noch die Terrasse und das Rübenacher Haus. Das Burggelände misst bis zu den äußeren Mauern rund 130 x 80 Meter, die Kernburg selbst ca. 55 x 27 Meter.

Ältester Bau ist das auf etwa quadratischem Grundriss errichtete Haus Platt-Eltz aus dem 12. und 13. Jahrhundert, ein Wohnturm, der noch an die Funktion eines Bergfrieds erinnern kann. Haus Rübenach wurde 1311 gebut, 1442 bis 1444 aufgestockt und 1472 vollendet. Es beeindruckt mit seinen hofseitigen polygonalen Ecktürmchen und dem aufwendig gestalteten Kapellenerker. Das Innere hat noch seinen mittelalterlichen Charakter bewahrt und ist mit wertvollen Sammlungen ausgestattet. In den Kellergewölben befindet sich die 1981 eröffnete Schatzkammer. Die zwischen Pfortenhaus und Rodendorfer Haus liegende Kapelle ist vermutlich 1327 neu errichtet worden. Sie zeigt einen schlichten Raum und birgt Altaraufsätze, Tafelgemälde und liturgisches Gerät. Das sich anschließende Groß-Rodendorfer Haus entstand zwischen 1470 und 1540. Es besitzt drei Fachwerktürmchen und eine Vorhalle mit darüber liegendem Erkerzimmer. Zur Ausstattung gehören der Fahnensaal und der Rittersaal. Das viergeschossige, schlichte Haus Klein-Rodendorf stammt aus dem ausgehenden 13. Jahrhundert, seine großen Fenster im ersten Stock sind in das 16. Jahrhundert zu datieren. Der Kempenischer Obersaal im zweiten Geschoss ist mit Möbeln des 17. und 18. Jahrhunderts ausgestattet. Die Häuser Groß- und Klein-Kempenich wurden in mehreren Bauabschnitten zwischen 1280 und 1627 errichtet und bergen trotz des Brandes von 1920 noch Teile der historischen Ausstattung sowie unter anderem den ältesten erhaltenen bemalten romanischen Kamin in Deutschland.

Innenhof der Burg Eltz

Burg Eltz gehört dank ihres vielgestaltigen, einzigartigen Erscheinungsbildes, ungewöhnlich guten Erhaltungszustandes, ihrer erstaunlichen Geschichte, reichhaltigen Ausstattung und Sammlungen zu den bedeutendsten mittelalterlichen Burgen Europas. Bekannt ist die Burg auch dadurch, dass sie zu D-Mark-Zeiten auf dem 500-Mark-Schein, auf vielen Briefmarken und unzähligen Postkarten zu sehen war und ist.

BURG GUTENFELS

Stadt Kaub/Rhein

Als Beispiel einer gut erhaltenen staufischen Burg steht auf hohem Felssporn 110 Meter über Kaub die Burg Gutenfels, die zusammen mit der auf einer kleinen Insel im Rhein erbauten Burg Pfalzgrafenstein den einträglichen Rheinzoll sichern sollte.

Die Burg wurde ab 1220 von den Herren von Falkenstein-Münzenberg errichtet. Sie war von Beginn an stark befestigt, denn Wilhelm von Holland belagerte sie 1252 vergeblich. Die Falkensteiner nahmen 1277 Burg und Stadt Kaub vom Pfalzgrafen als Lehen und verkauften ihm bis 1289 ihre dortigen Besitzungen. Im 14. Jahrhundert entstanden Ringmauer und Zwinger. Landgraf Wilhelm von Hessen belagerte die Burg 1504 einen Monat lang, musste dann aber erfolglos abziehen. Kurfürst Ludwig der Friedfertige von der Pfalz gab daraufhin der bis dahin als Burg Cube = Kaub bezeichneten Burg den Namen Gutenfels. Außerdem ließ er die Anlage weiter ausbauen. Im Dreißigjährigen Krieg wurde sie mehrfach erobert und erhielt anschließend eine Invalidenbesatzung. Napoleon ließ 1806 Burg Gutenfels sprengen. Der deutsche Gelehrte, Archivar, Burgenforscher und Archäologe Friedrich Gustav Habel (1792–1867) rettete 1833 die Ruine vor dem völligen Verfall. Nach Plänen des Architekten Gustav Walter wurde sie 1889–1892 instandgesetzt. Die Anlage diente als Hotel und wird seit 2006 privat genutzt.

Die Frontturmburg wird beherrscht vom 35 Meter hohen Bergfried, an den sich rheinseitig ein ca. 22 x 8 Meter messender dreigeschossiger Wohnbau und bergseitig der Rüstbau anschließen, zwischen denen ein enger Hofraum liegt. Dem Schutz der Anlage dienten die Vorburg, die Zwingeranlage und die Ringmauer. Die östlich vorgelagerte Vorburg wird durch das Vortor und den Torbau gesichert. Durch den Hof gelangt man zum inneren Tor und in den Hof der annähernd quadratischen Kernburg, von dem aus der Palas, der innere Hofraum, der Rüstbau und der Bergfried zu erreichen sind. Nach Westen schließen sich die Mantelmauer, die Kapelle und schließlich das Rondell an.

Burg Gutenfels oberhalb von Kaub am Rhein

HAMBACHER SCHLOSS

bei Neustadt/ Weinstraße

Das Hambacher Schloss, auch als Kästenburg (Kastanienburg) oder Maxburg bezeichnet, liegt auf dem strategisch wichtigen Schlossberg bei Neustadt an der Weinstraße. Die historische Stätte wurde und wird als Wiege der deutschen Demokratie gefeiert, seit 1832 auf dem „Hambacher Fest" erstmals die schwarz-rot-goldene Fahne gehisst wurde. Dieses Fest fand vom 27. Mai bis zum 1. Juni 1832 statt. Eine bürgerliche Opposition wandte sich gegen die restaurativen Bemühungen des damaligen Deutschen Bundes und trat für nationale Einheit, für Freiheit und Volkssouveränität ein.

Auf dem Gelände einer karolingischen Fluchtburg des 9. Jahrhunderts gründeten die Salier im 11. Jahrhundert die ehemalige Reichsburg, die schon Ende des Jahrhunderts an das Hochstift Speyer kam und bis zur Franzosenzeit in dessen Besitz verblieb. Markgraf Albrecht Alcibiades von Brandenburg eroberte 1552 die Burg und ließ sie niederbrennen. Nach provisorischer Instandsetzung wurde sie Sitz eines bischöflichen Försters. Im Pfälzischen Erbfolgekrieg zerstörten die Franzosen 1688 endgültig das Anwesen, das seitdem Ruine blieb, aber 1832, wie erwähnt, durch das „Hambacher Fest" eine außerordentliche symbolische Bedeutung erlangte. 1842 erhielt der bayerische Kronprinz und spätere König Maximilian II. die Ruine als Hochzeitsgeschenk. Nach den Plänen von August von Voit begann ein begrenzter Wiederaufbau, der sich an der erhaltenen Bausubstanz orientierte, aber durch die Revolution 1848/49 ein rasches Ende fand. Die Bauruine brachte man schließlich 2002 in die Stiftung Hambacher Schloss ein. Schon zum 150-jährigen Jubiläum des „Hambacher Festes" waren umfangreiche Restaurierungen erfolgt, eine Dauerausstellung eingerichtet und damit das Schloss der Öffentlichkeit zugänglich gemacht worden. Die letzten umfangreichen Renovierungen fanden seit 2006 bis 2011 statt. Das Erscheinungsbild der imposanten Anlage ist weitgehend dem 13. und 14. Jahrhundert zuzuschreiben, als beträchtliche Erweiterungen und Verstärkungen der bestehenden Anlage erfolgten. Von den ehemals drei Ringmauern haben sich nur Teile der äußeren Mauer des 11. Jahrhunderts erhalten. Von den Burggebäuden beeindrucken die Ruine des Bergfrieds, die als „Hoher Mantel" bezeichnete Schildmauer mit einer Mauerstärke von 2 Metern und der Palas, der zum Zwinger hin Buckelquadermauerwerk aufweist. Die beiden Flügel beherbergen eine Gedenkstätte und ein Dokumentationszentrum zum „Hambacher Fest".

Luftbild des Hambacher Schlosses (Foto: Dominik Lott, CreativeCommons)

HARDENBURG

Bad Dürkheim

Die Hardenburg, die gleichermaßen als Burg, Schloss und Festung zu bezeichnen ist oder auch kurz als „Festes Schloss", entstand über dem Isenach-Tal als wenig bedeutende Höhenburg, die im 16. Jahrhundert zu einem Renaissanceschloss ausgebaut und mit ihren mächtigen Mauern, Toren, Bollwerken, Geschütztürmen, Katakomben, Wehrgängen zu einer beeindruckenden Festung wurde, die trotz ihres militärischen Erscheinungsbildes dank der großen Wohn- und Saalbauten sowie des großen Renaissancegartens auch als repräsentative Residenz der Grafen von Leiningen diente.
Anfang des 13. Jahrhunderts erbauten die Grafen von Leiningen die Hardenburg. Als erster Bauherr gilt Graf Friedrich II. von Saarbrücken, der nach dem Tod seines Schwiegervaters den Namen Leiningen annahm. Die Gründung der 1214 erstmals erwähnten Burg war ein unrechtmäßiges Vorgehen, denn die Grafen errichteten sie als Schutzvögte des in der Nähe gelegenen Klosters Limburg ohne Erlaubnis des Abtes auf klostereigenem Grund. Nach der Erbteilung von 1237 fiel die Hardenburg an Graf Emich IV. Eine weitere Erbteilung führte 1317 zur Begründung der Linie Leiningen-Hardenburg unter Graf Jofried. Zwischen 1560 und 1725 diente die Burg als Hauptsitz der Leininger Grafen und wurde daher zu einem repräsentativen Renaissanceschloss, zu einer standesgemäßen Residenz ausgebaut. 1725 verlegten sie ihren Sitz zum Schloss Dürkheim. Im Pfälzischen Erbfolgekrieg (1688–1697), in dessen Verlauf die Truppen Ludwigs XIV. von Frankreich unter dem berüchtigten General Mélac nahezu systematisch die Pfalz terrorisierten und verwüsteten, besetzten die Franzosen auch die Hardenburg und richteten 1692 an den Festungswerken beträchtliche Zerstörungen an. 1794, als französische Revolutionstruppen Bad Dürkheim eroberten, ging das Schloss in Flammen auf. Sprengungen machten die Burg zur Ruine.

Luftaufnahme der Hardenburg bei Bad Dürkheim (Foto: Wolkenkratzer)

Von der stauferzeitlichen Anlage des 13. Jahrhunderts sind nur einige Mauerstücke mit Buckelquaderverkleidung erhalten. Die mit ihren 90 x 180 Metern Grundfläche ungewöhnlich große Burg stammt überwiegend aus dem späten 15. und frühen 16. Jahrhundert. Beeindruckend sind vor allem die mächtigen Geschütztürme. Renaissanceportale und Treppentürme der Wohnbauten verweisen auf die einstige wertvolle Ausstattung. Das gilt auch für die 1509 errichteten ausgedehnten Kellerräume mit ihren kühnen Rippengewölben. Östlich der Hauptburg befindet sich die tiefer liegende hintere Vorburg, die sich weit nach Osten ausdehnt und deren Schildmauer von zwei Rundtürmen geschützt wird.

KASSELBURG

Gemeinde Pelm bei Gerolstein/ Vulkaneifel

Auf einem Basaltfelsen erhebt sich 125 Meter über dem Kylltal mit der Ruine der Kasselburg eine der bedeutendsten und am besten erhaltenen Eifelburgen und ein großartiges Beispiel mittelalterlicher Burgenbaukunst. Die Burg ist heute Teil des Adler- und Wolfsparks Kasselburg.

Die wohl im 12. Jahrhundert erbaute Burg wurde urkundlich erstmals 1291 erwähnt. Über die Erbauer und die ersten Besitzer haben sich die Forscher noch nicht einigen können. Genannt werden beispielsweise die Herren von Castel, aber auch die Herren von Blankenheim. 1335 jedenfalls kam Gerhard V. von Blankenheim in den Besitz der Burg und begründete die Linie Blankenheim-Kasselburg, die aber schon 1406 ausstarb. Es folgten mehrfache Besitzwechsel, bis das Reichskammergericht in Wetzlar 1674 die Burg den Herzögen von Arenberg zusprach, die eine Kaserne einrichteten und einen Förster anstellten. Schon 1744 galt sie als verfallen. Die eher unerwartete Initiative zur Rettung der bedeutenden Burg ging 1838 von König Friedrich Wilhelm IV. aus. Vor allem der viel gerühmte Doppelturm zog schon damals viele Besucher an. Inzwischen ist die Generaldirektion Kulturelles Erbe Rheinland-Pfalz für den Erhalt der Burg zuständig.

Markanter Blickfang ist der 37 Meter hohe, achtgeschossige ehemalige Tor- und Wohnturm, der unter den Herren von Blankenheim um 1350 entstand. Er weist im Grundriss ein Rechteck auf und besitzt an der Außenseite zwei runde Vorsprünge. Wegen dieses auffallenden Erscheinungsbildes spricht man auch von einem Doppelturm. Er verlor seine ursprüngliche Funktion vermutlich im Zusammenhang mit dem Ausbau der Anlage ab 1452, als die große Vorburg mit ihren Burgmannenhäusern und Wirtschaftsgebäuden gebaut wurde. Aus der Erbauungszeit des Turms stammt auch der 33 Meter lange Palas, an den sich westlich der Kapellenturm anschließt. Der älteste Bau ist der um 1200 errichtete quadratische Bergfried, den man im 14. Jahrhundert zu einem Wohnturm umgestaltete.

Luftaufnahme der Kasselburg (Foto: Wolkenkratzer)

BURG LAHNECK

Stadt Lahnstein

Auf der linken Seite der Lahn thront über ihrer Einmündung in den Rhein in beherrschender Lage auf steilem Felssporn Burg Lahneck und gilt als eindrucksvolles Beispiel für die Umgestaltung eines Wehrbaus zu einer Wohnburg.

Der Mainzer Erzbischof und Kurfürst Siegfried III. von Eppstein ließ die Burg 1226 zum Schutz des Silberbergwerks Tiefenthal errichten, das ihm von Kaiser Friedrich II. 1220 zu Lehen übertragen worden war. Ein Burggraf und die Burg selbst wurden erstmals 1245 urkundlich genannt. Papst Johannes XXII. gewährte 1332 allen, die am Gottesdienst in der Burgkapelle St. Ulrich teilnahmen, einen Ablass von 40 Tagen. Erzbischof Diether II. von Isenburg veranlasste 1475 den Bau des zweiten Mauerrings mit Zwinger, Türmen und Torturm. Im Dreußigjährigen Krieg verwüsteten schwedische und kaiserliche Truppen die Burg, die 1688 von den Franzosen endgültig zur Ruine gemacht wurde. Der schottische Eisenbahnunternehmer und Direktor der Rechts-Rheinischen Eisenbahngesellschaft Edward A. Moriarty kaufte 1850 die Ruine und ließ sie im neugotischen Stil wieder aufbauen. Gustav Göde war seit 1864 dafür zuständig. Nach mehreren Besitzerwechseln erwarb 1907 der Fregattenkapitän und spätere kaiserliche Vizeadmiral Robert Mischke Burg Lahneck, dessen Nachfahren bis heute Eigentümer sind.

Seit den 1930er Jahren ist die Burg der Öffentlichkeit zugänglich. Der Besucher passiert zunächst den Halsgraben vor dem mit starken Mauern und Rundtürmen ausgestatteten äußeren Bering und gelangt zum äußeren Zwinger und zum Torbau, der den Weg in den inneren Zwinger sowie den Blick auf die hoch aufragende Burg freigibt. Über den Graben und durch das innere Burgtor gelangt man in den malerischen Burghof. Auf der südlichen Seite steht der 29 Meter hohe Bergfried mit Verlies und Schildmauer mit einer Mauerstärke von bis zu 3,50 Metern. Auf der gegenüberliegenden Seite befindet sich die um 1860 wieder aufgebaute Burgkapelle, deren Chor noch über die Ringmauer hinausreicht. Ihre westliche Empore verbindet die Obergeschosse der nachfolgenden Wohngebäude. Auf der nördlichen Hofseite steht der einstige Palas, ein Neubau des 19. Jahrhunderts auf alten Grundmauern, der eine bemerkenswerte Ausstattung mit historischen Möbeln, Kunstwerken und Waffen birgt.

Burg Lahneck oberhalb von Lahnstein, Ansicht von der Lahn

MADENBURG

Gemeinde Eschbach, südliche Weinstraße

Die Ruine Madenburg zählt zu den ältesten und größten Burgen der Pfalz. Sie liegt rund 250 Meter oberhalb von Eschbach auf einem Felsausläufer des Rothenbergs am Ostrand des Pfälzerwaldes. Entstanden ist sie als Reichsburg im frühen 11. Jahrhundert. Die Madenburg dürfte mit der Burg Parthenopolis gleichzusetzen sein, auf der die deutschen Fürsten 1076 über eine mögliche Absetzung Kaiser Heinrichs IV. beraten wollten. Das Fürstentreffen fand dann allerdings in Trebur bei Mainz statt. Der ungewöhnliche Name „Parthenopolis", der mit „Jungfrauenburg" oder „Marienburg" zu übersetzen ist, bezieht sich wahrscheinlich auf Maria als Schutzpatronin des Bistums Speyer, in dessen Besitz die Burg im 11. Jahrhundert war. Zusammen mit der Burg Trifels gehörte die Madenburg 1080 wohl Diemar von Trifels. Sie wurde 1112 von Erzbischof Adalbert von Mainz erobert, musste 1113 Kaiser Heinrich V. übergeben werden und kam 1164 an die Staufer. Im 13. Jahrhundert saßen die Grafen von Leiningen auf der Madenburg, die 1317 nach der Teilung des Geschlechts an Friedrich V. von Altleiningen fiel. Sie wurde 1372 zu einer Ganerbenburg, in deren Besitz sich die von Sickingen und die von Fleckenstein teilten. Als alleiniger Besitzer wird 1488 Ritter Johannes von Heydeck erwähnt. Dann kam sie 1511 an Herzog Ulrich von Württemberg und wurde 1516 an den Bischof von Speyer verkauft. Im Bauernkrieg eroberten und plünderten die Aufständischen die Anlage und brannten sie nieder. Bischof Philipp von Flörsheim ließ die Madenburg wieder aufbauen. Damals entstand 1550 der Philippsbau. Zwei Jahre später eroberte Markgraf Albrecht von Brandenburg-Kulmbach die Burg. Den erneuten Wiederaufbau im Renaissancestil veranlasste Bischof Eberhard von Speyer zwischen 1581 und 1610. Der Eberhardsbau und die beiden Treppentürme entstanden. Im Dreißigjährigen Krieg und in den folgenden Jahrzehnten wurde die Burg mehrfach angegriffen, belagert, beschossen, erobert und notdürftig instandgesetzt. Im Pfälzischen Erbfolgekrieg zerstörten französische Truppen die Burg. Seitdem ist die 180 x 59 Meter große Anlage Ruine, die 1826 auf Abbruch verkauft wurde. Der 1870 gegründete Madenburgverein bemüht sich seitdem um die Rettung der Burg. In der Vorburg (mit Resten der frühgotischen Kapelle) befindet sich heute eine Burggaststätte.

Luftaufnahme der Madenburg (Foto: Palatinatian)

NIEDERBURG MANDERSCHEID

Gemeinde Manderscheid/Eifel

Bei Manderscheid stehen gleich zwei Burgen, die Ober- und die Niederburg, die bis heute an die mittelalterlichen Auseinandersetzungen zwischen dem Kurfürstentum Trier und dem Herzogtum Luxemburg erinnern. Die ältere Oberburg, die aus dem 10. Jahrhundert stammen soll, war im 12. Jahrhundert luxemburgisch, seit 1147 aber im Besitz der Trierer Erzbischöfe. Sie wurde 1673 von den Franzosen zerstört. Erhalten haben sich nur Reste der Ringmauer und der fünfstöckige Bergfried des 12. Jahrhunderts.

Die Niederburg, die Stammburg der Grafen von Manderscheid, erhebt sich auf steilem Fels über dem Liesertal. Die von der Vorburg bis zum Bergfried auf der höchsten Stelle des Felsens sich terrassenförmig aufbauende Ruine bietet vor allem von der nach Manderscheid hinaufführenden Straße aus einen großartigen Anblick.

Die seit 1133 oder nach anderer Überlieferung seit 1173 genannte Burg entstand vermutlich als Antwort auf den Verlust der Oberburg an Trier als luxemburgisches Lehen. Erzbischof Balduin von Trier belagerte sie 1346–48 vergeblich. Nach dem Tod des Grafen Dietrich III. 1498 fiel die Burg an seinen Sohn Johann von Manderscheid-Blankenheim, den Begründer des gleichnamigen Familienzweigs. Die Grafen wohnten nicht mehr auf der Burg, so dass sie allmählich verfiel. Im Dreißigjährigen Krieg und während der Raubzüge Ludwigs XIV. von Frankreich erlitt sie schwere Zerstörungen. Nach dem Einfall der Franzosen 1794 wurde sie endgültig zur Ruine. Am Südhang sichern starke quer stehende Mauern und Torhäuser den dahinter liegenden Zwinger der Vorburg. Der serpentinenförmig angelegte Aufstieg führt an mehreren auf schmalen Terrassen errichteten Bauten vorbei immer höher hinauf zum einstigen zweigeschossigen Palas mit zwei übereinanderliegenden Kellern aus dem frühen 15. Jahrhundert und weiter hinauf zum immer noch 18 Meter hohen Bergfried. Im Burgcafé kann man sich erholen und an den selbstgebackenen Kuchenspezialitäten des Burgfräuleins erfreuen.

Luftaufnahme der Manderscheider Niederburg (Foto: Wolkenkratzer)

MARKSBURG

Stadt Braubach/ Rhein

Auf einem Felskegel 90 Meter über dem Städtchen Braubach steht die aus dem 12. Jahrhundert stammende Marksburg, heute im Besitz der Deutschen Burgenvereinigung. Sie ist die einzige Höhenburg am Mittelrhein, die nie zerstört wurde. Das macht ihre besondere Bedeutung aus, weil sie einen authentischen Blick in eine mittelalterliche Wehranlage mit Burgküche, Weinkeller, Wehrgängen, Kapelle Rittersaal und Kemenate bietet. Ihr Erscheinungsbild wird bestimmt durch die beiden Wehrtürme, den romanischen und gotischen Palas und die Zwingeranlage. Sie ist nicht nur ein geschütztes Kulturdenkmal entsprechend dem Denkmalschutzgesetz und der Haager Konvention, sondern auch Teil des UNESCO-Welterbes Oberes Mittelrheintal.

Vermutlich haben die edelfreien Herren von Braubach bereits um 1117 eine Burg besessen. Es könnte sich um die Anlage handeln, deren Reste etwa 250 Meter südlich der Marksburg noch zu sehen sind. Der Platz misst rund 40–45 x 20–25 Meter. Drei Gräben sind noch erkennbar. Kurz nach 1200 traten die Herren von Eppstein als Inhaber des inzwischen pfalzgräflichen Lehens auf. Und 1231 erfolgte die Ersterwähnung der Marksburg. 1283 fiel sie an die jüngere Linie der Grafen von Katzenelnbogen, die die Anlage ausbauten und aus einem Wehrbau eine repräsentative Wohnburg machten. Die erste Erwähnung der Markuskapelle stammt von 1437, aber erst im 16. Jahrhundert bürgerte sich statt des Namens Burg Braubach die Bezeichnung Marksburg ein. Nach dem Aussterben der Katzenelnbogener gelangten Grafschaft und Marksburg 1479 an den Landgrafen von Hessen, später an die Landgrafen von Hessen-Darmstadt. Im 18. Jahrhundert diente die Burg als Invalidenunterkunft und Staatsgefängnis. 1803 kam die Burg an das Fürstentum Nassau-Usingen, 1815 an das Herzogtum Nassau und 1866 an Preußen. Die Burg verfiel inzwischen immer mehr. Glücklicherweise erwarb

Marksburg

1900 die Deutsche Burgenvereinigung die Marksburg. In der Folgezeit wurden umfangreiche Sicherungs- und Baumaßnahmen durchgeführt, die das mittelalterliche Erscheinungsbild wiederherstellten. Amerikanische Artillerie fügte 1945 der Burg von der anderen Rheinseite aus erhebliche Schäden zu. Erneut wurden langwierige Restaurierungen notwendig, um die Zerstörung zu beseitigen, um die Burg grundlegend instandzusetzen und die Bruchsteinmauern zu verputzen. Seitdem bietet die als Museum zugängliche Burg den höchst beeindruckenden Anblick einer authentischen spätmittelalterlichen Anlage. Von der einstigen Ausstattung sind zwar keine Objekte erhalten geblieben, aber seit 1900 haben Stiftungen und Ankäufe dazu beigetragen, den Alltag in einer mittelalterlich-ritterlichen Burg wieder zu veranschaulichen.

Marksburg, Luftbild (oben) und Blick vom Rhein (unten)

Der Besucher gelangt durch das äußere Torhaus, einst durch eine Zugbrücke gesichert, in das Burggelände. Durch das Fuchstor geht es zum Torzwinger und zum Burgvogtsturm, dem „Schartentor", das 1350 erbaut und später verkleinert wurde. Über die Reitertreppe, den einzigen Zugang zur Kernburg, kommt man zum romanischen Palas von 1239, von wo aus ein viertes Tor ins Innere der Burg führt. Die Besucher werden allerdings zunächst auf die große Batterie von 1589 und die kleine

Batterie von 1711 geführt, von denen aus man das Rheintal beschießen konnte. Durch die Zwingeranlage geht es weiter durch den 1967 angelegten Kräutergarten, über dem der von den Grafen von Katzenelnbogen 1435 errichtete gotische Saalbau himmelwärts strebt. In der Kernburg selbst erlebt man den Weinkeller und dann die Burgküche im Erdgeschoss des Saalbaus. Darüber, im ersten Geschoss, liegen die Wohnräume des Hausherrn. Im folgenden Rittersaal fand das öffentliche, repräsentative Hofgeschehen statt. Im Kapellenturm von 1372 kann man einen Blick in die spätgotische Kapelle mit ihren bemerkenswerten Gratgewölben und Wandmalereien werfen. Über eine enge Treppe geht es weiter zum romanischen Palas bzw. zum Rheinbau, in dem die Rüstkammer untergebracht ist, in der Bewaffnung und Ausrüstung der Soldaten von der Antike bis in die Frühe Neuzeit dokumentiert werden. Der knapp 40 Meter hohe, wegen seiner engen Treppe leider nicht zu besichtigende Bergfried steht auf dem höchsten Punkt des Felsens. Die Herren von Eppstein erbauten 1239 den unteren, die Grafen von Katzenelnbogen vor 1468 den oberen Teil. Im einstigen Pferdestall im Keller des romanischen Baus ist die „Folterkammer" untergebracht, in der Straf- und Folterinstrumente zu sehen und Informationen über das mittelalterliche Gerichts- und Strafwesen zu lesen sind. Abschließend kann man noch einmal einen Blick in die Burgschmiede werfen, falls man es nicht schon zu Beginn des Rundgangs getan hat.

Marksburg, Burgtor (oben) und Ansicht von Norden (unten)

Auf der japanischen Insel Miyako-jima kann man seit den 1990er Jahren im Deutschen Kulturdorf Ueno einen nahezu originalgetreuen Nachbau der Marksburg bestaunen. Man trug sogar das Ansinnen an die Deutsche Burgenvereinigung heran, die Marksburg zu verkaufen, damit sie abgetragen und in Japan wiederaufgebaut werden könnte. Dieses Ansinnen wurde natürlich abgelehnt.

NÜRBURG

Gemeinde Manderscheid/Eifel

Die auf einer Höhe von 678 Metern liegende Nürburg ist die höchstgelegene Burg in Rheinland-Pfalz. Die ausgedehnte Anlage erhebt sich auf einem vulkanischen Basaltkegel, der um 954 als „Mons nore" (schwarzer Berg) erwähnt wurde, wovon sich der Name der Burg ableitet.

Die Entstehung der Burg als Fluchtburg durch Theoderich I. (Dietrich I.) von Are ist ins frühe 12. Jahrhundert zu datieren. 1132 erhielt sein Sohn Ulrich neben dem Herrenhof Adenau und der oberen Grafschaft Are auch die Nürburg, die er zu einer bedeutenden Burg ausbaute, nach der er sich Graf von Nürburg nannte. Seine Nachfahren führten den Titel „Herren von Nürburg und Are" (Altenahr) und waren Lehnsmannen der Kölner Erzbischöfe und der staufischen Kaiser. Nach dem Aussterben des Geschlechts fielen die Besitzungen 1290 an die Kurfüsten von Köln, die einen Amtmann auf die Nürburg setzten. Mitte des 14. Jahrhunderts entstand ein zweiter Befestigungsring, im 15. Jahrhundert noch ein dritter, der die Burgmannenhäuser schützen sollte, die nicht mehr bestehen. Da nicht mehr ständig bewohnt, verfiel die Burg seit dem 16. Jahrhundert. Gegen Ende des Jahrhunderts plünderten zudem niederländische Soldaten die Anlage. Im Dreißigjährigen Krieg besetzten die Schweden die Nürburg, die 1689 von französischen Truppen endgültig zerstört wurde und zeitweise als Steinbruch diente. Die preußische Domänenverwaltung übernahm 1815 die Burg, die ab 1846 gesichert und restauriert wurde. Ab 1970 erhielten die Flankierungstürme der Zwinger neue Kegeldächer.

Südlich der Hauptburg liegt die große, zwischen dem 12. und 14. Jahrhundert entstandene Vorburg, deren Ringmauer mit der Burg verbunden ist. Hier lagen Wirtschaftsgebäude und vermutlich einige Burgmannensitze sowie die 1202 genannte Kapelle. Von dort aus gelangt man zu einem ersten Torbau und weiter durch ein Doppeltor zum Nordzwinger. Über eine Rampe geht es zum äußeren Tor der Burg und zum Burghof.

Luftbild der Nürburg (Foto: Wolkenkratzer)

ZOLLBURG PFALZGRAFENSTEIN

Stadt Kaub/Rhein

oben und rechts: Pfalzgrafenstein, Innen- und Außenansichten

Pfalzgrafenstein mit Oberwesel im Hintergrund

Die auf der Felsklippe Falkenstein mitten im Rhein mit einem Abstand von 110 Metern zum rechten und 160 Metern zum linken Ufer erbaute Zollburg gehört zu den bekanntesten und zu den am meisten fotografierten Motiven am Rhein. Das trutzige Bauwerk stemmt sich geradezu der Kraft des Wassers entgegen. Victor Hugo schrieb 1862 anlässlich einer Rheinreise in sein Tagebuch, der Pfalzgrafenstein sei „ein steinernes Schiff, ewig auf dem Rheine schwimmend, ewig angesichts der Pfalzgrafenstadt vor Anker liegend."

Ludwig der Bayer (1285–1347), Pfalzgraf bei Rhein und später deutscher König und Kaiser, hat die heute mit Turm und Ringmauer, mit Dachformen und Erkern sich so malerisch darbietende Anlage ab 1326 errichten lassen. Zunächst entstand der fünfeckige, sechsgeschossige Turm, dessen Spitze rheinaufwärts gerichtet ist und als Eisbrecher dienen sollte. Die 12 Meter hohe Ringmauer mit zwei Wehrgängen folgte ca. 1338–1342. Der Grundriss der Anlage bildet ein langgezogenes Sechseck mit 51 x 21 Metern. Die südliche Spitze verstärkte man 1607 durch einen Bastionsvorbau mit Geschützstand. Die Innenräume des Zweckbaus sind sehr einfach gehalten, was auch für die ehemalige Wohnung des Kommandanten gilt. Erst nachdem beide Rheinseiten nach dem Krieg von 1866 preußisch geworden waren, endete der Zollbetrieb. Bis in die 1960er Jahre diente die Burg als Signalstation der Rheinschifffahrt, seitdem nur noch als Museum. Um die einstige Bedeutung der Zollburg ermessen zu können, muss man wissen, dass bis ins 19. und sogar 20. Jahrhundert der Schiffsverkehr fast ausschließlich zwischen Kaub und dem Pfalzgrafenstein erfolgte, die Fahrrinne flussabwärts also rechts von der Burg lag, so dass die Zollerhebung eine sichere und ergiebige Einnahmequelle war. Und man sollte sich vergegenwärtigen, dass die Schiffer zwischen Mainz und Köln gleich an zwölf Stellen Zölle zu entrichten hatten.

Historisch und militärisch höchst bedeutsam wurde das Geschehen zum Jahreswechsel 1813/14, als während der Befreiungskriege Feldmarschall Gebhard Leberecht von Blücher in der Neujahrsnacht im Bereich der Burg mit 60 000 oder sogar 90 000 Soldaten, 20 000 Pferden und 200 Geschützen den Rhein überquerte, um Napoleons Truppen zu verfolgen und seine Gewaltherrschaft zu beenden.

Mit einer Personenfähre ist von Kaub aus die Pfalz bzw. der Pfalzgrafenstein zu erreichen und zu besichtigen.

BURG REICHENSTEIN

Gemeinde Trechtingshausen/Rhein

Burg Reichenstein, auch als Falkenburg bezeichnet, steht auf einem Bergvorsprung über dem Rhein und bietet dem Besucher ein Burgmuseum mit umfangreichen Kunstsammlungen, Wohnräume aus der Zeit um 1900, ein Hotel und ein Restaurant sowie natürlich die großartige Lage über dem Rhein.

Die Hangburg wurde angeblich schon im 11. Jahrhundert durch die Abtei Kornelimünster gegründet, die ihre dortigen Besitzungen sichern wollte. Urkundlich wird sie jedoch erst 1213 anlässlich der Einsetzung Philipps III. von Bolanden als Vogt erstmals erwähnt. König Rudolf von Habsburg eroberte und zerstörte 1282 die Burg, die als übles Raubritternest galt. Die Ruine kam an die Pfalzgrafen und 1344 an Kurmainz, das den Wiederaufbau betrieb. Ein rechteckiger, von einer doppelten Ringmauer gesicherter Wohnturm entstand. Die Vorburg lag nördlich davon. Seit dem 16. Jahrhundert verfiel die Anlage, deren Reste 1689 von den Franzosen gesprengt wurden. Der preußische Generalmajor Franz Wilhelm August von Barfus-Falkenburg (1788–1863) erwarb 1834 die Burgruine und richtete sich einen Wohnsitz ein. Seine Erben verkauften 1877 an den Freiherrn von Rehfuß, dieser wiederum 1889 an den Konsul Chosodowsky. Das heutige Erscheinungsbild geht allerdings auf den Industriellen Baron Nikolaus von Kirsch-Puricelli zurück, der sich 1899-1902 eine repräsentative neugotische Wohnburg mit Aussichtsturm errichten ließ.

Von der ursprünglichen Anlage hat sich vor allem die um 1300 erbaute, nördlich gelegene 16 Meter hohe Schildmauer mit einer Mauerstärke von bis zu acht Metern erhalten. Die dahinter liegende Kernburg besaß einen Innenhof mit dem Wohnturm in der südöstlichen Ecke. Eine doppelte Ringmauer an der Rheinseite umschließt die Anlage, die heute beispielhaft die großbürgerliche Wohnkultur der Zeit um 1900 dokumentiert.

Die Burg befindet sich wieder in Familienbesitz, nachdem der Vorbesitzer sie nicht mehr halten konnte. Der Verleger Lambert Lensing-Wolff hat das Anwesen zurückgekauft und präsentiert im Burgmuseum u. a. die Geschichte seiner Familie.

BURG UND FESTUNG RHEINFELS

Stadt St. Goar/Rhein

Auf einem Bergrücken zwischen dem Rheintal und dem Gründelbachtal erhebt sich in Spornlage eine der größten und bedeutendsten Burgruinen am Rhein. Sie spielte eine besondere Rolle für die Bauvorhaben der Grafen von Katzenelnbogen im 14. Jahrhundert wie für die Landgrafen von Hessen-Kassel bezüglich ihres Schloss- und Festungsbaus zwischen dem 16. und 18. Jahrhundert. Und sie ist heute außergewöhnlich bedeutsam für die zahlreichen Besucher der Ruine, des Restaurants oder des Romantik Hotels Schloss Rheinfels.

Anstelle einer älteren im Tal gelegenen Burg ließ Diether V. von Katzenelnbogen ab 1245 Burg Rheinfels als Zollburg für die rheinaufwärts fahrenden Schiffe errichten. Schon 1255/56 hielt sie einer einjährigen Belagerung durch den Rheinischen Städtebund stand. Im 13. Jahrhundert erfolgte die Teilung der Grafschaft Katzenelnbogen in die Obergrafschaft um Darmstadt und die Niedergrafschaft um die Burg Rheinfels, die zwischen 1360 und 1370 mit dem Bau des Frauenhauses samt Eckturm und Treppenturm und mit der starken Schildmauer mit den flankierenden Türmen einen großzügigen Ausbau erlebte. Graf Wilhelm II. ließ außerdem 1370 Burg Neukatzenelnbogen bauen, kurz Burg Katz, um auch den Zoll der rheinabwärts fahrenden Schiffe kontrollieren zu können. Der St. Goarer Doppelzoll war natürlich bei Kaufleuten und Händlern nicht gerade beliebt. 1402 legte man die beiden Grafschaften wieder zusammen, und in der Folgezeit entwickelte sich auf Burg Rheinfels ein reges höfisches Leben. Auf dem Erbweg kamen Burg und Grafschaft 1479 an Landgraf Heinrich III. von Hessen-Marburg und nach

Burg und Festung Rheinfels in St. Goar am Rhein

Rheinansicht der Burg und Festung Rheinfels in St. Goar am Rhein (Foto: Rainer Lippert)

dem Aussterben dieser Linie an Wilhelm II. von Hessen, der damit wieder über die ganze Grafschaft Hessen gebot. Unter Philipp dem Großmütigen wurde die Burg zu einem repräsentativen Renaissanceschloss ausgebaut. Nach seinem Tod fiel Rheinfels an Hessen-Darmstadt, wurde zwischenzeitlich jedoch von Hessen-Kassel erobert. Man einigte sich auf eine Teilung von Burg Rheinfels und Stadt St. Goar. Hessen-Kassel blieb mit der Nebenlinie Hessen-Rheinfels im Besitz der Burg, die zwischen 1657 und 1674 zu einer starken Festung umgebaut und erweitert wurde. Im Pfälzischen Erbfolgekrieg verteidigten 3 000 hessische Soldaten die Burg gegen 28 000 Franzosen, die nach schweren Verlusten schließlich abziehen mussten. Im Siebenjährigen Krieg war die Anlage allerdings waffentechnisch bereits unterlegen, so dass die Franzosen die Festung kampflos besetzen konnten. Französische Revolutionstruppen konnten sie 1794 erneut kampflos übernehmen, nachdem sich die Verteidiger fluchtartig auf das rechte Rheinufer zurückgezogen hatten. Diesmal zerstörten die Franzosen die Anlage, sprengten 1796 die Außenwerke und im folgenden Jahr Schloss und Bergfried. Die Ruine wurde 1812 versteigert und diente zeitweise als Steinbruch. 1843 erwarb der spätere Kaiser Wilhelm I. die Anlage und rettete sie vor einem unrühmlichen Ende. Seit 1925 ist die Stadt Goar im Besitz der Burg.

Festung Rheinfels in St. Goar am Rhein, Blick von der Vorburg zur Hauptburg mit dem Uhrturm

Durch den um 1300 entstandenen 21 Meter hohen Uhrenturm gelangt man heute zum dreigeschossigen Palas oder Darmstädter Bau. Zwischen Uhrturm und Palas, dem einstigen Halsgraben der Burg, liegt der Große Keller, der mit einer Länge von 24 sowie einer Breite und Höhe von 16 Metern der größte frei tragende Gewölbekeller Europas ist. Durch ein Tor führt der Weg weiter in die Kernburg des 13. Jahrhunderts und durch die nordwestliche Schildmauer ins Gelände der Vorburg.

BURG RHEINSTEIN

Gemeinde Trechtingshausen/Rhein

Als ein Juwel unter den zahlreichen Rheinburgen und als Symbol der Rheinromantik erhebt sich auf der linken Rheinseite auf einem 90 Meter hohen Felssporn die einstige Zollburg, die bis heute mit ihrer mittelalterlichen Atmosphäre verzaubert.

Philipp von Hohenfels soll die Burg um 1260 als eine Art Vorburg zur benachbarten Burg Reichenstein errichtet haben. Nach anderer Überlieferung kommt der Mainzer Erzbischof Peter von Aspelt (1306–20) als Bauherr in Frage, der sich mit der Burg gegen das von der Kurpfalz beanspruchte Reichenstein abzusichern suchte. Dendrochronologische Untersuchungen sprechen für einen Baubeginn um 1316/17. 1323 ist die Burg jedenfalls in Mainzer Besitz. Ihre Aufgabe gegen Reichenstein verlor sie zwar nach deren Verkauf 1344 an Mainz, aber sie wurde dennoch weiter ausgebaut. Im 16. Jahrhundert setzte jedoch der Verfall ein, und im Pfälzischen Erbfolgekrieg war die Anlage bereits so heruntergekommen, dass die Franzosen sie nicht einmal mehr zu sprengen brauchten. Karl Friedrich Schinkel lernte die Burg 1816 kennen und schuf Pläne für einen möglichen Wiederaufbau. Prinz Friedrich von Preußen entschloss sich daraufhin zum Kauf der Ruine und ließ sie in seinem Sinn und in enger Anlehnung an Schinkels Pläne von Johann Claudius von Lassaulx und später von Wilhelm Kuhn als erste der verfallenen oder zerstörten Rheinburgen wieder aufbauen. 1820 erhielt sie

Burg Rheinstein

auch ihren heutigen Namen Rheinstein. Zuvor hieß sie Vautzburg oder Voigtsburg. In der Krypta der 1844 vollendeten Burgkapelle wurden 1863 Prinz Friedrich von Preußen, 1882 seine Gemahlin Prinzessin Luise und 1902 ihr Sohn Prinz Georg bestattet. Barbara Irene Prinzessin von Preußen und Herzogin von Mecklenburg bot ihre Burg 1973 zum Kauf an. Leider fiel sie auf einen aus England stammenden Hochstapler herein, dem nur daran gelegen war, die kostbare Einrichtung zu Geld zu machen. Er wurde zwar bald entlarvt, der angerichtete Schaden aber war nicht mehr rückgängig zu machen. Außerdem verschlechterte sich die Bausubstanz in einem solchen Maß, dass nicht einmal das Land Rheinland-Pfalz bereit war, die Burg zu übernehmen. Glücklicherweise fand sich der Opernsänger Hermann Hecher 1975 bereit, Burg Rheinstein zu kaufen und unter größten Opfern und mit Unterstützung eines Fördervereins und der Denkmalpflege das Anwesen wieder instand zu setzen. Seine Erben tragen bis heute dankenswerterweise die schwere Bürde, Burg Rheinstein zu erhalten.

Nachdem man den serpentinenartig in die Höhe führenden Zugangsweg bewältigt und das Burgtor durchschritten hat, zahlt man nicht etwa Eintritt, sondern entrichtet einen maßvollen Burgzoll. Man gelangt in den länglichen Hof der heutigen Vorburg, der früher als Halsgraben bzw. Zwinger diente. Danach ist die Burg nach eigenem Gutdünken zu durchstreifen. Beim Rundgang erwarten den Besucher Glasmalereien des 14. bis 19. Jahrhunderts, Freskomalerei mit kunstvoller Illusionsmalerei, antike Möbel des 17. bis 19. Jahrhunderts, Rüstungen und Zubehör aus dem 15. Jahrhundert, die neugotische Burgkapelle mit ihrer Preußengruft und liebevoll angelegte Gärten und Terrassen. Besonders beeindruckend sind natürlich die Lage auf steilem Felsen über dem Rhein und die romantisierende Architektur der einstigen Wohnturmanlage, in der noch große Teile des mittelalterlichen Bauwerks erhalten geblieben sind.

Blauer Salon (oben) und Rittersaal (unten) von Burg Rheinstein

SCHÖNBURG

Schönburg, Rheinansicht

Stadt Oberwesel/Rhein

Die weitläufige, auf einem Felsrücken errichtete Schönburg, die ihrem Namen alle Ehre macht, ist nicht nur eine der großartigsten und eindrucksvollsten Burganlagen am Rhein, sie lädt nicht nur zum Besuch des Burgmuseums und/oder des romantischen Burghotels und Restaurants ein, sondern ist auch noch Sitz einer Jugendburg des Kolpingwerks.

Die Schönburg wird angeblich schon 966 in einer Urkunde Ottos I. des Großen erwähnt, der die Burg und die umliegenden Ländereien dem Erzbistum Magdeburg übergeben haben soll. Daher wird die Burg als magdeburgische Gründung oder als Reichsburg gesehen. Gesichert ist ihre Existenz im 12. Jahrhundert, denn 1149 wurde sie als Lehen Hermann von Stahlecks erwähnt, der damals auf der Schönburg Otto II. von Rheineck ermorden ließ, seinen Konkurrenten um die Pfalzgrafschaft bei Rhein. Im 14. Jahrhundert gelangte die Schönburg in den Besitz Kurtriers. Als Burggrafen und Vögte wirkten die Ritter von Schönburg. Mitte des 13. Jahrhunderts spaltete sich das Geschlecht in mehrere Linien auf, die gemeinsam die Burg bewohnten, die damit zu einer Ganerbenburg mit drei Wohnbauten und drei Bergfrieden wurde. Höhepunkt des Ausbaus war die Errichtung der in voller Höhe erhalten gebliebenen mächtigen Schildmauer, des Hohen Mantels, der vermutlich unter Erzbischof Balduin von Trier in der ersten Hälfte des 14. Jahrhunderts entstand. Schon Anfang des 16. Jahrhunderts befand sich die Anlage in einem schlechten baulichen Zustand. Und dann verwüsteten und zerstörten 1689 auch noch die Franzosen die Burg. Der Deutsch-Amerikaner T. I. Oakley Rhinelander kaufte

schließlich die Ruine und ließ sie ab 1885 teilweise wieder aufbauen. Die im 18. Jahrhundert in die USA ausgewanderte Familie war durch Immobiliengeschäfte zu einem beträchtlichen Vermögen gekommen. Ihr gehörte beispielsweise in New York das Land um die heutige Wall Street. Nach dem Tod Rhinelanders 1947 kaufte die Stadt Oberwesel 1950 die Burg. Im nördlichen Teil richtete man ab 1951 die Jugendburg ein, der südliche Teil wurde zu einem Hotel umgestaltet. Und der 25 Meter hohe Torturm dient seit 2011 als Museum, das vor allem über Burgenbau und Denkmalpflege informiert. Die Aussichtsplattform auf dem Turm belohnt den Besucher mit einem einzigartigen Ausblick über das Rheintal.

Schönburg von Westen

Luftbild der Schönburg (Foto: Fritz Geller-Grimm)

Vom nahe gelegenen Parkplatz aus bietet sich dem Besucher der höchst beeindruckende Anblick der überaus wehrhaft wirkenden, gut 18 Meter hohen, 60 Meter langen und 2,5 Meter dicken Schildmauer mit abschließendem Wehrgang, an die sich rechts zur Rheinseite hin die Hotelbauten um den Barbarossaturm anschließen. Über den tiefen Halsgraben und durch das Burgtor kommt er in den unteren Burghof, den Bereich der ehemaligen Vorburg, wo noch Reste alter Gebäude und Spuren ehemaliger Wehrgänge zu sehen sind. Man gelangt zwischen der Innenseite der Schildmauer und dem südlichen Palas bzw. den heutigen ebenfalls hoch aufragenden Hotelbauten hindurch zum quadratischen Torturm und zum mittleren Burghof. Die Maße des im 13. Jahrhundert errichteten Turms weisen ihn als Wohnturm aus. Heute dient er als Museum. Nördlich des mittleren Burghofs befindet sich die

einstige Nordburg aus dem 12. Jahrhundert, der älteste Teil der Schönburg mit eigenem Bergfried und ehemaligem Palas. In den heutigen Bauten der Jugendburg bzw. des Kolpinghauses lassen sich Palas und der Rest des Bergfrieds noch erkennen. An der Stelle des mittleren Burghofs befand sich ursprünglich ein Halsgraben, der aber im 13. Jahrhundert mit dem Ausbau der Burg nach Süden überflüssig wurde. Südlich liegen die Kapelle und die äußere Wehrmauer des oberen Burghofs, den die heutigen Hotelbauten einnehmen. Hier lebten einmal zwei Familienzweige, so dass auch zwei Bergfriede errichtet wurden, von denen der eine als Gefängnis diente und der andere den Namen Barbarossaturm erhielt, weil sich Kaiser Friedrich Barbarossa mehrmals auf der Schönburg aufhielt.

Schönburg von Nordwesten

Burghof der Schönburg

Die Schönburg beeindruckt mit ihrer einzigartigen Schildmauer, ihren vielgestaltigen Bauten und ihren Türmen und gehört zu den mächtigsten Burgen des Rheinlands überhaupt. Ihr Erscheinungsbild verrät bis heute, dass es zwischen den Lehnsherren und ihren Lehnsleuten immer wieder Auseinandersetzungen gegeben hat, vor denen man sich zu schützen suchte.

BURG SOONECK

Gemeinde Nieder-heimbach/Rhein

Burg Sooneck

Die unübersehbar und stolz auf dem nordöstlichen Steilhang des Soonwaldes thronende Hangburg könnte der Fantasie eines Märchenerzählers entsprungen sein. Sagenumwoben verkörpert sie geradezu das Idealbild einer mittelalterlichen Ritterburg und damit in großartiger Weise die Rheinromantik des Mittelrheintals.

Sie wurde urkundlich zuerst 1271 erwähnt. Die Herrren von Hohenfels verwalteten sie als Vögte der Reichsabtei Kornelimünster. Rudolf von Habsburg belagerte, eroberte und zerstörte sie 1272 als Raubritterburg. Der damalige Vogt wurde hingerichtet. Erst nachdem Burg und Vogtei an Kurmainz gekommen waren, durfte die Burg wieder aufgebaut werden. Ritter Johann Marschall von Waldeck erhielt 1346 das Lehen und baute die Burg neu auf. Nach seinem Tod fiel sie an seine Erben und wurde Ganerbenburg. Die Waldecker starben 1553 aus, und so wurden die Herren von Breidbach zu Bürresheim alleinige Lehnsträger. Nachdem auch sie ausgestorben waren, setzte der Verfall der Burg ein, die 1689 von den Franzosen endgültig zerstört wurde.

Das Schicksal meinte es gut mit der Ruine, denn der preußische Kronprinz und spätere König Friedrich Wilhelm IV. kaufte 1834 mit seinen Brüdern das Anwesen. Burg Sonneck erhielt nach dem Wiederaufbau von 1843–61 durch den Militärarchitekten Carl Schnitzler als Jagdschloss eine neue Zukunft. Heute ist die Generaldirektion Kulturelles Erbe Rheinland-Pfalz für die Burg zuständig, die im Rahmen einer Führung besichtigt werden kann.

Die ehemaligen Wohnräume zeigen Möbel aus dem Empire, dem Biedermeier und aus neugotischer Zeit, Gemälde und andere Kunstwerke, Rheinansichten und eine kleine Waffensammlung. Da Sooneck nach dem Zweiten Weltkrieg seine originale Ausstattung verlor, sind die heutigen Objekte erst danach zusammengetragen worden.

Die im Kern wohl aus dem 12. Jahrhundert, eventuell sogar aus dem 11. Jahrhundert stammende und im 14. Jahrhundert wieder aufgebaute Burg birgt in den Außenmauern noch große Teile der historischen Bausubstanz. Der Besucher betritt die Anlage durch das Eingangstor und sieht gleich links das Kastellanshaus. Über den Hof gelangt er zum Söller und zum Südturm, von wo er eine großartige Aussicht ins Rheintal erhält. Die große Vorburg zieht sich den Hang hinunter und ist durch weitere Mauern gesichert. Die Kernburg erhebt sich auf dem höchsten Punkt des Felsens. Sie besitzt einen ungefähr rechteckigen Grundriss. Rheinseitig steht der dreigesschossige Wohnbau. Über einen kleinen Innenhof gelangt man zum hoch aufragenden quadratischen Bergfried.

BURG STAHLECK

Auf einem Bergsporn rund 160 Meter über Bacharach erhebt sich eindrucksvoll die Burg, die heute als Jugendherberge dient. Die 55 x 24 Meter große Anlage ist im Wesentlichen eine Rekonstruktion des 20. Jahrhunderts, die sich stark an einem Merian-Stich orientierte. Rheinseitig steht der zweigeschossige Palas, südöstlich davon der Küchenbau. Der beherrschende Bergfried, ursprünglich im 12. Jahrhundert errichtet, ist ebenfalls ein Neubau, der erst 1966/67 mit geringerer Mauerstärke vollendet war. Bergseitig wird die Burg durch einen Halsgraben und durch die imposante Schildmauer mit den abschließenden Ecktürmen gesichert.

Das einstige kurkölnische Lehen entstand um die Wende vom 11. zum 12. Jahrhundert und war nicht nur ein mächtiges Bollwerk, sondern dank der Stapelrechte Bacharachs zeitweise auch Zollburg. Als erster Lehnsnehmer der Burg wird 1120/21 Goswin von Falkenburg erwähnt, der sich anschließend Goswin von Stahleck nannte. Sein Sohn heiratete die Schwester König Konrads III. und wurde mit der Pfalzgrafschaft bei Rhein belehnt. Kaiser Barbarossa übertrug sie 1156 seinem Halbbruder Konrad von Hohenstaufen. 1214 kam die Pfalzgrafschaft an Otto von Wittelsbach. Burg Stahleck wurde künftig von Burggrafen und seit dem 15. Jahrhundert von Amtmännern verwaltet und verlor zunehmend an Bedeutung. Im Dreißigjährigen Krieg wurde sie mehrfach belagert und erobert und von den Franzosen 1689 gesprengt. Die Trümmer zerstörten damals auch die unterhalb liegende gotische Wernerkapelle. Der Rheinische Verein für Denkmalpflege erwarb schließlich 1909 die Ruine und ließ sie ab 1925 durch Ernst Stahl auf den alten Grundmauern als Jugendherberge wieder aufbauen.

Stadt Bacharach/Rhein

Burg Stahleck, Rheinansicht

BURG STOLZENFELS

Stadt Koblenz

Zu den bekanntesten der im 19. Jahrhundert wieder aufgebauten Burgen oder Schlösser am Rhein zählt die auf der linken Rheinseite gelegene malerische Anlage der Hangburg Stolzenfels bei Koblenz. Die ursprünglich aus dem 13. Jahrhundert stammende und 1689 zerstörte kurtrierische Zollburg präsentiert sich mit Park und Gärten, ihren Türmen und ihrem vielgestaltigen Erscheinungsbild als ein kunst- und kulturgeschichtlich bedeutendes Werk des Historismus und herausragendstes Beispiel der Rheinromantik.

Der preußische König Friedrich Wilhelm IV. ließ die Ruine 1836–1842 als Sommerresidenz wieder aufbauen. Die rheinseitig vorspringende neugotische Kapelle war 1847 vollendet. Die Pläne lieferte Johann Claudius von Lassaulx. Aus Kostengründen wurden sie erst nach der Überarbeitung durch Karl Friedrich Schinkel umgesetzt. Nach seinem Tod 1841 führten Friedrich August Stüler und Ludwig Persius den Basu weiter. Der König verlangte ausdrücklich die Einbeziehung der noch erhaltenen historischen Bausubstanz. Ausgestattet wurde das Schloss mit mittelalterlichen oder dem Mittelalter verpflichteten, handwerklich vorzüglich ausgeführten

Burg Stolzenfels, Rheinansicht

Möbeln und Kunstwerken. Die ebenfalls der romantischen Zeitströmung zuzurechnende Umgebung gestaltete der berühmte Gartenarchitekt Peter Joseph Lenné. 1845 kamen hohe Gäste, denn die britische Königin Victoria beehrte Schloss Stolzenfels mit ihrem Besuch. Heute kommen alljährlich um die 250 000 Besucher. Nach dem Ende der preußischen Monarchie 1918 kam das Schloss in staatliche Hände und wird heute von der Generaldirektion Kulturelles Erbe Rheinland-Pfalz betreut. In den letzten Jahren haben umfangreiche Sanierungen dem Schloss wieder zu altem Glanz verholfen.

Die Brücke über den Hirschgraben führt zum Tor und zum Wärterhaus und in den äußeren Burghof. Durch das innere Burgtor mit seinem polygonalen Treppenturm gelangt man in den Innenhof. Gleich links erhebt sich als ältester erhaltener Bau der fünfeckige, 34 Meter hohe Bergfried aus dem 13. Jahrhundert, dessen mit einem Wehrgang versehene Schildmauer der spitzen Form des Bergfrieds folgt. Rechts steht rheinseitig der dreigeschossige Wohnturm aus dem 14. Jahrhundert, in dem sich der kleine Rittersaal befindet, dessen

Burg Stolzenfels (Foto: Holger Weinandt)

Luftbild der Burg Stolzenfels (Foto: Fritz Geller-Grimm)

oben: Burg Stolzenfels, Großer Rittersaal (links) und Kapelle (rechts)

unten: Burg Stolzenfels, Innerer Schlosshof mit Blick auf den Arkadenbau (Foto: Holger Weinandt)

Fresken ritterliche Tugenden verherrlichen: Treue, Tapferkeit, Minne, Gerechtigkeit, Beständigkeit. Von hier aus kann man zur neugotischen Kapelle gelangen. An den Wohnturm schließt sich der Saalbau an, der ebenfalls im 14. Jahrhundert entstandene Palas. Aus der gleichen Zeit stammen die Ringmauer um den heutigen Pergolagarten, der Adjutantenturm und die anschließende Bogenmauer. Das zum Zwinger hin offene Untergeschoss des Palas dient als Sommerhalle bzw. Gartensaal. Darüber liegt der große Rittersaal, über dem sich wiederum die Gemächer der Königin befinden. Das gemeinsame Schlafzimmer verband sie mit den Räumlichkeiten des Königs im gegenüberliegenden westlichen Gebäudetrakt. Eine Arkadenhalle verbindet beide Gebäude und führt zum Pergolagarten hinunter, der als zentrales Element ein einer gotischen Fensterrose nachempfundenes Blumenbeet zeigt. Den Abschluss bildet der Adjutantenturm. Vom Garten aus gelangt man auf die große Rheinterrasse und zum nördlich anschließenden Zwinger.

Schloss Stolzenfels konnte schon kurz nach dem Wiederaufbau besichtigt werden, wenn der König nicht anwesend war, und ist bis heute ein überaus beliebtes Touristenziel geblieben. Im Rahmen einer Führung erleben die Besucher fürstliche Wohnkultur und Geisteshaltung der Mitte des 19. Jahrhunderts und bekommen original ausgestattete Räumemit bedeutenden Wandmalereien, Möbeln oder mit Sammlungen von Waffen oder Trinkgefäßen zu sehen. Im Pergolagarten oder den anderen Gartenanlagen können sich die Besucher dann erholen und den großartigen Ausblick über das Rhein- und Lahntal genießen.

BURG THURANDT

Gemeinde Alken/Mosel

Die romantische Doppelburg mit ihren charakteristischen beiden Bergfrieden erhebt sich in beherrschender Lage auf einem lang gezogenen Bergsporn hoch über der Mosel und bietet großartige Ausblicke ins Moseltal sowie über Eifel und Hunsrück. Und sie bietet einmalige Gastfreundschaft mit dem Ferienhaus innerhalb der Anlage.

Die auf dem Bergsporn gefundenen Münz- und Keramikfunde deuten auf eine frühe römische Besiedlung hin. Die erste urkundliche Erwähnung der Burg stammt erst aus dem Jahr 1209. Ein erster Wehrbau entstand vor 1200 unter Pfalzgraf Heinrich I. aus dem Geschlecht der Welfen, der Herrschaftsansprüche seines Bruders, Kaiser Ottos IV., zu unterstützen suchte. Der Pfalzgraf gab der Burg ihren Namen nach der Burg Toron bei Tyrus (Syrien), die er im 3. Kreuzzug 1192 belagert hatte. 1214 übertrug Kaiser Friedrich II. die Burg als Reichslehen den Wittelsbachern. Aber auch die Erzbischöfe von Köln und Trier meldeten Ansprüche an und konnten sich durchsetzen. Seit der Mitte des 13. Jahrhunderts befand sich die Burg also in ihrem Besitz. Sie setzten nicht nur eigene Burggrafen ein, sondern errichteten auch eigene Bergfriede sowie Wohn- und Wirtschaftsgebäude. Im 16. Jahrhundert verfiel die Burg und wurde im Pfälzischen Erbfolgekrieg schließlich zur Ruine. 1911 kaufte der Industrielle Robert Allmers (1872–1951) aus Varel die Ruine und ließ sie teilweise wieder aufbauen. Sie befindet sich immer noch in Privatbesitz, ist aber für die Öffentlichkeit zugänglich.

Luftbild der Burg Thurandt

Burg Thurandt, Moselansicht

Durch den Anfang des 20. Jahrhunderts entstandenen Torbau gelangt man in den Innenhof der Trierer Burg. Hier stehen der 20 Meter hohe Bergfried (Trierer Turm) und moselseitig das Herrenhaus, ein Wohngebäude, das 1960–62 auf den Fundamenten des von amerikanischer Artillerie im Zweiten Weltkrieg zerstörten Vorgängerbaus errichtet wurde. Ein zweites Tor bildet den Zugang zum Ehrenhof, in dem sich eine große Zisterne erhalten hat und in dem ein dreistöckiges Gebäude steht, das als Ferienwohnung dient. In seinem Erdgeschoss liegt die Kapelle mit ihren alten Wand- und Deckenmalereien. Daneben steht noch das Erdgeschoss des Trierer Palas.

Die Kölner Burg war ursprünglich nur durch das Pfalzgrafentor erreichbar, durch das man in den Innenhof gelangte, den zwei Rundtürme sicherten. Hier steht auch die Ruine des Kölner Palas, den französische Truppen 1812/13 zerstörten, so dass nur Keller und Erdgeschoss erhalten geblieben sind sowie Teile der Außenwände.

Luftbild der Burg Thurandt

Erwähnenswert ist noch das Jagdhaus am nördlichen Ende der Anlage, das auf alten Grundmauern steht. Das Untergeschoss dient als Ausstellungsraum. Der Bau ist mit dem Kölner Turm, dem zweiten Bergfried, verbunden. Das einstige Verlies zeigt alte Skelette und die einzelnen Geschosse stellen Folterwerkzeuge zur Schau. Vom Turm aus hat man eine grandiose Aussicht über die Burg und ihre Umgebung.

REICHSBURG TRIFELS

Gemeinde Annweiler am Trifels

Trifelsburgen (oben) und Reichsburg Trifels (unten, Fotos: Richard W. Gassen)

Die Felsenburg Trifels thront in 494 Meter Höhe auf dem Sonnenberg über Annweiler im Wasgau im südlichen Pfälzerwald. Die allgemein als die vornehmste Königsfeste der Stauferzeit geltende Anlage steht auf einem steilen, 145 Meter langen Buntsandsteinfelsen, der bis zu 40 Meter breit ist. Die 1081 erstmals genannte Burg ist wohl eine salische Gründung. Allerdings vermutet man, aus Pfostenlöchern in der Vorburg auf eine vorsalische Holzburg schließen zu können. Zwischenzeitlich im Besitz der Mainzer Erzbischöfe, kam die Burg 1113 an Kaiser Heinrich V. zurück und verblieb im Besitz der Salier und anschließend der Staufer, die sie zur bedeutenden Reichsburg ausbauten. Sie diente im 12. und 13. Jahrhundert mehrfach und jeweils für längere Zeit als Aufbewahrungsort der Reichsinsignien, was zu der Behauptung führte: „Wer den Trifels hat, hat das Reich." An diese große Zeit erinnern die in der Burg zu sehenden Nachbildungen der Reichsinsignien. Besondere Berühmtheit erlangte Burg Trifels durch die Inhaftierung des englischen Königs Richard Löwenherz 1193/94, der seine Freiheit erst durch Zahlung eines wahrlich königlichen Lösegelds an Kaiser Heinrich VI. nach fast zwei Jahren wiedererlangte, von denen er aber wohl nur eine Zeit zwischen drei Wochen und einem Jahr auf dem Trifels verbringen musste.

Der 50 Meter hohe Burgfelsen ist dreifach gespalten und hat der Burg den Namen Trifels = dreifacher Fels eingebracht. Lage und einstige Bedeutung der in freier Rekonstruktion wieder aufgebauten Burg haben sie zu einem der ganz großen touristischen Ziele in Rheinland-Pfalz gemacht.

Natürlich ist der Trifels wie so viele andere Burgen sagenumwoben. Nach einer Variation der bekannten Kyffhäusersage soll auch im Trifels ein Kaiser

Reichsburg Trifels (Foto: Richard W. Gassen)

Kaisersaal der Reichsburg Trifels (Foto: Richard W. Gassen)

schlafen, auf dessen Rückkehr als Friedenskaiser das Volk gehofft haben mag. Dabei soll es sich um Friedrich II. gehandelt haben. Aber auch Friedrich Barbarossa oder Karl der Große werden in Sagenversionen genannt.

Die Anfänge der Burg gehen auf das 11. Jahrhundert zurück. Gegen Ende des 12. Jahrhunderts entstand der Hauptturm. Um 1230 ist die zweite Bauphase des Palas anzusetzen sowie der Bau des Brunnenturms und der Ringmauer. Im 14. Jahrhundert verpfändete man den Trifels an verschiedene Territorialherren. 1410 erfolgte die Übertragung an das Herzogtum Pfalz-Zweibrücken. Ein Blitzschlag zerstörte die Burg 1602, die daraufhin aufgegeben und zeitweise als Steinbruch missbraucht wurde. Erste Wiederaufbauarbeiten begannen 1841. Ausgrabungen vor dem Hauptturm führte man 1935 aus. Und ab 1938 erfolgte nach Plänen von Rudolf Esterer auf den alten Grundmauern der Neubau des Palas zu einer „nationalen Weihestätte". Diesem Zweck galt insbesondere der zweistöckige Kaisersaal, den es in der mittelalterlichen Burg nicht gegeben hat. Die Bautätigkeit setzte sich nach dem Krieg fort. Der Einsturz der nördlichen Ringmauer machte 1973/74 ihren Neubau erforderlich.

Das Erscheinungsbild des Trifels wird durch die aus Turm und Palas bestehende Baugruppe der Oberburg bestimmt. Der mächtige, mit Buckelquadern verkleidete Turm dient als Bergfried, Tor- und Kapellenturm gleichzeitig. Nördlich schließt sich der ab 1938 neu erbaute Palas an.

Wer sich der Mühe unterzieht, auf die Burg Trifels hinaufzusteigen, wird, vor allem im Sommer, nicht nur ins Schwitzen geraten, sondern sich vor allem auf den Weg in die mittelalterliche deutsche Geschichte machen, denn hier hielten sich Könige und Kaiser auf und fällten wichtige Entscheidungen für das Reich und für das ganze Abendland. Nachdem er sich vom Hauch der Geschichte hat umwehen lassen und nachdem er sich von der Architektur hat beeindrucken lassen, kann der Besucher sich auch von der großartigen Aussicht begeistern lassen.

SACHSEN

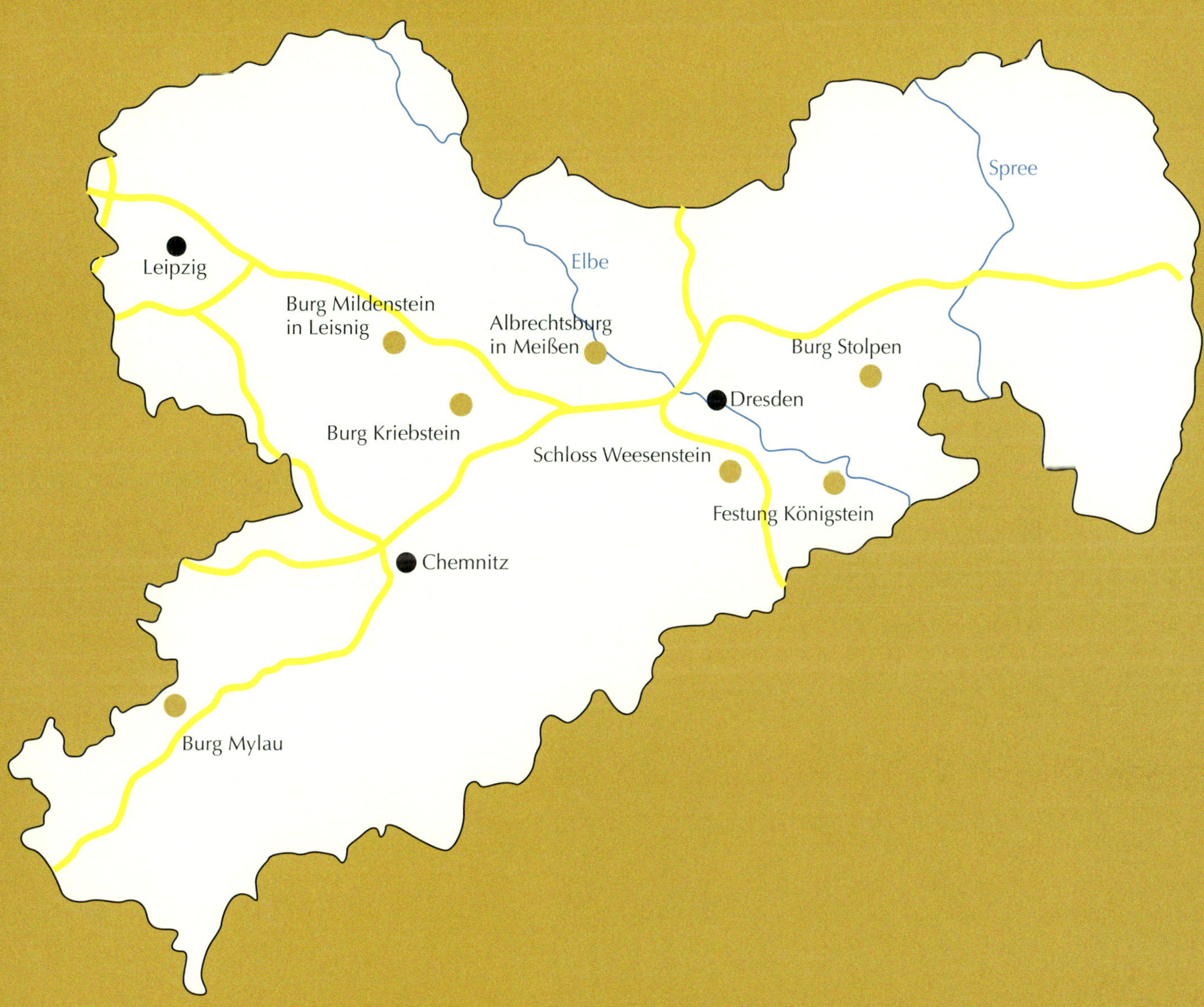
Leipzig
Burg Mildenstein
in Leisnig
Albrechtsburg
in Meißen
Elbe
Spree
Burg Stolpen
Dresden
Burg Kriebstein
Schloss Weesenstein
Festung Königstein
Chemnitz
Burg Mylau

ALBRECHTSBURG IN MEISSEN

Stadt Meißen

In unmittelbarer Nachbarschaft zu Dom und Bischofsburg thront die imposante Meißener Albrechtsburg auf einem Felsen über der Elbe. Wegen dieser exponierten Lage spricht man auch von der „sächsischen Akropolis". Das spätgotische Bauwerk mit seiner wegweisenden Architektur gilt als erster und zugleich repräsentativer Schlossbau in Deutschland. Die Brüder Ernst (1441–1486) und Albrecht von Wettin (1443–1500) haben diese beeindruckende Residenz zwischen 1471 und 1524 durch den berühmten kursächsischen Landesbaumeister Arnold von Westfalen (um 1425–1480 oder 1481) als Wohnsitz und Verwaltungszentrum erbauen lassen, weshalb sie weniger als Wehranlage, sondern vor allem als Schloss diente. Darüber hinaus sollte sie natürlich auch das reichs- und machtpolitische sowie wirtschaftliche Gewicht der Wettiner dokumentieren.

König Heinrich I. hatte schon 929 auf dem Felsen über der Elbe mit der Burg Misni (Meißen) eine erste Befestigungsanlage errichtet, womit nicht nur die urkundlich belegbare Geschichte des Meißener Landes begann, sondern Meißen auch zum Zentrum der Meißener Grenzmark wurde, die Schutz gegen die Slawen im Osten garantieren sollte. Hier regierten die seit 968 bezeugten Markgrafen. Im gleichen Jahr wurde übrigens auch das Bistum Meißen gegründet.

Albrechtsburg in Meißen, Hofseite mit Großem Wendelstein

Es folgte eine äußerst wechselvolle Geschichte, bis auf dem Burgberg gleich drei Herrschaftsbereiche entstanden: ein markgräflicher, ein bischöflicher und ein burggräflicher Bereich mit jeweils eigenen Zugängen. Im 12. Jahrhundert entstanden repräsentative Steinbauten. Die Burg des Burggrafen war anfangs das größte Anwesen auf dem Gelände, doch die Markgrafen setzten sich schließlich immer stärker durch. Nachdem der letzte Burggraf 1426 in einer Schlacht gefallen war und der Markgraf dessen Burg als erledigtes Lehen eingezogen hatte, war der Weg frei für eine großzügige Umgestaltung des Burgbergs.

Den großen Neubau gestaltete Arnold von Westfalen, der mehrere Gebäudeteile plante: den Südflügel neben dem Dom, den Mittelteil mit Großem Wendelstein und Kapellenturm, den Westflügel mit Kleinem Wendelstein sowie ein nicht erhaltenes Küchen- und Wirtschaftsgebäude. Besonders augenfällig ist mit zwei Kellergeschossen, dem Erdgeschoss und drei Obergeschossen der Mittelteil. Vorhangbogenfenster sorgten für den bemerkenswerten Lichteinfall und damit für erstaunlich helle Räume. Die im ganzen Schloss verwandten Zellengewölbe, die die Raumwirkung deutlich steigerten, galten als architektonische Neuerung. Die Dachzone wurde durch ungewöhnlich große Zwerchhäuser betont. Besondere Bewunderung erregte schon damals der Große Wendelstein, ein spektakulärer Schautreppenturm mit einer meisterhaft gestalteten Wendeltreppe, deren geschwungene Stufen um eine filigran gestaltete Spindel in die Höhe führen. Umlaufende Galerien boten der höfischen Gesellschaft die Möglichkeit, Veranstaltungen wie Turniere im Burghof zu beobachten.

Im Innern hatte Arnold ein vielgestaltiges Raumprogramm zu gestalten. Hervorzuheben sind die beiden großen, zweischiffigen Säle im ersten Obergeschoss. Der vom großen Treppenturm aus zu erreichende zentrale Saal, der nicht beheizbar war, konnte als Festsaal genutzt werden. Im nördlich gelegenen, beheizbaren Saal kam zweimal täglich die männliche Hofgesellschaft zu den Hauptmahlzeiten zusammen. An die Säle schlossen sich drei selbständige Appartements mit Wohn- und Schlafräumen an. Im zweiten Obergeschoss lagen die Frauenzimmertafelstube und zwei weitere Appartements.

Die Albrechtsburg hat nie die eigentlich geplante Funktion erfüllt, da noch während der Bauzeit 1485 die wettinischen Besitzungen aufgeteilt wurden und Meißen an die neue albertinische Linie fiel. Daher nutzte man das Schloss, das erst 1676 zur Erinnerung an Herzog Albrecht den Beherzten den Namen Albrechtsburg erhielt, lediglich für Empfänge und Jagdgesell-

Dom und Albrechtsburg in Meißen, Ansicht vom gegenüberliegenden Elbufer

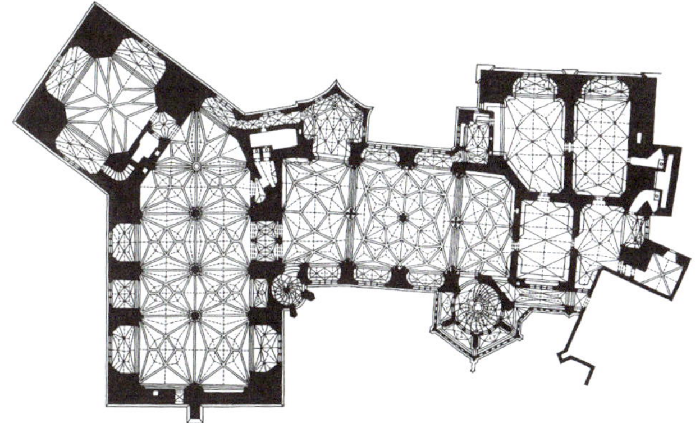

Albrechtsburg in Meißen, Grundriss des Obergeschosses

Albrechtsburg in Meißen, Großer Wendelstein (Foto: Staatliche Schlösser, Burgen und Gärten Sachsen, Albrechtsburg, Bildarchiv, Udo Pellmann)

schaften, ansonsten stand es leer, denn in der Zwischenzeit hatte sich Dresden als Hauptresidenz der albertinischen Kurfürsten durchgesetzt. Erst August der Starke (1670–1733) sollte der Albrechtsburg eine neue Bestimmung geben: als Sitz der 1710 gegründeten ersten Porzellanmanufaktur Europas. Zwei Jahre zuvor hatten Johann Friedrich Böttger und Ehrenfried Walther von Tschirnhaus das „weiße Gold" erfunden. Bis 1863 wurde auf dem Meißener Burgberg das weltberühmte Meißener Porzellan hergestellt. Nach der Umsiedlung der Manufaktur in neue Gebäude erfolgten unter der Leitung des Oberlandbaumeisters Karl Moritz Haenel (1809–1880) aufwendige Restaurierungen und die Wiederherstellung des historischen Erscheinungsbildes der Albrechtsburg.

Nicht zuletzt Mittel aus den französischen Kriegsentschädigungen nach dem Deutsch-Französischen Krieg von 1870/71 erlaubten eine großzügige Ausmalung von 40 Räumen mit 25 Historienbildern, 20 Einzelfiguren, 15 Brustbildern, 11 Architekturansichten und umfangreichen ornamentalen Darstellungen. Thematisch orientierten sich die Bilder an der Geschichte der Burg, der Mark Meißen, des Geschlechts der Wettiner oder der Erfindung des Porzellans. Außerdem ergänzte man die Ausstattung durch Möbel und Türen, durch Waffen und Leuchter, durch Öfen und Kamine.

Die Albrechtsburg wurde 1881 als „Museum vaterländischer Geschichte" der Öffentlichkeit zugänglich gemacht und ist seitdem ein Denkmal sächsischer, dynastischer und deutscher Erinnerungskultur. Die symbolische Strahlkraft des Schlosses wurde unterstrichen durch den Festakt zur Neugründung des Freistaats Sachsen am 3. Oktober 1990.

Die Albrechtsburg wird nach erneuten Restaurierungen heute als Museum genutzt und bietet regelmäßig wichtige Sonderausstellungen. Im Schloss und auf dem Burghof finden vielfältige Veranstaltungen statt: Konzerte und Lesungen, Kabarett und Open-Air-Events. Mehrere historische Räume können für Hochzeiten, Tagungen und andere Feierlichkeiten gemietet werden.

Albrechtsburg in Meißen, Großer Saal (Foto: Staatliche Schlösser, Burgen und Gärten Sachsen, Albrechtsburg, Bildarchiv, Stephan Hoppe)

FESTUNG KÖNIGSTEIN

Gemeinde Königstein

Die mächtige Festung Königstein zählt zu den größten und stärksten, großartigsten Bergfestungen ganz Europas. Die unbezwingbare Anlage liegt 240 Meter hoch über dem linken Elbufer und über dem Ort Königstein auf dem 13 Fußballfelder messenden Felsplateau eines Tafelbergs mitten im Elbsandsteingebirge im Landkreis Sächsische Schweiz-Osterzgebirge. Mehr als 50 zum Teil 400 Jahre alte Bauten sowie Grünanlagen bieten vielfältige Möglichkeiten, das Leben und den Alltag auf einer derartigen Festung zu erkunden. Ihre viel gerühmte, einzigartige Lage ließ sie schon für die sächsische Hofgesellschaft zu einem äußerst beliebten Ausflugsziel werden. In kriegerischen Notzeiten brachte man den Staatsschatz dort in Sicherheit. Zeitweise lebte der Porzellan-Erfinder Johann Friedrich Böttger auf der Festung, hier waren aber auch bekannte Persönlichkeiten wie August Bebel oder Frank Wedekind inhaftiert.

Die zahllosen Besucher, die heute zum Königstein kommen, können die Anlage ganz bequem per Panoramaaufzug erobern, um die erste sächsische Garnisonskirche, den mit 152,5 Metern tiefsten Brunnen Sachsens, 42 Meter hohe Mauern und Steilwände sowie unterschiedliche Ausstellungen zu sehen oder um die einfach grandiose, unbeschreiblich schöne Aussicht auf das Elbtal und das Elbsandsteingebirge zu genießen.

Das Felsplateau hat schon früh als sicherer Siedlungsplatz gegolten, wie Scherbenfunde aus der Bronzezeit um 1100 vor Christus belegen. Die älteste Erwähnung einer Burg findet sich in einer Urkunde des böhmischen Königs Wenzel von 1233 mit der Nennung eines Burggrafen.

Festung Königstein, Ausschnitt aus dem Gemälde von Canaletto (1756–1758), National Gallery of Art, Washington DC

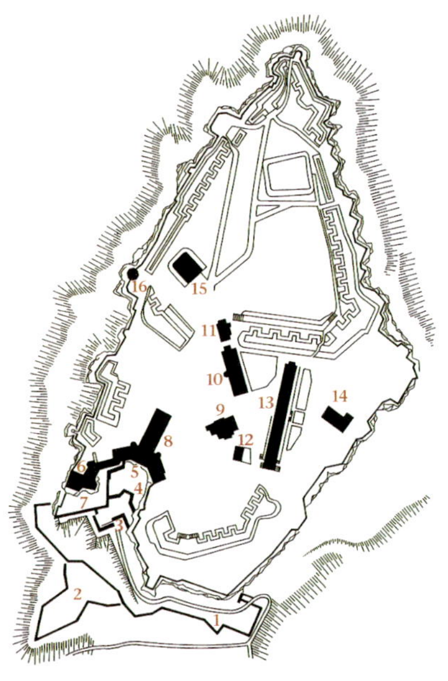

1 Niedere äußere Werke
2 Pfeilschanze
3 Hornravelin
4 Grabenschere
5 Torhaus
6 Georgenburg
7 Georgenbastei
8 Neuer Marstall
9 Brunnenhaus
10 Magdalenenburg
11 Garnisonskirche
12 Schatzhaus
13 Alte Kaserne
14 Altes Zeughaus
15 Geschossmagazin
16 Friedrichsburg

Der Name „Königstein" begegnet erstmals in einer Grenzurkunde von 1241. Die bis dahin böhmische Burg Königstein gelangte mit dem Vertrag von Eger vom 25. April 1459, der die Grenze zwischen Böhmen und Sachsen festlegte, in den Besitz der Markgrafschaft Meißen. Zusätzlich zum militärischen Ausbau gründete Herzog Georg der Bärtige auf dem Königstein 1516 ein Kloster, das jedoch schon 1524 wieder aufgelöst wurde. Nach dem Tod des streng katholischen Herzogs Georg schloss sich Sachsen der protestantischen Bewegung an.

Nach dem zwischen 1563 und 1569 erfolgten Bau des Brunnens konnte die mittelalterliche Burg ab 1589 durch Kurfürst Christian I. und seine Nachfolger zur bedeutendsten Festungsanlage ganz Sachsens ausgebaut werden. Hohe Mauern umschlossen jetzt den Tafelberg, und man errichtete zunächst das Torhaus, die Alte Kaserne, die Christiansburg, die später Friedrichsburg hieß, sowie das Alte Zeughaus. In einem zweiten Bauabschnitt entstanden zwischen 1619 und 1681 u. a. die Johann-Georgenbastion und die 1676 geweihte St.-Georgs-Kapelle. Während einer dritten Bauphase von 1694 bis 1756 erweiterte man beispielsweise die Alte Kaserne, und August der Starke verfügte die zwischen 1722 und 1725 im Keller der Magdalenenburg erfolgte Herstellung des Riesenweinfasses mit einem Fassungsvermögen von 249 838 Litern. Das Fass wurde allerdings nur einmal vollständig gefüllt und musste 1818 wegen Baufälligkeit aufgegeben werden. In den nächsten Jahrzehnten kam es zu weiteren Bautätigkeiten. Der Johannissaal von 1631 wurde 1816 zum Neuen Zeughaus umgestaltet. Aus der Magdalenenburg wurde 1819 ein neues Proviantmagazin. Das Schatzhaus entstand 1854/55. Die letzten großen Baumaßnahmen betrafen 1870 bis 1895 die Batteriewälle mit ihren Geschützstellungen, die eine Rundumverteidigung der Festung ermöglicht hätten, die aber zum Glück nie erforderlich wurde. Die Festung war offensichtlich so stark, dass sie potentielle Angreifer von vorneherein abschreckte, so dass sie nie eingenommen wurde. Die sächsischen Herrscher nutzten den Königstein als sicheren Zufluchtsort in Kriegszeiten, als Jagd- und Lustschloss, als Staatsgefängnis, zur Lagerung von Archivbeständen, zur Sicherung der Dresdner Kunstschätze wie des Staatsschatzes.

Die militärische Bedeutung des Königsteins schwand im 19. Jahrhundert zusehends, da immer weiter reichende Geschütze entwickelt wurden. Der letzte Kommandant auf der Festung beendete 1913 seine Tätigkeit.

Bis 1922 diente der Königstein als Staatsgefängnis, bis zum Zweiten Weltkrieg auch als Kriegsgefangenenlager und bis 1949 der Roten Armee als Lazarett. Bis 1955 existierte ein Jugendwerkhof, der straffällig gewordene und der sozialistischen Gesellschaft nicht genehme Jugendliche umerziehen sollte. Seit 1955 wurden große Teile der Festung als Museum der Öffentlichkeit zugänglich gemacht. In den sechziger Jahren baute die DDR ein Kriegspulvermagazin und Bunker für die Zivilverteidigung. Ein Aufzug für 42 Personen oder für Fahrzeuge bis 4,5 Tonnen entstand 1967 bis 1970. 1991 ging die Festung in den Besitz des Freistaates Sachsen über, der umfangreiche Sanierungen veranlasste. Und man baute 2005 einen zweiten Aufzug mit einer Panoramakabine und einem Fassungsvermögen von 18 Personen.

Die jährlich rund 500 000 Besucher, die auf den Königstein kommen, erleben die Festung als militärhistorisches Freilichtmuseum mit zahlreichen Dauer- und wechselnden Sonderausstellungen. Unter anderem können sie seit 2015 die Dauerausstellung „In lapide regis – Auf dem Stein des Königs" sehen, dessen Name auf die urkundliche Erwähnung von 1241 zurückgeht. In 33 Räumen wird die annähernd 800-jährige Geschichte der Festung vom Mittelalter bis in die Gegenwart dokumentiert. Oder die Besucher können an jährlich wiederkehrenden Veranstaltungen teilnehmen, wenn beispielsweise ein historisches Feldlager errichtet wird oder sich die Carcassonne-Fans treffen.

Festung Königstein, Garnisonskirche (Foto: Matthias Donath)

Luftbild der Festung Königstein (Foto: Fritz-Gerald Schröder)

Festung Königstein, Friedrichsburg und Georgenburg (Fotos: Matthias Donath)

BURG KRIEBSTEIN

Gemeinde Kriebstein bei Waldheim/ Mittelsachsen

Die vielleicht schönste und romantischste Ritterburg Sachsens präsentiert sich als vollständig erhaltene und vorbildlich sanierte Anlage aus spätgotischer Zeit. Der mächtige, vielgestaltige Bau, der durch sein einmaliges Erscheinungsbild das Mittelalter wieder lebendig werden lässt, erhebt sich in einer Kombination von Turmburg und Ringburg auf ovalem Grundriss als Spornburg auf steilem Felsen höchst malerisch über dem kleinen Fluss Zschopau, der sie auf drei Seiten umfließt.

Burg Kriebstein wurde im 14. Jahrhundert von den Herren von Beerwalde gegründet. Eine urkundliche Erwähnung von 1384 belegt, dass die heutige Anlage im Wesentlichen auf Dietrich von Beerwalde zurückgeht. Nach seinem Tod 1408 fiel Kriebstein an seine Witwe und nach deren Tod an die Tochter Klara. Im Jahr 1465 erwarb Hugold III. von Schleinitz, Obermarschall des Kurfürsten Ernst und des Herzogs Albrecht, Burg und Herrschaft Kriebstein. Er beauftragte Arnold von Westfalen, den Erbauer der Meißener Albrechtsburg, umfangreiche Aus- und Erweiterungsbauten durchzuführen. Dazu gehörten vor allem der Neubau des Wirtschaftsflügels mit Tanzsaal und Brunnenstube, das hintere Schloss und das neue Küchenhaus, die sich vor allem durch die typischen Fensterformen als Werk Arnolds zu erkennen geben. Diese Baumaßnahmen bescherten Burg Kriebstein ihre bis heute bestehende Ausdehnung.

Burg Kriebstein, Ansicht vom Ufer der Zschopau

Burg Kriebstein, Grundriss
1 Torhaus
2 Burghof
3 Wohnturm
4 Kapellenflügel
5 Gotische Halle
6 Küchenhaus
7 Wirtschaftsflügel

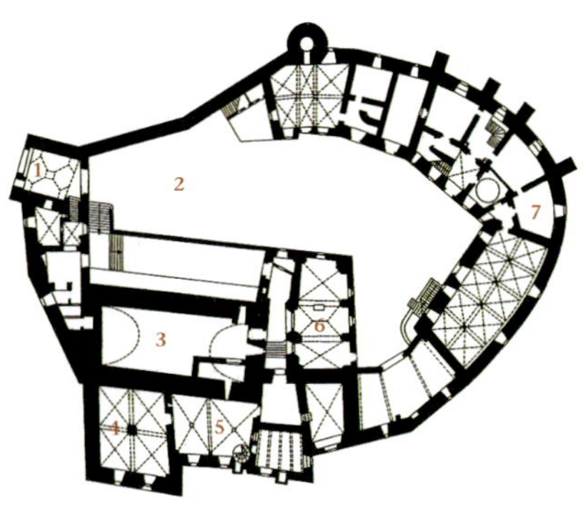

Burg Kriebstein (Foto: Staatliche Schlösser, Burgen und Gärten Sachsen, Schlösser und Gärten Dresden, Bildarchiv)

In der Folgezeit kam es zu vielfachen Besitzerwechseln. Hanscarl von Arnim aus dem Haus Planitz bei Zwickau erwarb schließlich 1825 Burg Kriebstein, die bis 1945 im Besitz der Familie blieb, die 1866–68 durch Hofbaumeister Karl Moritz Haenel umfangreiche Baumaßnahmen durchführen ließ, um die Burg für Wohnzwecke nutzen zu können.

Nach dem Ende des Zweiten Weltkriegs wurden die von Arnims 1945 enteignet. Die nunmehr „volkseigene" Burg nutzte man für die Forstverwaltung und zu Wohnzwecken. Nach der Wende, d. h. am 1. Januar 1993, ging Burg Kriebstein in den Besitz des Freistaats Sachsen über. Die Burg dient heute als Museum. Besonders beeindruckend sind die Räumlichkeiten des dominierenden Wohnturms, die Burgkapelle mit ihrer kunsthistorisch wertvollen Ausmalung um 1410, das Kriebsteinzimmer mit seiner einzigartigen farbig gestalteten Bohlenstube, die Räume

Blick auf Burg Kriebstein (Foto: Falco2)

der Familie von Arnim, der Burgbrunnen und die Festsäle, die für Festlichkeiten aller Art genutzt werden können.

Im „Hinterschloss" befindet sich das sogenannte Schatzgewölbe, ein Raum des 15. Jahrhunderts mit Kreuzgratgewölbe und illusionistischer Architekturmalerei, dessen Ausgestaltung auf Arnold von Westfalen zurückgehen soll. Die vierjochige, zwischen 1400 und 1410 auf trapezförmigem Grundriss entstandene Kapelle weist gotische Malereien des Schönen Stils auf, die vielfältige Darstellungen der Marienverehrung zeigen.

Die im Erdgeschoss der südlichen Anbauten gelegene gotische Empfangshalle leitet hinauf in die repräsentativen Räume des mächtigen Wohnturms, der eine Kantenlänge von rund 12 x 22 Metern und eine Höhe von 45 Metern aufweist und dessen sieben Geschosse Nutzflächen zwischen 110 und 170 Quadratmetern besitzen.

Der alte Festsaal im zweiten Stock zeigt malerische, ausdrucksstarke Raumfassungen des 15. und 16. Jahrhunderts, darunter eine eindrucksvoll bemalte Holzdecke.

Im dritten Obergeschoss des Wohnturms liegen mehrere Wohnräume und das sogenannte Kriebsteinzimmer aus der ersten Hälfte des 15. Jahrhunderts, das 3 x 4,30 Meter misst, ornamentale und florale Ausmalungen, aber auch figürliche Darstellungen und Rankenmalerei zeigt. Es ist eine einzigartige, vollständig erhaltene mittelalterliche Wohnstube.

1986 entdeckte man im Wohnturm in einem ungenutzten Kamin den Schatz von Kriebstein. Heinrich Graf von Lehndorff hatte gegen Ende des Zweiten Weltkriegs zahlreiche Kunstwerke und andere Besitztümer aus seinem in Ostpreußen gelegenen Schloss Steinort in Kriebstein in Sicherheit gebracht und zum Teil im Kamin versteckt und eingemauert. Da der Graf am Attentat auf Hitler am 20. Juli 1944 beteiligt war, wurde er verhaftet und hingerichtet. Sein Besitz gelangte nach dem Krieg als Reparationsleistung in die damalige Sowjetunion. Nur das Gold, Silber und Porzellan sowie ein großer Gobelin im Kamin verblieben in Kriebstein und wurden später im Schatzgewölbe ausgestellt.

Die Wirtschaftsgebäude erinnern bis heute an ihre einstige Nutzung. Das obere Geschoss nimmt der Große Festsaal ein, der repräsentativste Raum der Burg, der auf die Zeit nach 1471 zurückgeht, sich heute aber in der neugotischen Überformung von 1866–68 präsentiert. Darunter liegt die Säulenhalle, ursprünglich als Brauhaus verwendet, in dem 1866–68 jedoch ein neuer Pferdestall eingerichtet wurde, dessen Futterkrippen man erhalten hat. Mit seinen vier Sandsteinsäulen, seinem Sandsteinfußboden und den teilweise erhaltenen Wandmalereien bietet sich die Säulenhalle ebenfalls für die Ausrichtung von Festlichkeiten aller Art an.

BURG MILDENSTEIN IN LEISNIG

Stadt Leisnig

Die ehemalige Reichsburg erhebt sich in malerischer Spornlage auf einem auf drei Seiten steil abfallenden, 60 Meter hohen Porphyrfelsen über dem Tal der Freiberger Mulde. Die Burg zählt zu den bedeutenderen Anlagen ihrer Art in Sachsen und beeindruckt durch ihre imposante Lage.

Bereits 1046 wurde erstmals ein Burgwart erwähnt, der auf der Burg Leisnig, der heutigen Mildenburg saß, die man auf vorgeschichtlichen Siedlungsresten errichtet hatte. Vor der Burg bestand schon zu Beginn des 11. Jahrhunderts eine erste Siedlung (Altmarkt), die Mitte des 12. Jahrhunderts zum Reichsgut gehörte. Nach 1100 entwickelte sich am Muldenufer die Siedlung Altleisnig („oppidum novum"), der Friedrich Barbarossa um 1170 das Marktrecht verlieh und die im 13. Jahrhundert vor die Burgsiedlung verlegt wurde.

Die im 11. Jahrhundert erbaute Burg ist eine lang gestreckte Anlage, die 1147 in den Besitz Kaiser Barbarossas kam, der Burg und Herrschaft im Rahmen eines Gütertauschs 1158 zu einer reichsunmittelbaren Burggrafschaft machte. 1365 erwarben die Wettiner die Burg, die Markgraf Wilhelm, dem sie ihren heutigen Namen verdankt, Ende des 14. Jahrhunderts großzügig umbauen ließ. In den wechselvollen Zeiten danach erfolgten vielerlei Um- und Anbauten, die Nutzung als Witwensitz und sächsische Landesdomäne, bis 1708 das kurfürstliche Amtsgericht und

Luftbild der Burg Mildenstein in Leisnig (Foto: monumedia.de)

Burg Leisnig, Bergfried (Foto: Martin Geisler)

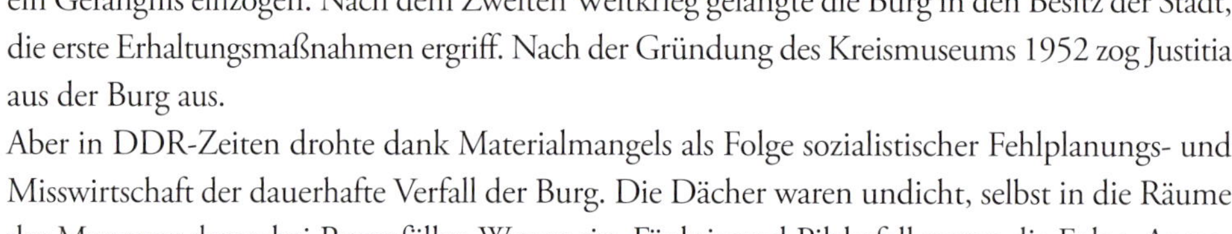

ein Gefängnis einzogen. Nach dem Zweiten Weltkrieg gelangte die Burg in den Besitz der Stadt, die erste Erhaltungsmaßnahmen ergriff. Nach der Gründung des Kreismuseums 1952 zog Justitia aus der Burg aus.

Aber in DDR-Zeiten drohte dank Materialmangels als Folge sozialistischer Fehlplanungs- und Misswirtschaft der dauerhafte Verfall der Burg. Die Dächer waren undicht, selbst in die Räume des Museums drang bei Regenfällen Wasser ein. Fäulnis und Pilzbefall waren die Folge. Ausgewaschene, lose Ziegel, Schieferplatten und Dachziegel wurden zu einer Gefahr für Besucher, der Aussichtsturm musste wegen Baufälligkeit gesperrt werden. Es gab Stimmen, die die mehr als dringend erforderlichen Erhaltungsmaßnahmen ablehnten und die Burg zur Ruine werden lassen wollten. Erst Ende der 80er Jahre des vorigen Jahrhunderts und vor allem nach der Wende setzten umfangreiche Sicherungs-, Sanierungs- und Restaurierungsarbeiten ein, die dem historischen Baudenkmal eine neue Zukunft schenkten. Die Dächer wurden saniert, Fußböden und Decken erneuert, und die Planungen für eine systematische Rekonstruktion des nordwestlichen Flügels des Vorderschlosses begannen.

Burg Mildenstein präsentiert sich als unregelmäßige Anlage mit Vorburg, Vorderburg, Bergfried und Hinterburg, in der das Herrenhaus und das Pagenhaus stehen. Von der Wehrhaftigkeit der Vorburg kündet noch die Ruine eines starken Wehrturms, dessen Mauerwerk man 1791 bis auf die heutige Höhe abtrug. Mittelalterliche Wohn- oder Wirtschaftsgebäude sind in diesem Bereich nicht erhalten. Über den Wallgraben und eine steinerne Brücke von 1722 gelangt man durch das Torhaus zur Vorderburg bzw. zum Vorderschloss. Es stammt vom Ende des 14. Jahrhunderts und zeigte sich anfangs als zweiflügliger, dreigeschossiger Putzbau, den man im 17. Jahrhundert zu einem vierflügligen Bau erweiterte. Die innere Gestaltung wurde durch die Umnutzung zu einem Gefängnis grundlegend verändert. Es schließt sich die Ende des 11. Jahrhunderts erbaute Kapelle St. Martini an, deren ursprünglich quadratischen Saal man im 12. Jahrhundert verlängerte und die um 1400 ihren gotischen Chor erhielt. Der verputzte Bruchsteinbau mit seinem romanischen Rundbogenportal wurde 1981–84 grundlegend restauriert. Nördlich erhebt sich auf dem Burgplatz der frei stehende Bergfried, dessen aus der 2. Hälfte des 12. Jahrhunderts stammendes Untergeschoss aus Quadermauerwerk mit etlichen Buckelquadern besteht, während das Obergeschoss in Ziegelmauerwerk ausgeführt wurde. Der im 17. und 18. Jahrhundert um etliche Meter verkürzte Turm erhielt 1875 eine neue Bestimmung als Aussichtsturm, weshalb man ihn um 14 Meter erhöhte und mit Zinnenkranz und Spitzhelm versah. Der dreigeschossige Putzbau des Herrenhauses im Bereich des Hinterschlosses erhielt unter Einschluss älterer Bauteile sein heutiges Erscheinungsbild um 1550. Ein Zwischenbau verbindet das Herrenhaus mit dem Pagenhaus, einem ebenfalls dreigeschossigen Putzbau aus den letzten Jahren des 14. Jahrhunderts mit Umgestaltungen des 15. und 17. Jahrhunderts.

Burg Leisnig, mittelalterliches Dachwerk des Vorderschlosses (Foto: Norbert Kaiser)

Burg Mildenstein ist ein wichtiges Zeugnis einer bewegten Vergangenheit, das künftigen Generationen erhalten bleiben muss: in moralischer Hinsicht wie unter dem Aspekt identitätsstiftender Politik. Denn „Zukunft braucht Herkunft“. Den jeweils bestimmenden Generationen muss es Mahnung und Verpflichtung zugleich sein, verantwortungsbewusst mit dem Erbe der Vergangenheit umzugehen, damit sie nicht leichtfertig die Wurzeln durchtrennen, aus denen sie erwachsen sind, schließlich: ohne Vergangenheit keine Zukunft!

BURG MYLAU

Gemeinde Mylau, Ortsteil von Reichenbach im Vogtland

Die auf einem rund 80 Meter langen und 35 Meter breiten Felssporn liegende Burg Mylau ist die einzige nahezu komplett erhaltene Burganlage im sächsischen Vogtland, gleichzeitig eine der am besten erhaltenen mittelalterlichen Wehranlagen Sachsens überhaupt und schon deshalb ein besonderes historisches Architekturdenkmal.
Die Geschichte der Burg führt bis in die Zeit um 1180 zurück. Das dokumentieren der 27 Meter hohe Bergfried und die beiden Vierecktürme. Die Entstehung der Burg steht im Zusammenhang mit der damaligen Ostkolonisation unter Kaiser Friedrich I. Barbarossa, als die neuen Gebiete wirksam geschützt und verwaltet werden mussten. Urkundlich erwähnt wurde Mylau erstmals 1212. Kaiser Karl IV. hielt sich 1367 auf der Burg auf und verlieh der unterhalb liegenden Ortschaft auch gleich die Stadtrechte, nachdem die Burg kurz zuvor an die böhmische Krone verkauft worden war. Der Kaiser machte sie zum Sitz eines königlich-böhmischen Amtes. Die Burg wurde erweitert und das Verteidigungssystem deutlich verstärkt. König und Kaiser Sigismund (1368–1437) verpfändete Burg Mylau 1422 an die sächsischen Kurfürsten, an die Wettiner, als Dank für ihre Unterstützung in den Hussitenkriegen.
Seit der Mitte des 15. Jahrhunderts diente die Burg dem Geschlecht derer von Metzsch als Wohnsitz. Die Wehranlage wandelte sich zu einem Wohnschloss. Joseph Lewin von Metzsch war ein Freund Luthers und unterstützte die Ausbreitung der Reformation in Sachsen. In der Folgezeit

Burg Mylau, Ansicht von Süden

Innenhof der Burg Mylau (Foto: André Karwath)

wechselten häufig die Besitzer der Burg. Sie diente von 1808 bis 1828 als Baumwollspinnerei, stand dann lange leer, bis 1868 die Kattun- und Wolldruckerei Baust einzog und bis 1894 blieb. Schließlich übernahm die Stadt die Verwaltung der Burganlage. Der 1892 gegründete Schlossbauverein leitete umgehend umfassende Sanierungen im Stil des Historismus ein. Ab 1896 machte die Burg Karriere als Mylauer Rathaus, dessen Bau im oberen Burghof 1894–96 errichtet wurde. Außerdem entstanden die Schlossschenke und das Museum. Und der Schlossberg wurde parkartig umgestaltet.

Die Baukörper der Burganlage gruppieren sich südöstlich um einen dreieckigen oberen Burghof und nordwestlich um einen etwa trapezförmigen unteren Burghof. Die anschließende große Vorburg erstreckt sich bis in die Nähe der Stadtkirche. Der Zugang zur Kernburg erfolgt durch die Vorburg und über den ehemaligen Burggraben zur nördlichen Toranlage mit dem Roten Turm im Osten, der im 19. Jahrhundert zum Aussichtsturm ausgebaut wurde, und dem Uhrenturm im Westen, in dem sich der Burgkeller und die Gerichtsstube befanden. Zwischen den Türmen erhebt sich ein dreigeschossiger Bau des späten 18. Jahrhunderts. Eine starke Wehrmauer begrenzt den unteren Burghof nach Osten. Der westliche Verwaltungsbau entstand mit seinem runden Treppenturm erst 1907.

An der Ostseite des oberen Burghofs befindet sich das sogenannte Palas-Rathaus, das in den unteren Mauerbereichen noch aus gotischer Zeit stammt, ansonsten aus der Umbauphase der Renaissance, und das 1894–96 in der Formensprache des Historismus umfassend erneuert bzw. erbaut wurde. Im Giebel trägt es das Reichswappen und die Kaiserkrone. Im Innern sind beeindruckende historistische Räumlichkeiten erhalten. Vor allem die Eingangshalle, das Trauzimmer und natürlich der prachtvolle Ratssaal sind erwähnens- und sehenswert.

An der Ostseite liegt eine halbkreisförmige gotische Bastion, und an der Nordseite steht der romanische Bergfried. Gotische Wohngebäude begrenzen den dreieckigen Hof.

Burg Mylau (Foto: André Karwath)

Im Jahr 1956 eröffnete man das Museum des Kreises Reichenbach als kulturhistorisches Nationalmuseum. Die Stadtverwaltung zog 1966 aus. Die Stadt Mylau übernahm 1990 das Museum und baute es weiter aus. Sie übergab es 2010 an den Evangelischen Schulverein Vogtland e. V. Ein neues Museumskonzept wurde entwickelt, so dass 2014/15 in den Räumen um den oberen Burghof eine viel beachtete Dauerausstellung eröffnet werden konnte.

Den Besucher erwartet u. a. das um 1900 ausgemalte Metzschzimmer, das an die ehemaligen Besitzer erinnert. Der 1907 bis 1909 im Kaiserhaus eingerichtete Barocksaal vermittelt einen Einblick in die Lebensverhältnisse des Adels im 18. Jahrhundert.

BURG STOLPEN

Stadt Stolpen

Zu den bekanntesten Burgen Sachsens gehört die auf einer Basaltkuppe erbaute Burg Stolpen, die knapp 30 Kilometer östlich von Dresden liegt, eine ausgedehnte Höhenburg, die unter den Wettinern zu einem Renaissanceschloss und später zu einer Festungsanlage ausgebaut wurde. Der Name geht auf das slawische Wort stolpy zurück, das Säule bedeutet und auf die Basaltsäulen der Stolpener Basaltkuppe verweist. Berühmt geworden ist die Burg, die als ein zentraler Ort sächsischer Geschichte gilt, vor allem durch die Gräfin Cosel, die Mätresse Augusts des Starken, die hier ein halbes Jahrhundert in der Verbannung verbrachte und in der Schlosskapelle ihre letzte Ruhestätte fand.

Das Erscheinungsbild der Burg wird durch ihre beherrschende Lage auf einer Basaltkuppel bestimmt. Die erhaltenen Türme wirken wie die Zacken einer Krone auf dieser Kuppel. Nach den umfangreichen Zerstörungen im 18. und 19. Jahrhundert fanden wiederholt Erhaltungs- und Sanierungsmaßnahmen und museale Umgestaltungen statt, so schon 1859 und 1883, dann vor allem 1965–68 und 1973–76.

Der Basaltberg Stolpen lag strategisch günstig im Schnittpunkt wichtiger Fernhandelswege und zugleich im Grenzland zwischen der Markgrafschaft Meißen und slawischen Gebieten östlich der Elbe, weshalb vermutlich schon um 1100 erste Befestigungen erfolgten.

Burg Stolpen (Foto: Staatliche Schlösser, Burgen und Gärten Sachsen, Schlösser und Gärten, Zentrale, Abteilung Marketing, Bildarchiv)

Anfang des 13. Jahrhunderts begannen die Meißener Bischöfe mit dem Aufbau einer eigenen Grundherrschaft. Man förderte die Ansiedlung von Bauern und die Entstehung von Dörfern. Aus dieser Zeit stammt auch die erste sichere Erwähnung der Burg aus dem Jahr 1222, deren Entstehung also mindestens für das 12. Jahrhundert als sicher gelten kann. Die Bemühungen der Bischöfe, Stolpen überhaupt zum Mittelpunkt ihrer Herrschaft zu machen, scheiterten aber am Widerstand der Wettiner Markgrafen, die langfristig selbst den Erwerb Stolpens anstrebten. Die Anlage widerstand in den Hussitenkriegen (1419–34) einer achtwöchigen Belagerung. Die Siedlung, die zu Beginn des 15. Jahrhunderts nördlich der Burg entstand, entwickelte sich dank der bischöflichen Residenz rasch zu einer bedeutenden Stadt. Unter dem wettinischen Kurfürsten August von Sachsen (1526–86) mussten Stadt und Amt Stolpen jedoch gegen das unbedeutendere kurfürstliche Amt Mühlberg getauscht werden.

Der Kurfürst entfaltete eine rege Bautätigkeit. Aus der Burg wurde ein wehrhaftes Renaissanceschloss mit repräsentativen Räumlichkeiten. Der Ausbau zur Festung erfolgte ab 1675 durch den Baumeister Wolf Caspar von Klengel (1630–91). Erhalten geblieben sind die Bastion auf der östlichen Seite, die sogenannte Klengelsburg, und das Festungstor. Der Stadtbrand von 1723 zerstörte auch Teile der Burganlage, die 1756 an preußische Truppen übergeben und im folgenden Jahr geschleift wurde. Die Festung verfiel, so dass sie schon 1773 teilweise abgerissen werden musste. Als nach der Katastrophe von Jena und Auerstedt 1806 die Franzosen Stolpen besetzten, wurden die Festungsanlagen erneuert, aber 1813 bei ihrem Rückzug weitgehend wieder gesprengt.

Burg Stolpen (Foto: Matthias Donath)

In der Epoche der Romantik entdeckte man die Burg als touristisches Ziel, so dass 1859 König Johann von Sachsen (1801–73) umfangreiche Wiederherstellungsarbeiten veranlasste. Für Besucher wurde die Burg ab 1877 zugänglich. Ihre touristische Bedeutung hält bis heute unvermindert an.

Burg Stolpen erstreckt sich über eine Länge von rund 220 Metern in ost-westlicher Richtung und ist aufgeteilt in zwei Vorburgen und die Hauptburg, die ihrerseits aus der unteren und der oberen Hauptburg besteht. Im ersten Burghof findet man eine große Zisterne und den Zugang zu den Kasematten. Das 36 Meter lange Kornhaus mit seinen drei Kornschüttböden beschließt den ersten Burghof. Die Durchfahrt mit der Hauptwache führt weiter zur Hauptburg. Auf der anderen Seite liegen der ehemalige Marstall und die Folterkammer.

Die obere Vorburg verdankt ihre Entstehung dem Bau des Kornhauses, das den Bereich der Vorburg teilt. Über eine weitere Zisterne und eine steinerne Brücke gelangt man durch ein wappengeschmücktes Renaissanceportal aus der Mitte des 16. Jahrhunderts in den Bereich der Hauptburg. Der Zugang wird beschützt durch den um 1480 erbauten Schösserturm, in dem früher einmal der Amtsschösser wirkte. Im Innern befinden sich die Verliese Ketzerloch und Mönchsloch, deren Namen an die Reformationszeit erinnern, als hier lutherische und calvinistische Prediger „eingelocht“ wurden.

Burg Stolpen (Foto: Klaus Schieckel)

Zwischen Schösserturm und Johannis- oder Coselturm liegt der dritte Burghof, der Kanonenhof, der für die Verteidigung wichtig war, der aber auch wirtschaftliche Aufgaben erfullte, denn hier standen Schmiede und Ställe, Back- und Schlachthaus sowie ein Badehaus.

Im viergeschossigen Johannisturm, datiert 1509, einem imposanten Verteidigungs- und Wachturm mit vorgestelltem Treppenturm, war im Erdgeschoss der Gerichtssaal untergebracht, unter dem der Johanniskerker lag. Der Turm wurde durch die Reichsgräfin Constantia von Cosel (1680–1765) berühmt, die als Mätresse Augusts des Starken eine bedeutende Rolle am sächsischen Hof spielte, aber in Ungnade fiel. Nach Westen schließt der um 1455 erbaute und 1560 aufgestockte Seigerturm den dritten Burghof ab.

Der vierte Burghof, auch Kapellenhof genannt, war ursprünglich über eine Zugbrücke erreichbar. Repräsentative Bauten umstanden den Hof: die notwendigen Wirtschaftsgebäude, das Zeughaus und die 1355 erstmals genannte Burgkapelle, vor allem aber das Hochschloss mit den repräsentativen Räumen der Meißener Bischöfe und später der sächsischen Kurfürsten. Seit der Mitte des 18. Jahrhunderts verfiel das Schloss, so dass man schon 1773 die restlichen Gebäudeteile sprengte. Erhalten geblieben sind von all diesen Bauten nur Fundamente, Kellergewölbe und Mauerreste. Den westlichen Abschluss der Anlage markiert der 1451–76 errichtete Siebenspitzenturm, der auf quadratischem Grundriss steht, sich nach oben hin aber in ein Sechseck verändert. Da sich an jedem Knick ein Ecktürmchen befand, ergaben sich mit dem mittleren Dachtürmchen sieben Spitzen. Zwar verlor der Turm schon 1632 bei einem Stadtbrand sein prägendes Dach, der Name blieb jedoch bestehen.

Kurfürst Christian II. veranlasste zwar bereits ab 1608 den Bau eines Tiefbrunnens. Die Freiberger Bergleute erreichten aber erst nach 22 Jahren in einer Tiefe von gut 82 Metern wasserführende Bereiche. Der Brunnen ist die tiefste durch Basalt getriebene Anlage seiner Art.

SCHLOSS WEESENSTEIN

Ortsteil der Gemeinde Müglitztal, Landkreis Sächsische Schweiz-Osterzgebirge

Als eine auffallende Verbindung von Burg und Schloss erhebt sich auf einem Felssporn über dem Müglitztal stolz das monumentale Ensemble der weitläufigen Schlossanlage, die rund 800 Jahre sächsischer Geschichte verkörpert. Die Herrschaft der Familie von Bünau hat das Schloss geprägt und es zu einem bedeutenden Verwaltungs- und Wirtschaftszentrum ihrer Grundherrschaft gemacht. Der Name Weesenstein hängt wahrscheinlich mit dem Quarzitgestein des Felsens zusammen, das früher „wese" oder „waise" genannt wurde. Gründung und Ausbau der Burg dürften der Bedeutung des vielgenutzten Handelswegs über Weesenstein nach Böhmen zu verdanken sein.

Die vielgestaltige Anlage aus Oberburg, Niederschloss, Wirtschaftshof und Park beeindruckt durch ihr kompaktes Erscheinungsbild wie durch ihre Größe und die besondere Nutzung des Felsens. Die vermutlich im 13. Jahrhundert gegründete und 1318 erstmals genannte Burg war ursprünglich im Besitz der Burggrafen von Dohna. Markgraf Wilhelm I. von Meißen eroberte sie 1402 und übertrug sie 1406 Günter d. Ä. von Bünau, in dessen Familie sie bis 1772 verblieb. Neue Besitzer wurden bis 1830 die Familie von Ukkermann und bis 1918 die Wettiner. Vor allem Prinz Johann (1801–1873), der 1854 König von Sachsen wurde, hielt sich mit seiner Familie oft in Weesenstein auf, weil er die Abgeschiedenheit des Ortes für seine wissenschaftlichen Arbeiten schätzte. Sein Enkel Prinz Johann Georg verkaufte Weesenstein an einen Bürgerlichen. Später kam es an den Landesverein Sächsischer Heimatschutz, 1945 an die Gemeinde und schließlich an den Freistaat Sachsen.

Schloss Weesenstein mit dem Vorderschloss im Vordergrund (Foto: Rainer Lippert)

Als markanter Kern der Anlage ist der Rundturm der Oberburg anzusehen, dessen Untergeschosse wohl noch dem 13. Jahrhundert entstammen. Um den Turm gruppierten sich weitere Baulichkeiten. Im 16. Jahrhundert erfolgte die Umgestaltung der Wohnburg. Das zweiflüglige Niederschloss entstand in der 2. Hälfte des 16. Jahrhunderts. In der 1. Hälfte des 18. Jahrhunderts brach man die Renaissancegiebel ab und barockisierte Teile der Oberburg und des Niederschlosses. Man vereinheitlichte nach Möglichkeit die Fensterzonen und gab den Fassaden gemalte Gliederungen. Die Müglitz führte 1756 so

Schloss und Park Weesenstein (Foto: Jörg Hempel)

verheerendes Hochwasser, dass der Park neu angelegt werden musste. Der Parkflügel und die 1951 abgebrochene Orangerie wurden um 1780 errichtet.

Die Oberburg gruppiert sich östlich mit Rundturm und anschließendem spätmittelalterlichem Saalflügel um einen kleinen Burghof auf der obersten Höhe des Felssporns. Westlich schließt sich an den Palas der rückseitige Querbau an, und südlich steht die Burgkapelle. Den Saalflügel erschließt eine zweiläufige Treppe, die aus dem Hof des Niederschlosses emporführt. Westlich der Oberburg leitet eine Zufahrt durch den Querbau in einen kleinen Binnenhof hinab, in den Brauhof. Der hier zu sehende zweigeschossige Nordostflügel ist noch spätmittelalterlich. Unter dem Saalflügel finden sich im Felsen die spätmittelalterlichen Kellerräume und das Untergeschoss mit dem Gerichtssaal. Im 1. Obergeschoss liegt der um 1575 eingerichtete Steinerne Saal, der auch als Rittersaal bezeichnet wird, und im obersten Geschoss der sogenannte Mönchsboden oder Festsaal von 1544. Qualitätsvolle Malereien schmücken diese Räumlichkeiten.

Die 1738–41 erbaute Burgkapelle stammt von einem Schüler George Bährs, Erbauer der Dresdner Frauenkirche, nämlich von Johann Georg Schmidt. Auf schmalem, rechteckigem

Grundriss ist ein bemerkenswerter, hoher Raum mit Balustraden, Emporen und Herrschaftsstube entstanden. Der Kanzelaltar weist zwei Säulenpaare, die Statuen der Apostel Petrus und Paulus und einen geschweiften Giebel auf. Das nach 1752 geschaffene Deckengemälde zeigt mit einer Darstellung der Himmelfahrt Christi eine deutliche Anlehnung an das Altarblatt der katholischen Dresdner Hofkirche.

Das Nieder- oder Unterschloss präsentiert sich zwischen Oberburg und Mühlgraben als zweigeschossiges und zweiflügliges Wohnschloss. Durch den Torbau gelangt man ins Vestibül mit Malereien Carl Gottlieb Rolles von 1856, darunter befinden sich Allegorien der Justitia und der Poetica. Repräsentative Wohnräume der 1. Hälfte des 18. Jahrhunderts liegen im Obergeschoss. Der Ledertapetensaal besitzt höchst kostbare „Mechelner Ledertapeten" von etwa 1710. Auch die übrigen Räume weisen besondere Tapeten auf, so das Vogeltapetenzimmer oder der chinesische Salon. Zum Niederschloss gehört auch die 1838 eingerichtete katholische Schlosskapelle, die erst im Zusammenhang mit den seit den 1980er Jahren durchgeführten Restaurierungen vollständig rekonstruiert wurde.

Der zweigeschossige, klassizistische Parkflügel von etwa 1780 vor dem Gartenflügel des Niederschlosses steht auf Parkniveau und verfügt über qualitätsvollen Stuck.

Der unterhalb des Felsens im Tal liegende Park wurde 1781 als französischer Garten geschaffen. Man verlegte eigens den Lauf der Müglitz, um sie als Mittelkanal der Anlage zu nutzen. Eine Bogenbrücke verbindet beide Teile. Ein Gartenpavillon des 18. oder vielleicht schon des 19. Jahrhunderts markiert das Ende des Parks. Der Berghang auf der anderen Seite des Mühlgrabens war einst als Landschaftsgarten angelegt. Die Jahrhundertflut im August 2002 traf nicht nur die Gemeinde Weesenstein, sondern zerstörte auch den Schlossgarten, der erst im Frühjahr 2007 wiederhergestellt werden konnte.

Schloss Weesenstein, Altar der Schlosskapelle (Foto: Jörg Hempel)

Schloss Weesenstein wird heute von der Institution „Staatliche Schlösser, Burgen und Gärten Sachsen" verwaltet. Das Museum lädt den Besucher zu einer Zeitreise durch die Geschichte des Schlosses ein und präsentiert fürstliche Gemächer des 18. und 19. Jahrhunderts. Außerdem stehen etliche Räumlichkeiten für private Veranstaltungen und Feiern zur Verfügung.

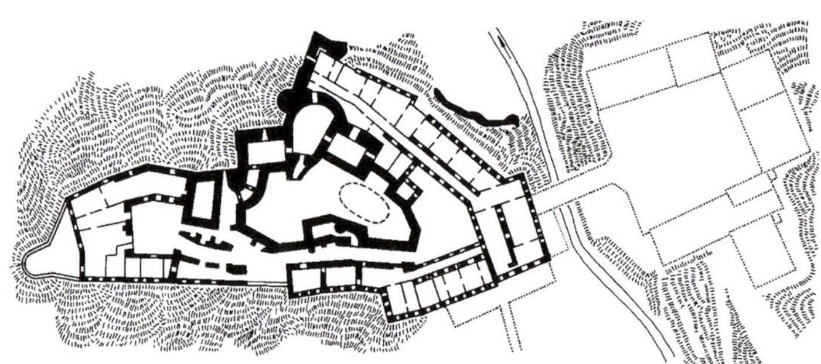

Schloss Weesenstein, Lageplan

SACHSEN-ANHALT

BURG FALKENSTEIN

Gemeinde Falkenstein/Harz

Auf einem Bergsporn oder Felsrücken über dem Selketal im Harz erhebt sich höchst beeindruckend die mächtige, hochmittelalterliche Burg Falkenstein, die zwischen 1120 und 1180 errichtet wurde. Sie zählt als ideale Ritterburg heute zu den meistbesuchten Sehenswürdigkeiten im Harz.

Die Burg verdankt ihre Entstehung angeblich einem Mordfall. Egeno II. von Konradsburg soll um 1080 im Streit den Grafen Adalbert II. von Ballenstedt erschlagen haben. Als Sühne sollte seine Burg in ein Kloster umgewandelt werden, was Egenos Sohn Burchard von Konradsburg dazu veranlasste, die Burg Falkenstein zu erbauen, nach der sich dann auch das Geschlecht nannte.

Nach 1220 hat vermutlich Eike von Repgow auf der Burg den „Sachsenspiegel" vollendet, das erste deutsche Rechtsbuch. Als Halberstädter Lehen kam der Falkenstein 1437 an die Herren von der Asseburg, die ihren Besitz bis zur Enteignung nach dem Zweiten Weltkrieg behaupteten.

Die Burg besitzt eine Größe von rund 310 x 90 Metern und besteht aus der 40 x 40 Meter messenden Kernburg, Tor, Zwinger und drei Vorburgen. Dominierend erhebt sich in der Kernburg der 31 Meter hohe Bergfried, der einen Durchmesser von 8,5 Metern und eine Mauerstärke von 2 Metern aufweist. Er verfügt nach Westen über einen keilförmigen Anbau, der dazu diente, im Verteidigungsfall mögliche Geschosse abzulenken. Zusätzlich schützt eine massive Schildmauer auf dieser Seite die Kernburg.

Das Erscheinungsbild der Burg ist im Wesentlichen das Ergebnis der Bautätigkeiten von der Romanik über die Gotik und die Renaissance bis zum Barock. Um Innenhof und Bergfried gruppieren sich das Frauenhaus, die Kapelle, das Herrenhaus und die weiteren Türme der Burg. Die musealen Innenräume zeigen Gemälde, Möbel, Jagdwaffen und andere Exponate aus fünf Jahrhunderten. Das Erdgeschoss des Südflügels birgt die spätgotische Küche, von der aus eine Treppe zum „Rittersaal" hinaufführt, in dem eine reich und kostbar gedeckte Tafel an die Zeit einstiger Hofjagden erinnert.

Die malerische Burganlage diente wiederholt als Kulisse für Film- und Fernsehaufnahmen. Sie ist mit ihrer Falknerei und Gastronomie ein viel besuchtes Ziel auf der Straße der Romanik. Alljährlich

Burg Falkenstein, Luftbild (Foto: Gregor Rom)

Burg Falkenstein (Foto: Brunswyk)

Burg Falkenstein, Innenraum (Foto: Jens K. Müller)

findet ein „Minneturnier“ statt, das an die Tradition mittelalterlicher Sängerwettstreite anknüpft und bei dem bekannte Sänger auftreten. Museumspädagogische Projekte werden durchgeführt, und Heiratswillige können sich auf der Burg trauen lassen. Sehenswert ist aber natürlich vor allem das Museum. Die Burg wird seit 1998 durch die Stiftung Schlösser, Burgen und Gärten des Landes Sachsen-Anhalt verwaltet (heute Kulturstiftung Sachsen-Anhalt).

BURG GIEBICHENSTEIN

Ortsteil Giebichenstein von Halle a. d. Saale

Mit dem Ort Giebichenstein war vermutlich bereits im fränkischen Reich die Funktion eines Burgwarts verbunden, der eine Schutzfunktion für die nähere Umgebung ausübte. Die deutschen Könige suchten durch eine derartige Burgwardorganisation die im 9. Jahrhundert von den eingedrungenen Slawen zurückeroberten Gebiet auf Dauer zu sichern. Da Otto I. in Giebichenstein urkundete, dürfte diese Stätte bereits eine wichtige Position eingenommen haben. Die erste Erwähnung Giebichensteins erfolgte 961. Der Ort und der zugehörige Gau kamen an das Magdeburger Moritzkloster, das 968 zum Mittelpunkt des neuen Erzbistums Magdeburg wurde.

Eine erste Burg ist für das 10. Jahrhundert anzunehmen. Sie lag vermutlich im Bereich des Geländes, das als Alte Burg oder Amtsgarten bekannt ist. Die heutige Burg Giebichenstein entstand im 12. und 13. Jahrhundert. Der Magdeburger Erzbischof Wichmann (1152–1192) machte die Herrschaft Giebichstein zu einem landesherrlichen Territorium. Etwa seit der Mitte des 12. Jahrhunderts urkundete er hier mehrfach. Und in diese Zeit sind auch die ältesten Mauerteile der Oberburg zu datieren. Auf dem Porphyrfelsen entstanden u. a. der Palas, ein Wohnturm, die Kapelle, der Bergfried und die Ringmauer. Der spätromanische Wohnturm wies eine Fläche von 11 x 11 Metern auf und war für die Zeit sehr komfortabel ausgestattet. Der aufwendigste Bau war der Palas mit einer Größe von 36 x 11 Metern, der mit einer besonderen Bauzier ausgestattet war. Von einem Arkadengang aus gelangte man ins Innere. Erzbischof Dietrich veranlasste 1361–68 einen großen, repräsentativen Ausbau der Burg, der zu einer deutlichen Verdichtung der Bebauung des Burgfelsens führte. In dieser Ausgestaltung konnte der Giebichenstein als standesgemäße Residenz der Magdeburger Erzbischöfe dienen. Anfang des 16. Jahrhunderts ging die große Zeit der Burg zu Ende, nachdem Erzbischof Ernst von Sachsen in Halle die 1503 vollendete neue Residenz Schloss Moritzburg erbaut hatte. Burg Giebichenstein nutzte man bis ins 19. Jahrhundert als Verwaltungssitz des Amtes Giebichenstein. Die Oberburg verfiel zusehends. Schon auf dem Merianstich von etwa 1635 erscheint der Palas nur noch als Ruine. Während der schwedischen Besetzung im Dreißigjährigen Krieg kam es 1636 zu einem verheerenden Brand, bei dem die Oberburg und Teile der Unterburg zerstört wurden. Im 19. Jahrhundert zog es viele Dichter der Romantik auf das „verfallene Schloss“ (Eichendorff), die sich hier für ihre Werke inspirieren ließen. Die annähernd rechteckige Unterburg entstand Mitte des 15. Jahrhunderts. Sie lehnt sich an den Burgfelsen an und ist auf den anderen Seiten von Gräben umgeben und durch fünf Rundtürme geschützt. Die meisten Gebäude waren Wirtschaftsbauten. Freistehend im Burghof erbaute man 1473 das sechsgeschossige Kornhaus. Erst Anfang des 18. Jahrhunderts errichtete man das barocke Herrenhaus. Während des 19. Jahrhunderts erfolgten verschiedene Instandsetzungs- und Abrissarbeiten. Die Stadt Halle, die seit 1921 Eigentümerin der Burg ist, nutzte die Unterburg als Kunstgewerbeschule. Ihre künstlerischen Abteilungen schloss man 1933 und behielt nur die handwerkliche Ausbildungsstätte. 1958 erfolgte die Anerkennung als Hochschule für industrielle Formgestaltung, aus der 1990 die

Burg Giebichenstein, südöstlicher Flankierungsturm in der Unterburg und Brauhaus

Luftbild der Burg Giebichenstein (Foto: Steffen Voigt)

„Burg Giebichenstein Hochschule für Kunst und Design Halle“ hervorging, die seit 2010 „Burg Giebichenstein Kunsthochschule Halle“ heißt. Sie zählt zu den bekanntesten Kunsthochschulen der Welt. Anlässlich der 1000-Jahr-Feier Halles legte man auf der Oberburg die Grundmauern der Gesamtanlage frei. Nach Abschluss der Grabungen funktionierte man das Gelände zu einem Freilicht- oder Architekturmuseum um.

Ungeachtet ihrer wechselvollen und verhängnisvollen Geschichte, lohnt auch heute noch ein Besuch der einst so bedeutenden Burg, deren Erscheinungsbild vom Torturm der Oberburg bestimmt wird, der ebenso wie die Gewölbekeller zu besichtigen sind. Man mag sich an das bekannte deutsche Volkslied aus dem 19. Jahrhundert erinnern, in dem es heißt: „An der Saale hellem Strande stehen Burgen stolz und kühn. Ihre Dächer sind zerfallen, und der Wind streicht durch die Hallen, Wolken ziehen drüber hin.“ Diese Aussage gilt auch für den Giebichenstein, der, von der Saale aus gesehen, noch immer stolz gen Himmel ragt. Auch als Architekturmuseum lässt die Anlage den mittelalterlichen Alltag auf einer Burg lebendig werden. Und mit etwas Phantasie kann sich der Besucher verleiten lassen, angesichts der erhaltenen Ringmauern und Fundamente die Vergangenheit wiedererstehen zu lassen.

MORITZBURG IN HALLE/SAALE

Stadt Halle a. d. Saale

Die vierflüglige Moritzburg, die sich heute als Burg, als Ruine und als Museum zugleich präsentiert, hat eine mehr als 500-jährige Geschichte überstanden, die an der Formensprache der einzelnen Gebäudeteile ablesbar ist. Der Besucher begegnet der Spätgotik, der Renaissance, dem Barock, dem Historismus und schließlich seit dem Bau moderner Museumsräume auch der Architektur des 20./21. Jahrhunderts. Damit sind auch der Nord- und Westflügel wieder nutzbar geworden, insbesondere der Westflügel, der seit der Zerstörung im Dreißigjährigen Krieg nur als Ruine erhalten geblieben war und seitdem die „Saaleromantik" dokumentierte.

Die auf den drei Landseiten von einem 20 bis 25 Meter breiten und 10 Meter tiefen Graben umgebene mächtige Burg mit ihren vier Ecktürmen und den Maßen 85 x 72 Meter zählt zu den beeindruckendsten Objekten spätmittelalterlichen Burgenbaus in Mitteldeutschland. Die Magdeburger Erzbischöfe ließen sie 1484 bis 1503 als Zwingburg errichten, um ihre Herrschaft über Halle zu sichern. Erzbischof Albrecht von Brandenburg (1490–1545) veranlasste eine höchst repräsentative, kostbare und luxuriöse Ausstattung mit Gemälden von Cranach, Grünewald und Dürer, mit kostbaren Wandteppichen, qualitätsvollen Wandvertäfelungen und aufwendig gestalteten Kachelöfen. Die erzbischöflichen Staatsräume wie die privaten Wohn- und Arbeitsgemächer lagen flussseitig im West- und auch noch im Nordflügel. Die Moritzburg war repräsentatives Schloss und starke Festung zugleich.

Als Kardinal Albrecht 1541 in den Reformationswirren Halle aufgeben musste, nahm er seinen wertvollen Besitz mit. Schließlich zogen protestantische Verwalter in die Burg ein. Sie erlitt schwere Schäden während des Dreißigjährigen Kriegs. Ein verheerendes Feuer zerstörte 1637 während einer Belagerung den West- und Ostflügel. Bastionen wurden gesprengt. Die

*Moritzburg in Halle (Saale), Burghof mit dem Burgtor (links) und dem Westflügel (rechts, Foto: M*tth.K)*

Moritzburg in Halle (Saale), Gesamtansicht zur Stadt (Foto: Fenchelkiwi1)

zerstörten Gebäude blieben Ruinen. Den Bestimmungen des Westfälischen Friedens zufolge fiel die Moritzburg 1680 an den Großen Kurfürsten von Brandenburg. 1777 entstand für die preußische Garnison ein Lazarettgebäude, das heute von der Museumsverwaltung genutzt wird. Der Verfall der Moritzburg aber schritt fort, Karl Friedrich Schinkel lieferte einen Entwurf, der die Umgestaltung der Ruine in ein Universitätsgebäude vorsah, der aber aus Kostengründen nicht verwirklicht wurde. Da die Einsturzgefahr immer drängender wurde, entschloss man sich in Halle Ende des 19. Jahrhunderts, den Nordflügel für das Institut für Leibesübungen der Universität umzubauen. Die Turnsäle wurden bis 1990 genutzt.

Der preußische Staat überließ den Ost-, Süd- und Westflügel 1897 der Stadt zur Einrichtung eines Museums. Nach dem Zweiten Weltkrieg zogen ein kleines Theater, ein Restaurant, ein Studentenclub und ein Kabarett ein. In den neunziger Jahren begannen Rekonstruktionsarbeiten. Und 2003 erfolgte die Ausschreibung für den Erweiterungsbau des Museums. Die spanischen Architekten Fuensanta Nieto und Enrique Sobejano gewannen den Wettbewerb und zierten den West- und Ostflügel mit futuristischen Dachkonstruktionen. Das heutige Kunstmuseum Moritzburg Halle (Saale) besitzt eine umfangreiche Gemäldesammlung mit rund 2 800 Exponaten von der Gotik bis zur Moderne, ein grafisches Kabinett mit 37 000 Werken, eine 700 Objekte umfassende Skulpturensammlung, eine bedeutende kunsthandwerkliche Sammlung, das Landesmünzkabinett Sachsen-Anhalt mit 80 000 Münzen, Medaillen, Orden und Ehrenzeichen sowie Geldscheinen und nicht zuletzt eine stetig wachsende Sammlung von künstlerischen Fotografien.

NEUENBURG BEI FREYBURG

Stadt Freyburg an der Unstrut

Die Neuenburg, eine Höhenburg bzw. Talrandburg auf dem spornartigen Ausläufer einer Hochfläche über der Unstrut, wird als schönste Burg Sachsen-Anhalts bezeichnet. Sie war einmal die größte und eine der bedeutendsten Burgen der Thüringer Landgrafen und weist bis heute eine beträchtliche Bausubstanz des 11. bis 13. Jahrhunderts auf. Architektonisch höchst bedeutsam ist vor allem die um 1180 errichtete Doppelkapelle. Die zweiteilige Burganlage besteht aus der älteren Vorburg, die von Galerieflügeln begleitet wird, und aus der jüngeren Kernburg bzw. dem Schlossbereich mit der Küchenmeisterei.

Die Geschichte der Burg ist eng verknüpft mit dem Geschlecht der um 1030 von Mainfranken nach Thüringen gekommenen Ludowinger. Durch Heirat gelangte Ludwig der Springer um 1090 in den Besitz des Gebietes um Freyburg und ließ die Neuenburg zum Schutz seines Machtbereichs erbauen, die bis zum Aussterben des Geschlechts 1247 eine bedeutende Rolle spielte. Hier weilten die Landgräfin Elisabeth von Thüringen und Kaiser Friedrich Barbarossa, und hier konnte um 1185 Heinrich von Veldeke seinen Eneasroman beenden.

Die Markgrafen von Meißen, die Wettiner, traten das Erbe an und bauten die Burg weiter aus. Durch Erbteilung fiel sie 1485 an die albertinische Linie der Wettiner und später an das Kurfürstentum Sachsen. Mitte des 16. Jahrhunderts erfolgte der Umbau zu einem Jagdschloss, das 1770 in staatliche Verwaltung überging. Der Wiener Kongress verfügte 1815 die Übergabe an Preußen.

1934 musste die Neuenburg eine Obergauführerinnenschule aufnehmen. Ein Jahr später eröffnete ein erstes Museum. In DDR-Zeiten war das Schloss von 1970 bis 1989 für die Öffentlichkeit unzugänglich. Erst nach der Wende konnte der drohende Verfall aufgehalten und die Anlage wieder zu einem attraktiven historischen Ort mit Museum und Gastronomie gestaltet werden. Seit 1997 ist für das Schloss die Stiftung Schlösser, Burgen und Gärten des Landes Sachsen-Anhalt zuständig (heute Kulturstiftung Sachsen-Anhalt).

Neuenburg von Norden mit dem Bergfried (links)

Die Baugeschichte der Neuenburg führt bis in die Zeit um 1090 zurück, als erste Ringmauern entstanden, die sich weitgehend bis zu einer Höhe von 8 Metern erhalten haben. Sie umschlossen rund 5 000 Quadratmeter mit einigen Wohnbauten. Wall und Graben sicherten die gefährdete Ostseite. In der Nähe stand der erste Bergfried, ein Rundturm, der bis zum Bau der Doppelkapelle existierte und dessen Standort im heutigen Pflaster verewigt worden ist. Ein quadratischer Wohnturm befand sich an der südöstlichen Ringmauer, und ein zwei- oder dreigeschossiges Wohngebäude lag neben dem Burgtor. Um 1100 verstärkte man den östlichen Burgbereich durch eine innere Ringmauer mit zwei Türmen. Größe und Ausführung der Anlage dokumentierten eindringlich die Bedeutung der Landgrafen. Ab etwa 1175 errichtete man einen viergeschossigen Palas mit angemessenen Sälen. Gleichzeitig entstand die Doppelkapelle, die mit dem Palas verbunden war. Es wurden aufwendige Modernisierungen im Bereich der Hauptburg vorgenommen. Mitte des 12. Jahrhunderts entstand die große Vorburg mit zwei Bergfrieden, darunter dem „Dicken Wilhelm“, der einen Durchmesser von 14 Metern aufweist und seinerzeit eine Höhe von 23 Metern besaß. Der andere Bergfried wurde nach einem Brand 1662 weitgehend abgetragen, den Rest nutzte man später als Wasserbassin. Um 1225 entstand außerhalb der südlichen Ringmauer ein spätromanischer, viergeschossiger Wohnturm mit einer für die Zeit komfortablen Ausstattung. Unter Herzog Wilhelm III. erfolgten ab 1440 größere Umbauten, denen vor allem romanische Bausubstanz zum Opfer fiel. Nach dem Übergang in die staatliche Verwaltung kam es zu größeren Teilabbrüchen, bis Mitte des 19. Jahrhunderts denkmalpflegerische Bestrebungen einsetzten, die zu Restaurierungen und zum Erhalt der Gesamtanlage führten. Damals wurden vor allem das Fürstenhaus zur Oberförsterwohnung und für Aufenthalte des preußischen Königs umgebaut und die Doppelkapelle saniert.

Neuenburg von Süden

Bergfried der Neuenburg

Man kann die Kernburg durch das von einem Wohnturm flankierte Westtorhaus betreten und gelangt dann zum Osttorbau. Vorne rechts liegt das Pächterwohnhaus, und gleich links die Remise, an die sich die Küchenmeisterei anschließt. Betritt man den Innenhof, erblickt man zunächst die Doppelkapelle und links daneben den Fürstenbau. Hinter der Kapelle gelangt man zum Löwentorhaus und zum Galerieflügel. Der Bereich der Vorburg wird vom „Dicken Wilhelm“ beherrscht. Außerdem findet man die Reste des zweiten Bergfrieds sowie Wirtschaftsgebäude und Stallungen.

Die Neuenburg dient heute als viel besuchtes Museum, als anerkannter Ausstellungsort und besitzt eine allseits beliebte Gastronomie, die als perfekte Stätte für romantische Hochzeiten, Ritteressen und andere Tafeleien oder Großveranstaltungen zur Verfügung steht.

Neuenburg, Renaissanceportal von 1552

unten: Neuenburg, Doppelkapelle, Innenraum des Obergeschosses (links) und Außenansicht von Nordwesten (rechts)

BURG QUERFURT

Am südwestlichen Stadtrand von Querfurt im Saalekreis steht auf unregelmäßigem Grundriss die mächtige Talrandburg, die sich in Vorburg und Hauptburg gliedert und deren Erscheinungsbild gleich von mehreren Türmen bestimmt wird. Zwei ungewöhnlich starke Ringmauern und ein in den Felsen getriebenes Grabensystem schützen die weitläufige Anlage, die als größte und älteste Burg an der „Straße der Romanik" gilt. Gleichzeitig ist sie auch eine der größten mittelalterlichen Burganlagen in Deutschland.

Bronzezeitliche Funde im Bereich der Burg deuten auf eine frühe Nutzung des Geländes hin. Vermutlich um 780 existierte ein karolingischer Verwaltungssitz. In einem Zehntverzeichnis des Klosters Hersfeld, erstellt zwischen 881 und 899, erscheint Querfurt als zehntpflichtiger Ort. Ein castellum wird 979 erstmals in einer Urkunde Kaiser Ottos II. erwähnt. Die Burg war seit dem 10. Jahrhundert Stammsitz der Edelherren von Querfurt. Dem gleichen Jahrhundert sind auch die ältesten erhaltenen Bauteile zuzuordnen, nämlich Abschnitte der inneren Ringmauer sowie Teile des Korn- und Rüsthauses.

Im Jahr 1004 wurden eine Burgkapelle gestiftet und ein Chorherrenstift gegründet. Auf dem Burghof entstand ab 1162 die romanische Kirche, die im 14. Jahrhundert zusätzlich eine Grabkapelle erhielt. Der romanische Rundturm, der den Namen „Dicker Heinrich" erhielt und der bereits der Zeit um 1070 entstammen soll, aber wohl erst im 12. Jahrhundert entstand, ferner der Marterturm aus dem Ende des 12. oder dem Anfang des 13. Jahrhunderts und der angeblich um 1200, wahrscheinlich aber erst im 14. Jahrhundert errichtete Pariser Turm dominieren das Erscheinungsbild der Anlage. Für das 12. und 13. Jahrhundert ist der große Um- und Ausbau der Burg zu einer großen romanischen Anlage anzusetzen. Die äußere Ringmauer errichtete man Mitte des 14. Jahrhunderts. Im 15. Jahrhundert verstärkte man die Befestigungsanlagen durch

Stadt Querfurt

Burg Querfurt mit „Dickem Heinrich", Marterturm, Burgkapelle und Pariser Turm

Burg Querfurt, Grundriss
1 „Dicker Heinrich" 5 Fürstenhaus
2 Marterturm 6 Graben
3 Burgkapelle 7 Südrondell
4 Pariser Turm 8 Nordostrondell

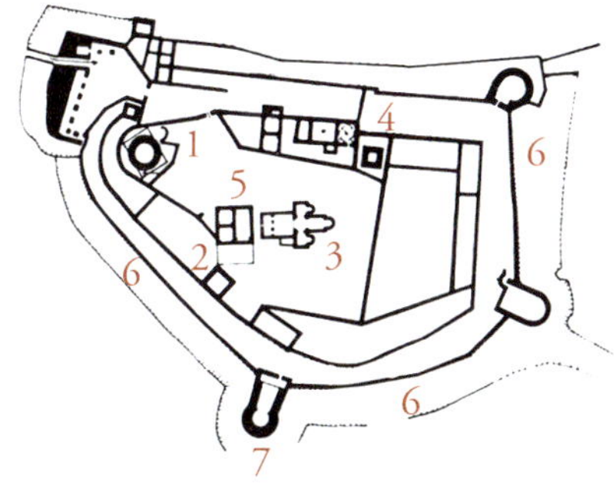

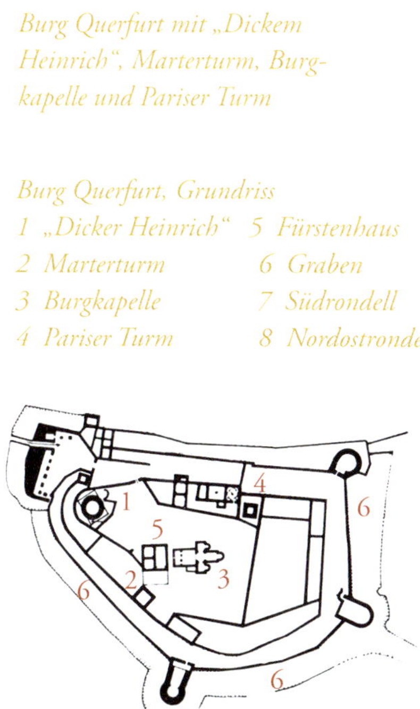

Burg Querfurt, Burgkapelle, Fürstenhaus und Marterturm

Burg Querfurt, Zufahrt Nordostrondell

Bastionen und das Westtor. Nach dem Tod des letzten Burgherren 1496 zog das Erzbistum Magdeburg Burg und Ort als erledigtes Lehen ein. Unter Albrecht von Brandenburg kam es zwischen 1528 und 1535 zu weiterer Bautätigkeit. Obwohl die Festung als uneinnehmbar galt, wechselten gegen Ende des Dreißigjährigen Krieges nach Beschießungen und Belagerungen mehrfach die Besitzer. Die Schweden sollten bis 1650 bleiben. Schließlich richteten 1663 die reichsunmittelbaren Fürsten von Sachsen-Querfurt in der Burg ihre Residenz ein, die bis 1746 bestand. Um 1700 entstanden noch einmal weitere Geschützstellungen. Schließlich gelangte Querfurt wieder in den Besitz des Kurfürstentums

Sachsen und 1815 an Preußen. Das Anwesen wurde in eine Domäne umgewandelt, die bis 1936 bestehen blieb. Im 19. und 20. Jahrhundert erfolgten wiederholte Restaurierungen und Sanierungen.

Das Zentrum der Burg bildet der Burghof mit der romanischen Burgkirche und den drei starken Türmen. Der „Dicke Heinrich" ist 27,50 Meter hoch, besitzt einen unteren Durchmesser von 14 Metern und eine Mauerstärke von 4,35 Metern. Als Wohnturm diente der Marterturm, der im 14. Jahrhundert erhöht und später nur noch als Kornspeicher genutzt wurde. Ein Verlies findet sich im Pariser Turm, der eigentlich Hausmannsturm heißt. Mit seiner barocken Haube von 1659 erreicht er eine Höhe von 57 Metern. Er dient heute als Aussichtsturm. Mitte des 14. Jahrhunderts errichtete man die fast 2

Burg Querfurt, südliches Rondell (oben und unten)

Burg Querfurt, Burgkapelle, Vierungskuppel (oben) und Ansicht von Osten (unten)

Meter dicke und 10 Meter hohe äußere Ringmauer mit zahlreichen Schießscharten. Zusätzlichen Schutz bot der 5 Meter tiefe und 11 Meter breite Trockengraben. Die Entwicklung der Feuerwaffen, vor allem der Kanonen, machten neue Wehranlagen erforderlich. Kanonenbastionen und besonders befestigte Toranlagen dokumentieren daher den wehrhaften Charakter der Burg. Die westliche Toranlage beispielsweise besitzt Mauern mit einer Stärke von 6 bis 10 Metern.

Die Burgkapelle oder ehemalige Stiftskirche, die ab 1162 über älteren Fundamenten als kreuzförmiger Bau errichtet wurde, war ab 1323 die Grablege der Grafen von Querfurt. Sie erhielt 1698–1716 eine barocke Ausstattung, die weitgehend erhalten geblieben ist.

Das repräsentative Fürstenhaus hat im Lauf der Zeit etliche Umbauten über sich ergehen lassen müssen. Es erhebt sich über den Grundmauern eines romanischen Palas, des Ottonenkellers. Es wurde 1528 in einen Renaissancebau umgestaltet und Mitte des 17. Jahrhunderts barockisiert.

Die Anfänge des Korn- und Rüsthauses reichen bis ins 10. Jahrhundert zurück. Es gründet auf ottonisch-romanischen Bauresten. Im Untergeschoss war die Rüstkammer untergebracht. 1680–85 erhielt es sein heutiges Aussehen.

Die Besucher sind bis heute beeindruckt von den außergewöhnlich starken Befestigungswerken. Im Burgmuseum, das im Korn- und Rüsthaus untergebracht ist, können sie sich vor allem über die Geschichte der Burg Querfurt informieren, über ihre militärische Bedeutung, aber auch über ihre Rolle als Handelsplatz und Gutshof.

Die malerische, vielgestaltige Burganlage hat in der jüngsten Vergangenheit wiederholt Dreharbeiten zu etlichen Filmen und Fernsehbeiträgen erlebt. So entstanden hier beispielsweise Aufnahmen für „Die Päpstin", „Der Medicus", für einige Märchenfilme u. a. Mit Kirche und Trausaal kann die Burg aber auch als romantische Kulisse für traumhafte Eheschließungen dienen.

RUDELSBURG

Der Felsrücken, auf dem die Rudelsburg sich erhebt, war nach archäologischen Funden bereits in der Bronze- und Eisenzeit besiedelt. Die 1171 erstmals urkundlich genannte Burg ist die wohl bekannteste im Saalegebiet. Sie thront auf ihrem felsigen Bergrücken rund 85 Meter über dem südlichen Ufer der Saale. Wahrscheinlich haben die Bischöfe von Naumburg sie errichten lassen, um die dortigen Handelswege zu schützen. Als Lehen kam sie 1238 an die Meißener Markgrafen aus dem Geschlecht der Wettiner. Die Stadt Naumburg besorgte 1348 die Zerstörung und Schleifung der Vorburg. Der Bruderkrieg zwischen Friedrich und Wilhelm von Sachsen führte 1450 zur Zerstörung der Burg, die aber wiederhergestellt wurde. Hier lebten bis zu ihrer Zerstörung im Dreißigjährigen Krieg, als die Schweden 1640 die Rudelsburg niederbrannten, verschiedene Adelsfamilien. Die Burgenromantik des 19. Jahrhunderts feierte die Ruine als die schönste Anlage an der Saale. Als der Berliner Student Franz Kugler 1826 auf der Rudelsburg weilte, dichtete er das später so berühmt gewordene Lied „An der Saale hellem Strande ...". Die Studenten aus Jena, Leipzig und Halle kamen immer wieder auf die Burg und gründeten hier 1848 ihren Dachverband, den Kösener Senioren-Convents-Verband (KSCV). Und ab 1855 wählten die Kösener Corpsstudenten die Ruine als Ziel ihrer jährlichen Treffen. Außerdem stieg die Zahl der Wanderer, die die Burg besuchten. Ihre leiblichen Bedürfnisse wurden schon seit 1827 mit der Eröffnung einer ersten Schenke befriedigt.

Ortsteil von Naumburg/Saale

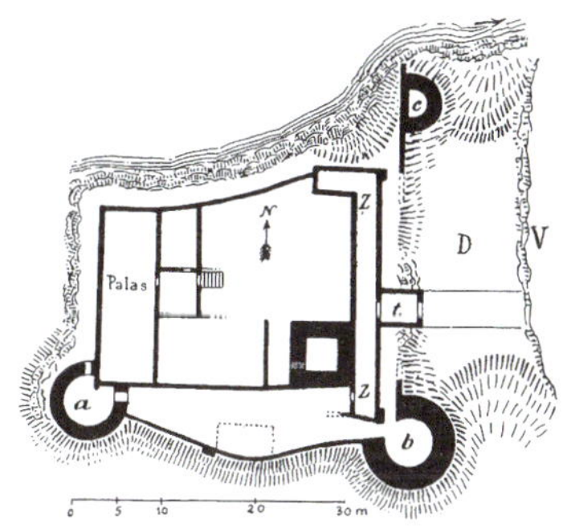

Rudelsburg: Ecktürme (a, b, c), Zwinger (zz), Torgebäude (t), Halsgraben (D), Reste der Vorburg (V)

Rudelsburg, Ansicht von der Saale

Rudelsburg, Südwand der Kernburg

Als man 1867 das 800-jährige Jubiläum der wieder aufgebauten Wartburg beging, setzten auch Überlegungen zu einer Restaurierung der Rudelsburg ein. 1871/72 erfolgten umfangreiche Arbeiten, in deren Verlauf vor allem der Rittersaal wiederhergestellt wurde, den Max Friese mit einem Gemäldezyklus über die Nibelungensage schmückte. Im Anschluss entstanden auf dem Gelände der Vorburg auch die bekannten Corpsdenkmäler: 1872 die Gefallenensäule zum Gedenken an die im Deutsch-Französischen Krieg gefallenen Corpsstudenten; 1890 der Kaiser-Wilhelm-I.-Obelisk; 1896 das Jung-Bismarck-Denkmal; 1926 das Denkmal für die Gefallenen des Ersten Weltkriegs. Die Kösener Corpsstudenten trafen sich 1934 zum letzten Mal auf der Rudelsburg. Schon im Folgejahr wurde ihr Verband durch die Nazis aufgelöst. In DDR-Zeiten tagten die Studenten in Bonn und Würzburg. Burg und Denkmäler verfielen. Erst in den 60er Jahren bemühte man sich wieder um die Belebung der alten Traditionen. Neue studentische Verbindungen wurden gegründet, und am 20. Juli 1987 konnte der erste Allianzkommers der Studentenvereinigungen der DDR gefeiert werden. Auch wenn zunächst nur 19 Teilnehmer anwesend waren, entwickelte sich die Burg wieder zum jährlichen studentischen Treffpunkt.

Die Rudelsburg besteht aus der Hauptburg und der Vorburg, die im 18. Jahrhundert als Steinbruch diente und daher nur in geringen Resten erkennbar geblieben ist. Sie umfasste einmal erstaunliche 22000 Quadratmeter und verfügte über Wohnungen der Burgmannen und über Wirtschaftsgebäude.

Die Kernburg erhebt sich hinter einem tiefen Halsgraben auf einem ungefähren Rechteck von rund 40 x 24 Metern. Ihre Bauten umschließen einen kleinen Innenhof, den der Besucher nach Überquerung des Halsgrabens, Passieren des äußeren Tors, Überschreiten des wohl noch aus romanischer Zeit stammenden Zwingers und der Durchquerung des inneren Torbaus betritt. Links erhebt sich der fast quadratische, 7,60 x 8,20 Meter messende romanische Bergfried mit einer Höhe von annähernd 20 Metern, der, wie meiste üblich, im Untergeschoss ein Verlies besitzt. Auf der Südseite steht ein zweigeschossiger Wohnbau, der mit dem im Westen folgenden, um 1200 errichteten zweigeschossigen und unterkellerten Palas verbunden ist, der wenig später ebenso wie die Ringmauer aufgestockt wurde. Auf der Nordseite finden sich die ergrabenen Fundamente weiterer Bauten. Die drei spätgotischen Rondelle und Zwingermauern dürften um die Mitte des 15. Jahrhunderts entstanden sein.

Ihre malerische Lage machen die Rudelsburg und die benachbarte Burg Saaleck zu einem viel besuchten touristischen Ziel. Die Besucher können nicht nur die eindrucksvolle Architektur erkunden, sondern auch die grandiose Aussicht auf das Saaletal und im Innenhof die gute Gastronomie genießen.

Rudelsburg (links) und Burg Saaleck mit ihren spätromanischen runden Bergfrieden (rechts)

WESTERBURG

Gemeinde Huy, Landkreis Harz

Die Westerburg, die allein schon durch ihren charakteristischen Grundriss als Rundlingsburg mit einer westlich angefügten Wohnburg beeindruckt, gilt als älteste bzw. zumindest als eine der ältesten erhaltenen Wasserburgen Deutschlands. In ihrer mehr als tausendjährigen Existenz hat sie eine überaus wechselvolle Geschichte erlebt.

Über ihre Entstehungsgeschichte liegen keine Nachrichten vor, aber sie wurde an einem befestigten Weg durch das Sumpfland des Großen Bruchs angelegt. Die Gründung soll schon in der Zeit Karls des Großen erfolgt sein, um die aufsässigen Sachsen überwachen zu können. Diese Überlieferung ist jedoch nicht belegbar. Sicher ist nur, dass das Gebiet um die Westerburg in karolingischer Zeit zum „Charudengau“ oder „Harzgau“ gehörte. Eine Urkunde Kaiser Heinrichs III. von 1052 über eine Schenkung an das Bistum Halberstadt beschreibt das Gebiet zweier Grafschaften im Harzvorland, in dem auch die Westerburg liegt. Aber es ist nicht sicher, ob damals bereits die Burg existierte. Vermutlich kann jedoch spätestens im 11. Jahrhundert die Existenz einer befestigten Stätte angenommen werden. Der erste sichere Nachweis einer Burg stammt erst aus dem Jahr 1335.

Westerburg, Luftbild der Kernburg (oben) und Gesamtansicht (unten, Fotos: Wolkenkratzer)

Seit 1052 gehörte die Westerburg zum Bistum Halberstadt. Die Regensteiner Grafen erhielten sie 1180 zu Lehen und bauten sie zu einer starken Festung aus, die allerdings auch den Erfordernissen einer Wohnburg entsprach. Die ovale Burg mit ihrem südwestlich gelegenen runden Bergfried besaß eine Größe von 60 x 80 Metern und wurde in das Gelände eines großen Ringwalls von 350 x 300 Metern eingefügt, der durch einen Wassergraben geschützt war. Die Ringmauer mit ihrer Mauerstärke von 1,95 Meter wurde zur Außenmauer der jeweiligen Gebäude. Um die Wende vom 13. zum 14. Jahrhundert erweiterte man die Anlage nach Westen mit dem Bau einer stattlichen Wohnburg, deren drei- und viergeschossige Flügel einen engen Innenhof umschließen. Im Jahr 1596 wurden in der Burg auf Veranlassung des damaligen Amtmanns Peregrinus Hünerkopf zwei und 1597 drei Hexen verbrannt. Nach dem Tod des letzten Regensteiner Grafen fiel die Westerburg an Halberstadt zurück. Es folgten mehrere Belehnungen oder Verpfändungen. Im Dreißigjährigen Krieg besetzten 1630 schwedische Truppen die Anlage, richteten jedoch ausnahmsweise keine größeren Schäden an. Nach dem Krieg fielen Halberstadt und damit die Westerburg an Kurbrandenburg. 1681 war die barocke Burgkapelle vollendet. Es folgten verschiedene Besitzerwechsel und Umbauten, bis 1701 preußische

Westerburg, Schlosskapelle (Foto: Bitbird)

Westerburg, Kernburg mit Bergfried (Foto: Frank Bothe)

Prinzen als Eigentümer der in eine Domäne umgewandelten Westerburg auftraten. Sie verpachteten die Burg 1770 an Georg Wilhelm Wahnschaffe unter der Bedingung, das Große Moor in Kulturland umzuwandeln. Seit 1802 war das Anwesen preußische Staatsdomäne. 1952 zog die LPG Westerburg ein, die hier ihren Verwaltungssitz einnahm, Wohnungen und ein Restaurant einrichtete. Nach der Wende verpachtete man zunächst die Burg, die 1999 einen privaten Eigentümer erhielt, der am 2. Juli 2000 das First Class Superior „Romanik Hotel Wasserschloss Westerburg" eröffnete, das zusätzlich zu den historischen Räumen auch eine Wellness- und Beautyfarm erhielt, ferner Tagungsräume, Hotelzimmer und Suiten, was in den folgenden Jahren weiter ausgebaut wurde.

Die Westerburg beeindruckt durch ihre malerische Lage wie durch ihr historisches Erscheinungsbild. Man erreicht die Burg, nachdem man die Brücke über den äußeren Graben überquert und das erste Torhaus durchschritten hat. Über den inneren Graben gelangt man zum zweiten Torhaus und dann in den großen Innenhof mit seinem auffallenden Taubenhaus in der Mitte. Fachwerkbauten umschließen den Hof. In der südwestlichen Ecke erhebt sich der fünfgeschossige, 33 Meter hohe Bergfried, der in spätgotischer Zeit erhöht wurde und gleichsam die sich anschließende Wohnburg schützt, deren Fenster und Portale von Umbauten der Renaissancezeit künden. Besonders sehenswert sind neben dem Bergfried vor allem die gräfliche Amtsstube, der Ritterkeller, der Fürsten- und Spiegelsaal, die barocke Schlosskapelle mit Standesamt und natürlich das unter gotischen Kreuzgewölben liegende Restaurant „Prinzessin Marie Pauline", das mit dem Slogan wirbt: „Essen können Sie überall – tafeln hier auf der Westerburg".

SCHLOSS WERNIGERODE

Stadt Wernigerode im Harz

Als beeindruckendes, einzigartiges Gesamtkunstwerk mit jahrhundertealter Geschichte, mit faszinierenden Innenräumen und umfangreichen Sammlungen thront Schloss Wernigerode rund 100 Meter über der gleichnamigen Rodungssiedlung und präsentiert sich als vielgestaltige Anlage des großen Umbaus im 19. Jahrhundert. Das großartige Denkmal des Historismus lädt dazu ein, die Wohnkultur des deutschen Hochadels in der zweiten Hälfte des 19. Jahrhunderts zu erkunden, private Lebensverhältnisse und repräsentative Empfänge der fürstlichen Familie kennen zu lernen. Hochwertige Ausstellungen vermitteln spannende Informationen zur Geschichte, zum Kunsthandwerk und zu besonderen Persönlichkeiten des 19. Jahrhunderts, wodurch das historistische Schloss zu einem Zentrum deutscher Kunst- und Kulturgeschichte wird.

Das heutige Schloss ist aus einer mittelalterlichen Burg hervorgegangen, die den deutschen Kaisern bei ihren Jagdausflügen im Harz als sichere Unterkunft diente. Eine erste Befestigung entstand Anfang des 12. Jahrhunderts. Die erste Erwähnung der Burg stammt von 1213. Graf Adalbert und/oder seine Nachfahren wählten die Burg zu ihrem Herrschaftssitz. Da sich hier zwei Handels- und Heerstraßen kreuzten, siedelten sich zu Füßen der Burg und in ihrem Schutz viele Handwerker und Händler an. 1229 erhielt die Siedlung bereits Stadtrechte. In der Folgezeit

Schloss Wernigerode (Foto: Hajotthu)

Wehranlage des Schlosses Wernigerode (Foto: Wolfgang Pehlemann Wiesbaden)

Schloss Wernigerode, Hauptansicht (Foto: Norbert Kaiser)

bildete sich die Grafschaft Wernigerode zu einem festen Territorium aus, nachdem in einem Krieg die unterlegenen Grafen von Regenstein beträchtliche Ländereien an die Grafen von Wernigerode verloren hatten. Diese starben 1429 in der männlichen Erblinie aus, und die Grafschaft fiel an die verwandten Grafen zu Stolberg.

Nach umfangreichen Um- und Ausbauten erweiterte man die Burg gegen Ende des 15. Jahrhunderts zu einer spätgotischen Anlage, von der sich im Innenhof noch zwei Vorhangbogenfenster erhalten haben. Im 16. Jahrhundert erfolgte der Umbau zu einer Renaissancefestung, von der noch ein Treppenturm kündet. Nach schweren Verwüstungen im Dreißigjährigen Krieg veranlasste Graf Ernst zu Stolberg-Wernigerode im 17. Jahrhundert den barocken Umbau der Ruinen zu einem repräsentativen Residenzschloss.

Die außergewöhnliche politische Karriere des Grafen Otto zu Stolberg-Wernigerode machte zwischen 1862 und 1885 den durchgreifenden Umbau des Schlosses im Stil des Historismus möglich. Graf Otto war ab 1867 der erste Oberpräsident der preußischen Provinz Hannover. Er war deutscher Botschafter in Wien. Er war als Vizekanzler Stellvertreter Bismarcks im Reich und stellvertretender Ministerpräsident Preußens. Der Architekt Carl Frühling (1839–1912) gestaltete geradezu einen vorbildhaften Leitbau des Historismus, eine auf Fernwirkung ausgerichtete Schlossanlage, die in der Außen- wie in der Innenarchitektur einen besonderen Formenreichtum aufweist. Nach Plänen des Architekten Friedrich Freiherr von Schmidt (1825–1891) wurde die 1880 vollendete Schlosskirche errichtet.

Die Fürsten zu Stolberg-Wernigerode gaben 1929 das Schloss als Wohnsitz auf. Teile der Anlage machte man ab 1930 der Öffentlichkeit zugänglich. Fürst Botho zu Stolberg-Wernigerode wurde 1945 als Eigentümer enteignet. Sowjetische Soldaten hausten 1946 im Schloss und richteten beträchtliche Zerstörungen an, vernichteten beispielsweise historische Waffen und Gemälde. Das Schloss kam 1946 an die Stadt Wernigerode, die ein „Feudalmuseum“ einrichtete, das, politisch und ideologisch motiviert, das angebliche Elend feudaler Jahrhunderte dokumentieren sollte. Seit 1998 spielt das Schloss als Zentrum für Kunst und Kulturgeschichte des 19. Jahrhunderts wieder eine angemessene Rolle.

BURG WETTIN

Gemeinde Wettin-Löbejün bei Halle/Saale

Die Burg Wettin, die heute ein Gymnasium und Landwirtschaftsbetriebe beherbergt, ist die Stammburg des berühmten und mächtigen Geschlechts der Wettiner, aus dem Markgrafen, Kurfürsten und Könige hervorgegangen sind. Sie erhebt sich in malerischer, majestätischer Lage über dem rechten Saaleufer auf einem langgestreckten Porphyrrücken.

An der Stelle der Burg hat nach archäologischen Befunden zum Schutz der Saalefurt bereits in karolingischer Zeit eine slawische Befestigung gestanden, eine Wallburg des 8./9. Jahrhunderts, die dann im Rahmen der deutschen Ostsiedlung in Reichsbesitz kam. Die erste urkundliche Erwähnung Wettins ist einer Urkunde Kaiser Ottos I. des Großen vom 29. Juli 961 zu verdanken, in der der Burgwardort als dem Magdeburger Moritzkloster zehntpflichtig erscheint. Die Grafschaft Wettin existierte mindestens seit dem 10. Jahrhundert. Zu dieser Zeit muss Ausgrabungen zufolge auch bereits eine Burg vorhanden gewesen sein. Die ehemalige Grafenburg stand im Bereich der heutigen Unterburg. Seit 1091 residierte Graf Konrad der Große auf der Burg, ab 1156

Burg Wettin (Foto: David Meisel

dessen Sohn Heinrich. In dieser Zeit ist als Burggrafenburg die Oberburg errichtet worden, so dass auf dem Burgfelsen zwei Burgen mit eigenen Vorburgen standen. Nachdem das Grafengeschlecht der Wettiner 1217 ausgestorben war, erbten die wettinischen Grafen von Brehna Burg und Herrschaft. Sie verkauften die Grafschaft 1288 an den Magdeburger Erzbischof. Die Burg wurde zu einem Verwaltungssitz. In der Folgezeit kam es zu verwickelten Lehnsverhältnissen, denn Ober- und Unterburg wurden in mehrere Lehen unterteilt. Es kam zu Verkäufen und Besitzerwechseln, zu Umbauten und Abrissen. Das heutige Erscheinungsbild der Burg wird großenteils von den im 19. und 20. Jahrhundert errichteten Wirtschaftsgebäuden bestimmt. Mitte des 20. Jahrhunderts bezog die Finanzwirtschaftsschule für Landwirte die Unterburg. 1963 folgte die Ingenieurschule für Agrochemie und Pflanzenschutz. Der Saalekreis übernahm 1990 die Burg und richtete 1991 auf dem Gelände das Burg-Gymnasium Wettin ein, das einzige Kunst-Gymnasium Mitteldeutschlands. Das zugehörige Internat liegt im Bereich der Oberburg.

Im Bereich dieser Rundburg, deren Bergfried schon seit Ende des 17. Jahrhunderts abgetragen wurde, sind Reste der mittelalterlichen Ringmauer und des Tors erhalten geblieben. Die wiederholt umgestalteten Gebäude des 16. Jahrhunderts ruhen auf mittelalterlichen Fundamenten und Kellern. Im Bereich der zugehörigen Vorburg finden sich Wirtschaftsgebäude des späten 19. Jahrhunderts. Die Vorburg der Unterburg besitzt noch ihre Ringmauer. Turm und Burgkirche wurden Mitte des 19. Jahrhunderts abgerissen. Die auf der Ringmauer stehenden Gebäude der Unterburg sind stark verändert worden. Zur Flussseite steht der im 17. und 18. Jahrhundert umgebaute langgestreckte Ammendorfer Flügel mit dem sogenannten Rittersaal. Stadtseitig erhebt sich der Winkelsche Bau aus dem 18. Jahrhundert. Ein zweigeschossiger Bau von etwa 1606 verbindet beide Gebäude. An der Südostecke erhebt sich dominierend der viergeschossige, ungefähr quadratische Winkelsche Turm aus dem frühen 17. Jahrhundert.

Wer den etwa 1 Kilometer langen Burgbereich erkundet hat, kann sich im heutigen Burgcafé erholen, dessen Ursprung vor 1900 in einem Schweinestall lag, der entsprechend umgestaltet wurde. Nach wechselvoller Geschichte der Burg-Schenke konnte schließlich 1992 nach der Wende das heutige Burgcafé eröffnet werden.

Burg Wettin (Foto: Mewes)

SCHLESWIG-HOLSTEIN

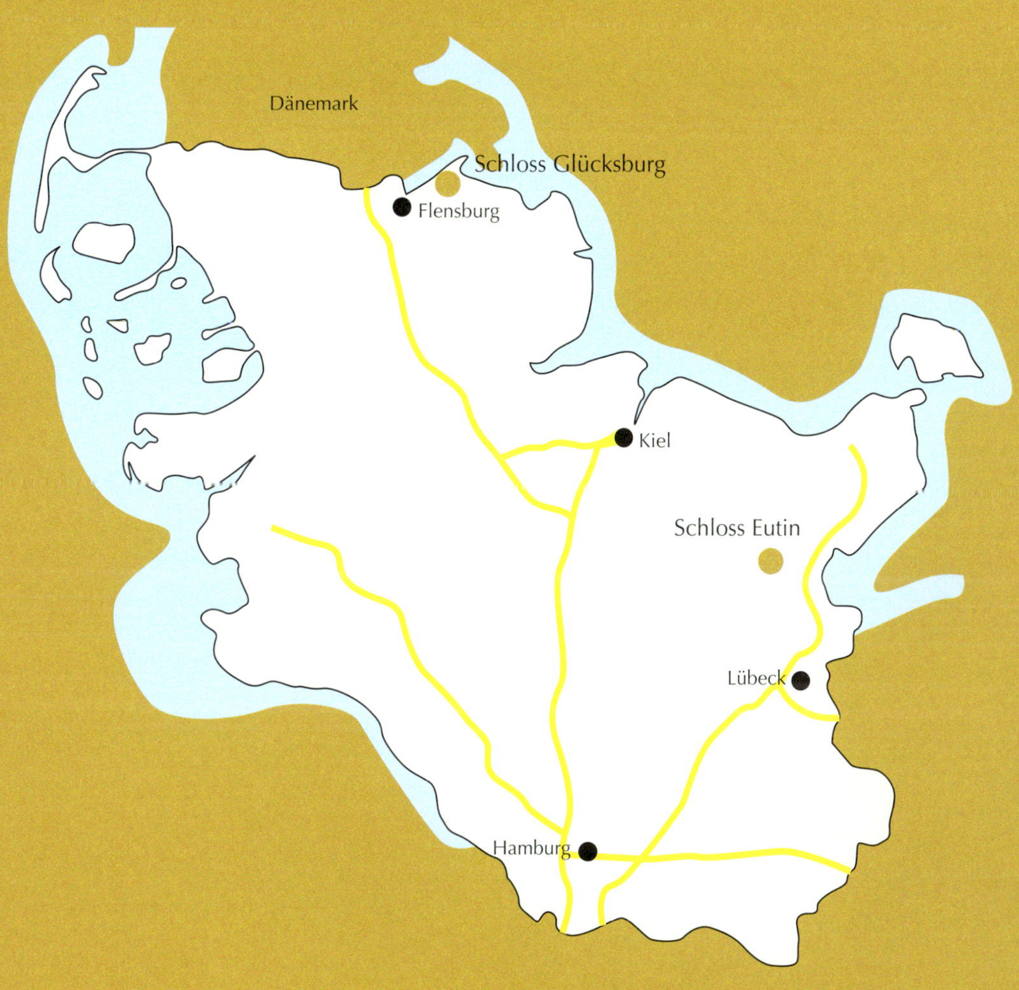

SCHLOSS EUTIN

Gemeinde Eutin, Ostholstein

Das Schloss, Keimzelle der Stadt Eutin, gilt als eines der bedeutendsten Zeugnisse höfischer Profanarchitektur in Schleswig-Holstein. An seiner Stelle stand einst eine mittelalterliche Burg, die sich im Lauf der Jahrhunderte zu einer repräsentativen, vierflügligen Residenz wandelte. Hier saßen einst die Lübecker Fürstbischöfe, später die Herzöge von Oldenburg. Heute dient das Schloss als Museum, in dem zahlreiche Räume mit originaler Ausstattung vom Spätbarock bis zum Klassizismus zu sehen sind.

Als Ursprung des heutigen Schlosses gilt ein ehemaliger Bischofshof, der zwischen 1260 und 1275 ein größeres Steingebäude erhielt, das sich zum Teil im Ostflügel erhalten hat. Über diese frühe Burg liegen nur sehr spärliche Nachrichten vor. Als Folge der fast ständigen Auseinandersetzungen der anfangs in Oldenburg und ab 1160 in Lübeck residierenden Bischöfe mit den Lübeckern wurde die Eutiner Burg im 13. und 14. Jahrhundert immer stärker befestigt. Weitere Ausbauten erfolgten im 15. Jahrhundert, bis sich im 16. Jahrhundert ein einfaches Renaissanceschloss herausbildete. Die unterschiedlichen Bauphasen sind eine Erklärung für den unregelmäßigen Grundriss des heutigen Anwesens.

Die Herzöge von Schleswig-Holstein-Gottorf übernahmen 1586 Eutin und stellten in der Folgezeit die Fürstbischöfe. Die Umwandlung des Bistums in eine weltliche Herrschaft konnte im Dreißigjährigen Krieg verhindert werden. Dafür wurde das Amt des Fürstbischofs dauerhaft dem Haus Gottorf zugesagt, was wiederum zu Unstimmigkeiten mit den Dänen führte, die 1705 das Schloss eroberten und teilweise zerstörten. Die große Zeit des Schlosses Eutin lag im 18. und 19. Jahrhundert, als es den Rang eines barocken Fürstenhofs einnahm, was zu entsprechenden Umbauten und zur Anlage des großzügigen Schlossparks führte. Es gab sogar Überlegungen für einen angemessenen Neubau, die aber an finanziellen Problemen scheiterten. Ab 1820 verfolgte man Pläne zu einer klassizistischen Umgestaltung der Innenräume, die bis 1840 erfolgte. Bis 1845 stockte man das Schloss zudem um eine Etage auf. Bis 1918 diente es regelmäßig den Oldenburger Herzögen als Sommerresidenz. Nach ihrer Abdankung blieb das Schloss unbewohnt, und man eröffnete ein erstes Museum.

Nach dem Zweiten Weltkrieg diente das Schloss vorübergehend als Flüchtlingslager mit zum Teil katastrophalen Lebensverhältnissen. Erhebliche Schäden waren die Folge. Nach beträchtlichen Restaurierungen konnte das Schloss 1957 zum Teil wieder der Öffentlichkeit zugänglich gemacht werden. 1992 schließlich gründete die herzogliche Familie die „Stiftung Schloss Eutin".

Das Erscheinungsbild des Schlosses hat sich im Lauf mehrerer Jahrhunderte herausgebildet. Es präsentiert sich als asymmetrische Vierflügelanlage und misst etwa 70 mal 80 Meter. Die barocke Umgestaltung hat das äußere, fast schmucklose Bild nur wenig beeinflusst, da sie vor allem auf die Innenausstattung beschränkt blieb. Der Westflügel wird bestimmt durch das große, übergiebelte Torhaus des 15. Jahrhunderts und zwei seitliche Türme aus der Zeit um 1485 (Rundturm) und 1600. In diesem Flügel lagen die fürstlichen Wohnräume, ein Speisesaal und ein Gesellschaftssalon sowie die mit holländischen Fliesen geschmückte Küche. Der Nordflügel aus der Renaissancezeit, der seine Gestalt Anfang des 17. Jahrhunderts erhielt, war der Hauptbau und barg den Rittersaal oder Festsaal. Im Ostflügel waren vor allem die Gästezimmer zu finden. Erwähnenswert sind insbesondere der zentral gelegene Gelbe Salon und das Gobelinzimmer. Der zum Garten gelegene Südflügel enthielt vor allem die privaten Räume der herzoglichen Familie sowie die mehrgeschossige Schlosskapelle mit Fürstenloge und Emporen. Bedeutsam waren und sind weiterhin die Gartenanlagen. Ein erster Schlossgarten war schon 1500 entstanden, dem Anfang des 17. Jahrhunderts ein Lustgarten folgte, der dann zum Barockgarten umgestaltet wurde. Seit Ende des 18. Jahrhunderts erfolgte erneut eine umfassende Änderung, die Umgestaltung in einen englischen Landschaftsgarten mit Einbeziehung des Großen Eutiner Sees, mit Baumgruppen und Wasserläufen, mit Wasserfall und Brücken, mit verschlungenen Wegen und verschiedenen Bauten.

Schloss Eutin, Hauptansicht
unten: Schlosskapelle (Foto: Holger.Ellgaard)

SCHLOSS GLÜCKSBURG

Gemeinde Glücksburg, Kreis Schleswig-Flensburg

Schloss Glücksburg zählt zu den bekanntesten und wichtigsten Residenzbauten und Renaissanceschlössern Norddeutschlands und Nordeuropas. Seine Entstehung und Geschichte ist geprägt durch den Einfluss von Entwicklungen von europäischer Bedeutung, durch seine Nutzung als Stammsitz der Herzöge aus dem Haus Glücksburg wie als zeitweiser Regierungssitz dänischer Könige. Erbaut wurde das Schloss 1583–87 von Johann dem Jüngeren, einem Sohn des dänischen Königs Christian III. Heute dient es als Museum.

Die Geschichte des Schlosses begann 1582, als der dänische König Friedrich II. seinen Bruder Johann III. den Jüngeren mit umfangreichen Ländereien im Gebiet des späteren Schlosses belehnte. Dieser kam als frühmerkantilistischer Unternehmer zu Wohlstand, den er durch mehrere Schlossbauten kundtat. Dazu gehörte auch Glücksburg, das an der Stelle des 1538 aufgehobenen Klosters Rüde errichtet wurde. Nach Johanns Tod teilten seine Erben das Herzogtum Schleswig-Holstein-Sonderburg. Der Sohn Philipp erhielt Glücksburg und begründete so die ältere Linie des Hauses Schleswig-Holstein-Sonderburg-Glücks-

Schloss Glücksburg

Schloss Glücksburg

burg. Das Schloss diente vor allem als repräsentativer Familiensitz. Nach dem Tod des kinderlos gebliebenen Friedrich Hinrich Wilhelm 1779 fiel das Herzogtum an die dänische Krone zurück. Das Schloss blieb bis 1824 Witwensitz. König Friedrich VI. belehnte 1825 seinen Schwager Friedrich Wilhelm von Holstein-Beck mit Glücksburg, der zum Begründer der jüngeren Linie des Hauses Glücksburg wurde. Sein Sohn Christian (IX.) sollte dänischer König und damit Stammvater der noch heute in Dänemark regierenden Linie der Glücksburger werden. Nach dem preußisch-dänischen Krieg von 1864 musste Dänemark seine Ansprüche auf Schleswig-Holstein aufgeben. Das Schloss kam in preußischen Besitz, wurde aber 1869 wieder der herzoglichen Familie übergeben, die hier bis ins 20. Jahrhundert wohnte. Sie brachte das Schloss 1922 in eine Stiftung ein, damit es als Museum erhalten blieb. Das Schloss überstand den Zweiten Weltkrieg und diente zuletzt noch als Haftanstalt, bis es 1948 als Museum wieder geöffnet wurde.

Die Lage des Schlosses in einem künstlich aufgestauten Teich, die schießschartengleichen Fensteröffnungen der unteren Turmgeschosse, die ursprünglich mit Zinnen versehenen Türme und die längst verschwundene Zugbrücke gaben dem Bauwerk ein wehrhaftes Aussehen, wie es in damaliger Zeit offensichtlich erforderlich war.

Das Schloss steht auf einem Granitsockel und steigt als weiß verputzter Backsteinbau direkt aus dem Wasser empor. Auf quadratischem Grundriss mit einer Seitenlänge von fast 30 Metern zeigt sich die Glücksburg als sogenanntes Mehrfachhaus. Es setzt sich aus drei Häusern zusammen, die jeweils über einen eigenen Grundriss und ein eigenes Dach verfügen. Im mittleren Bau liegen das Vestibül und die großen Säle, in den seitlichen Bauten die Wohnräume. Die Kapelle nimmt quer zum Gesamtgrundriss ihren Platz im mittleren und östlichen Bau ein. Oktogonale Türme mit einem Durchmesser von sieben Metern betonen die Ecken. Hofseitig gliedern zwei Treppentürme die Fassade und verbinden die oberen Geschosse miteinander. Rechnet man die

Flächen des Vestibüls, der beiden Säle, der Kapelle, der zwölf mittleren Zimmer, der zwölf Turmzimmer und der elf Eckzimmer zusammen, erhält man eine Gesamtwohnfläche von rund 3 000 Quadratmetern.

Das Erscheinungsbild des Schlosses ist seit 400 Jahren nahezu unverändert geblieben, wenn man von eher geringfügigen Veränderungen im 19. Jahrhundert einmal absieht, die vor allem Zierformen und Zwerchhäuser betrafen. Die Gestaltung der Innenräume geht vor allem auf die Barockzeit zurück. Die einstige Ausstattung versteigerte man 1824 zu einem großen Teil oder brachte sie nach dem Krieg von 1864 nach Berlin. Daher ist die heutige Ausstattung weitgehend dem 19. Jahrhundert zuzuordnen.

Das Kellergeschoss, das zur Hälfte unter der Wasserlinie liegt, nahm früher die Küchen-, Wirtschafts- und Vorratsräume auf, die über eigene Zugänge verfügten. Durch den Haupteingang betritt man das Schloss und gelangt ins Vestibül. In den seitlichen Zimmern residiert heute die Schlossverwaltung. Die ursprünglich im Stil der Renaissance ausgeführte Kapelle barockisierte man im frühen 18. Jahrhundert. Später übertünchte Fresken aus der Erbauungszeit sind 1973 wieder freigelegt worden. Westlich der Kirche liegt die Hausgruft, in der 38 Familienangehörige ihre letzte Ruhe gefunden haben. Das erste Obergeschoss diente vor allem zu Wohnzwecken. Zentral liegt der reich ausgestattete Rote Saal, der 30 mal 10 Meter misst und 4 Meter hoch ist. Das zweite Obergeschoss nahm vermutlich Lager- und Speicherräume auf, die man später zu Wohn- und Gästezimmern umbaute. In zentraler Lage findet sich wieder ein Saal, der einmal als Esszimmer diente und heute als Konzertsaal genutzt wird.

Erwähnenswert ist natürlich auf der rechteckigen Wirtschaftshof-Insel noch die Vorburg mit Torhaus, Kavaliershaus und Ställen, eine typische Gebäudegruppe adliger Architektur des 16. Jahrhunderts in Schleswig-Holstein.

Schloss Glücksburg

THÜRINGEN

Burg Bodenstein
Burg Hanstein
Burg Creuzburg
Eisenach
Wartburg
Burg Gleichen
Erfurt
Zitadelle
Petersberg
Wasserschloss
Heldrungen
Wasserburg
Kapellendorf
Oberschloss
Kranichfeld
Gera
Burg Ranis
Werra
Veste Heldburg

BURG BODENSTEIN

Ortsteil Bodenstein der Stadt Leinefelde-Worbis, Landkreis Eichsfeld

Die mittelalterliche Höhenburg liegt im Ohmgebirge über dem Dorf Wintzingerode, nach dem sich spätere Burgherren benannt haben, und ist die am besten erhaltene Burg des ganzen Eichsfelds. Die verputzte Dreiflügelanlage wird als Familienbildungs-, Erholungs- und Begegnungsstätte der evangelischen Kirche genutzt.

Vermutlich diente eine frühe Befestigung der Grenzsicherung zwischen Franken und Sachsen. König Heinrich I. ließ sie im 10. Jahrhundert gegen die Ungarneinfälle verstärken und machte sie zu liudolfingischem Hausgut. In salischer Zeit verfügte Graf Otto von Northeim über die Burg. Als vermutliche Nebenlinie der Northeimer traten später die Herren von Bodenstein auf. Die 1098 erstmals erwähnte Burg und die Herrschaft Bodenstein gelangten 1275 an die Welfen, wurden aber schon 1293 durch Herzog Heinrich den Wunderlichen von Braunschweig-Grubenhagen an die Grafen von Honstein veräußert, 1322 wieder eingelöst und 1327 erneut an die Honsteiner gegeben, die sie schließlich 1337 an Hans von Wintzingerode und drei weitere Mitbesitzer mit allen Rechten und Einkünften verkauften. Die Herren von Wintzingerode konnten bis 1448 ihre Mitbesitzer auszahlen und blieben bis 1945 im Besitz der Burg, also bis zu ihrer Enteignung nach dem Zweiten Weltkrieg.

Während der Bauernkriege 1524–26 zerstörten die von Thomas Müntzer angeführten Bauern 1525 die Burg Bodenstein, die aber umgehend wieder aufgebaut wurde. Die Herren von Wintzingerode führten 1530 die Reformation ein, wodurch sie in gefährliche Gegnerschaft zu Kurmainz und zu den Herren von Honstein gerieten. Als Graf Volkmar Wolf von Honstein 1573 seine Rechte als Oberlehnsherr über Bodenstein an Kurmainz abtrat, wertete Berthold XI. von Wintzingerode diesen Schritt als Bruch der Lehnstreue und beanspruchte Burg und Herrschaft als sein freies Eigentum. Daraufhin wurde die Burg 1574 erobert und der Burgherr gefangen gesetzt. Er hatte ein Jahr zuvor einen Anhänger seiner Scharfensteiner Vettern erschossen, welche Tat man ihm nun vorwarf. Er wurde 1575 zum Tod verurteilt und hingerichtet. Burg und Herrschaft Bodenstein erhielten die mit Berthold verfeindeten Vettern Hans und Bertram von Wintzingerode.

Luftbild der Burg Bodenstein (Foto: Ruben1821)

Die Grafen von Honstein starben 1593 aus. Wegen der Oberlehnsherrschaft der Welfen kam es nicht zur Ge-

Burg Bodenstein (Foto: pixlux.de – lizenziert unter CC-BY-SA-2.5)

genreformation, und nach dem Dreißigjährigen Krieg war die Stellung der Protestanten wie der Herren von Wintzingerode sogar gestärkt. 1688 baute man die Burg zu einem Wohnschloss um und richtete die Kapelle ein. 1803 kam die Herrschaft Bodenstein an Preußen, in der Franzosenzeit an das Königreich Westfalen und ab 1815 wieder an Preußen. Ab 1914 lenkte Gisela Gräfin von Wintzingerode (1886–1972) die Geschicke Bodensteins, die sich im Dritten Reich stark für die evangelische Bekennende Kirche einsetzte. 1945 wurde die Familie entschädigungslos enteignet und ging in den Westen. Gräfin Gisela nutzte ihre kirchlichen Beziehungen und erreichte es, dass die evangelische Kirche Burg Bodenstein übernahm. Umfangreiche Sanierungen erfolgten 1991–94, und 1998 konnte man das 900-jährige Jubiläum der Burg feiern.

Von der mittelalterlichen Anlage, die aus Bergfried, Ringmauer und Vorburg bestand, sind die starken Grundmauern der Hauptburg, der Archivturm, der Kornspeicher und andere Reste erhalten geblieben. Dem 16. Jahrhundert entstammen die beiden unteren Geschosse des südlichen Flügels und der Treppenturm. Nach dem Einsturz der Außenwand des Westflügels erfolgte der Wiederaufbau noch im 16. Jahrhundert. Im 17. Jahrhundert wurde der östliche Teil des Nordwestflügels in Fachwerk errichtet. Außerdem entstanden Kapelle und Westflügel, Bergfried und Befestigungsanlagen wurden beseitigt, und der Südflügel erhielt ein Fachwerkgeschoss mit einem großen Saal. Größere Umbauten erfolgten dann noch Ende des 19. Jahrhunderts, als u. a. die ehemaligen Ställe in Wohnraum umgestaltet wurden.

BURG CREUZBURG

Stadt Creuzburg/ Werra

Die oberhalb der 973 erstmals erwähnten Stadt Creuzburg liegende Ringmauerburg gehört zu den bedeutenderen romanischen Burganlagen Deutschlands und ist sogar als „Schwesterburg der Wartburg“ bekannt. Ihre 340 Meter lange Ringmauer umschließt eine Fläche von 7400 Quadratmetern. Die 1165–70 erbaute Anlage war zeitweise Residenz der Landgrafen von Thüringen und Wohnort der heiligen Elisabeth von Thüringen, die hier 1222 ihren Sohn Hermann zur Welt brachte.

Landgraf Ludwig II. veranlasste den Bau der Burg, die der Überlieferung nach am Ort eines älteren Klosters entstand. Aus dieser Frühzeit haben sich Ringmauer, Turmhaus mit Elisabeth-Kemenate und Teile des Palas erhalten. Die Burg sollte die Stadt Creuzburg, die wichtige Werrabrücke und natürlich die landgräflichen Ländereien schützen.

König Adolph von Nassau belagerte 1295 vier Wochen lang Burg und Stadt, brannte Teile der Stadt nieder, konnte die Burg aber erst einnehmen, nachdem die tapfere Besatzung wegen Wassermangels aufgeben musste. Der in Creuzburg 1360 geborene Stadtschreiber, Kanoniker, Historiker und Autor Johannes Rothe hat die Namen dieser verwegenen Burgmänner überliefert.

Die Wettiner bestimmten die Burg zum Sitz des Verwaltungsamts Creuzburg. Sie ließen die Burg erweitern und mit Brunnenhaus, Kornspeicher und weiteren Nebengebäuden ausstatten. Mit der Entwicklung und Verbreitung der Feuerwaffen nahm die militärische Bedeutung der Burg ab. So diente sie seit dem 15. Jahrhundert der Justiz und der Verwaltung, für deren Zwecke das Gelbe Haus errichtet wurde. In den nachfolgenden Kriegen, dem Dreißigjährigen wie dem Siebenjährigen Krieg, nahmen die Offiziere der durchziehenden Streitmächte in der Burg Quartier.

Haupttor der Creuzburg und romanischer Palas (Foto: Metilsteiner)

Im 18. Jahrhundert ließ Herzog Johann Wilhelm von Sachsen-Eisenach (1666–1729) die Creuzburg zu einem Schloss umgestalten und die Remisen und vor allem das Herzoghaus erbauen. 1779 kam Goethe auf einer Dienstreise zur Creuzburg. In den Revolutionsjahren 1848/49 inhaftierte man Burschenschaftler im Wohnturm. 1899 schließlich kaufte ein Herr von Dreyse, dessen Großvater das Zündnadelgewehr entwickelt hatte, die Anlage. Ihm folgte 1921 der Erfurter Hotelier Georg Kossenhaschen, der den Architekten und Burgenexperten Bodo Ebhardt mit einer umfassenden Instandsetzung beauftragte. US-Truppen besetzten am 2. April 1945 die Burg und richteten eine Sonderbehörde ein. Die Flüchtlinge, die hier Zuflucht gefunden hatten, mussten innerhalb kürzester Zeit die Anlage verlassen.

Als die Rote Armee einrückte, wurden die Besitzer enteignet, die wertvolle Ausstattung zerstört und geplündert. Die Burg wurde zur Kaserne der Besatzer, dann der DDR-Grenztruppen, bis die Stadtverwaltung einzog. Zeitweise diente die Burg auch als Schule und Ferienlager. Die Gebäude verfielen, so dass 1975 die Anlage offiziell gesperrt werden musste. Creuzburger Bürger gründeten 1981 einen Verein zur Erhaltung der Burg, die 1991 wieder der Öffentlichkeit zugänglich gemacht wurde. 1997 konnte der Hotelbetrieb aufgenommen werden. Die Burg befindet sich im Besitz der Stadt Creuzburg.

Gesamtansicht der Burg Creuzburg (Foto: Metilsteiner)

Der Besucher kann nicht nur das große Gelände der Anlage und ihre Bauten besichtigen, sondern sich auch im Heimatmuseum wichtige Informationen vermitteln lassen. Man kann in historischer Kulisse märchenhafte Hochzeiten oder andere Festivitäten inszenieren oder sich im Hotel und/oder im Restaurant verwöhnen lassen. Jedes Jahr findet zu Pfingsten ein großes Mittelalterfest statt, auf dem gezeigt wird, wie die Menschen vor Jahrhunderten lebten, arbeiteten und feierten.

Nördliche Ringmauer der Creuzburg (Foto: Metilsteiner)

BURG GLEICHEN

Gemeinde Wandersleben, Kr. Gotha

Die Burg liegt etwa 100 Meter über der von dem kleinen Flüsschen Gera gestalteten Landschaft und wurde von den Grafen von Weimar-Orlamünde im 11. Jahrhundert an der überaus wichtigen Handelsstraße zwischen Erfurt und Nürnberg errichtet. Die große mittelalterliche Burgruine gehört zur Burgengruppe der Drei Gleichen oder auch Thüringer Gleichen (Burg Gleichen, Burg Mühlburg, Burg Wachsenburg). Der Name „Gleichen“ überrascht, denn die Burgen sind keineswegs gleich. Es gab auch keine historische begründete Gemeinsamkeit, auch keine gemeinsamen Besitzer. Aber am 31. Mai 1230 soll ein Kugelblitz fast gleichzeitig in alle drei Burgen eingeschlagen und die Türme in Brand gesetzt haben. Der Name wird aber wohl auf die topografische Situation der drei Burgen zurückzuführen sein, die auf etwa gleicher Höhe auf drei benachbarten, kegelförmigen Bergen stehen.

Ergrabene Kulturschichten deuten auf eine Anlage des frühen 8. Jahrhunderts hin und damit auf die Zeit der fränkischen Eroberung. Bauliche Überbleibsel gibt es davon jedoch nicht. Ebenso wenig von der ersten, 1034 erstmals genannten mittelalterlichen Befestigung, in der sich Markgraf Ekbert II. von Meißen, Anführer des sächsischen Aufstands gegen König und Kaiser Heinrich IV., verschanzt hatte und die von einem Reichsheer vergeblich belagert wurde. Um 1100 gelangte die Burg in den Besitz Heinrichs II. von Laach, der mit der thüringischen Grafentochter Adelheid von Weimar-Orlamünde vermählt war. Sein Enkel, Pfalzgraf Wilhelm, schenkte die Burg um 1135 dem Mainzer Erzbischof. Als Lehnsträger erscheinen seit 1162 die Grafen von Tonna-Gleichen. In einer Fehde mit den Landgrafen kam es 1178 zu einer erneuten Belagerung und Zerstörung der Burg. Ein Brand richtete 1230 einmal mehr schwere Schäden an, aber sie wurde wieder aufgebaut. Im 16. Jahrhundert entstanden das Kanzleigebäude und als neues Herrenhaus ein Renaissanceschloss. Nach dem Aussterben der Grafen von Gleichen 1631 kam das Lehen 1641–1793 an die Grafen von Hatzfeld-Gleichen. Danach setzte der Verfall ein. Die Burg gelangte 1803 und nach der Franzosenzeit 1816 in preußischen Besitz. Der Freiherr Karl von Müffling kaufte sie 1817 und ließ einige Instandsetzungsarbeiten durchführen. Man brach ab 1841 etliche Bauten ab, entfernte angeblich aus statischen Gründen das Dach des Herrenhauses und beschleunigte damit dessen Verfall. Erst ab 1897 begannen Sicherungsarbeiten. Zwischen 1934 und 1937 erfolgte die Wiederherstellung einzelner Gebäudeteile.

Blick von der Mühlburg zur Burg Gleichen (Foto: CTHOE)

Bauarchäologische Untersuchungen haben ergeben, dass die Burg Gleichen seit dem 12. Jahrhundert elf Bauphasen erlebt hat, was für ihre frühere Bedeutung spricht. Ihre Befestigungen wurden wiederholt verstärkt. Zum Bau eines Wohnschlosses kam es erst, als die militärische Bedeutung der Burg dank der verbesserten Waffentechnik geschwunden war.

Da hoch aufragende Gebäude in der heutigen, 110 mal 70 Meter großen Ruine fehlen, wirkt die Burganlage zunächst wenig spektakulär. Wenn man zur Burg hinaufsteigt, gelangt man zunächst zum nur noch 18 Meter hohen Rest eines Wehrturms, der als Bergfried bezeichnet wird und das südliche Ende der Ringmauer markiert. Über den Graben geht es weiter zum teilweise erhaltenen Zwinger. Richtung Kernburg findet man die Fundamente einstiger Wirtschaftsgebäude und sieht die imposante Ringmauer. Durch das immer noch imposante Doppeltor führt der Weg in den großen Burghof. Die äußere Wehrmauer ist fast vollständig erhalten geblieben. Südlich steht der schon erwähnte Bergfried, in dem eine kleine Ausstellung zu sehen ist. Vom Bergfried aus ist nicht nur die umgebende Landschaft mit den beiden anderen Burgen zu sehen, sondern auch der ovale Grundriss der Burg selbst wird deutlich.

Luftbild der Burg Gleichen (Foto: Zerbie)

Östlicher Teil der Burg Gleichen (Foto: CTHOE)

Angelehnt an die Ringmauer umzogen einst zahlreiche Gebäude den großen Innenhof. Sie beginnen östlich mit dem großen Keller, gefolgt vom Kanzleigebäude, dem Archivgewölbe, dem Torgewölbe mit der Kapelle und dem romanischen Wohnbau. Nördlich schließen sich die Filterzisterne und westlich das große Herrenhaus an.

BURG HANSTEIN

Gemeinde Bornhagen/Eichsfeld

Die imposante Anlage mit ihren gewaltigen Mauern gilt als „schönste Burgruine in Mitteldeutschland“, als „Ritterschloss wie aus dem Bilderbuch“. Sie überragt auf ihrem Buntsandsteinfelsen beeindruckend das Eichsfeld. Vom 24 Meter hohen Nordturm oder Bergfried aus geht der Blick bis zum Thüringer Wald, zum Brocken, zum Hohen Meißner, bis zu den Göttinger Bergen und natürlich über die Berge des Eichsfelds und über das Werratal.

Die erste gesicherte Nachricht über die Burg lieferte Lambert von Hersfeld, der zum Jahr 1070 festhielt, König Heinrich IV. habe im August die Burg Hanenstein des Grafen Otto von Northeim von Grund auf zerstören lassen. Die Northeimer Grafen starben 1144 aus, und die Burg kam in welfischen Besitz. 1209 gelangte die Burg an das Erzbistum Mainz. Da die Burg im Lauf des 12. Jahrhunderts baufällig geworden war, kam es zwischen dem Erzbischof und den Brüdern Heinrich und Lippold von Hanstein 1308 zu einem Vertrag, dem zufolge sie eine neue und feste Burg erbauen wollten, wenn ihnen und ihren männlichen Nachkommen der Anspruch auf das Burgmannenamt zugesichert werde. Wenn das Geschlecht aussterben sollte, würde die Burg an den Erzbischof zurückfallen. Die Hansteiner errichteten die Burg und machten sie zu ihrem Stammsitz. Sie wurde zu einer wichtigen Grenzfestung des Mainzer Eichsfelds. Die Herrschaft stand jedoch auf schwachen wirtschaftlichen Füßen, so dass sich die Herren von Hanstein als Raubritter betätigten und im Werratal Händler überfielen. Dies führte dazu, dass in direkter Nachbarschaft auf hessischem Gebiet 1416 die Burg Ludwigstein errichtet wurde, die dagegen die Händler schützte. Der berühmt gewordene Zweiburgenblick im Werratal wurde später für Wanderer und Maler zu einem attraktiven Ziel und 1961–89 zum Symbol der deutschen Teilung.

Burg Hanstein (Foto: Dirk Schmidt)

Wesentliche Ausbauten der Burg erfolgten 1414 und 1519. Dennoch genügte den Hansteinern sie schon bald nicht mehr. Sie zogen auf ihre Ritterhöfe, und die Burg verfiel. Erst 1838–40 richteten sie auf ihrer Burg wieder einen Saal her, um an ihren Familiestammsitz zu erinnern. 2012 wurden in der Ruine Szenen für die Romanverfilmung „Der Medicus“ von Noah Gordon gedreht.

VESTE HELDBURG

Stadt Bad Colberg-Heldburg

Veste Heldburg von Süden

Veste Heldburg (Foto: Tilman2007)

In landschaftsbeherrschender Lage erhebt sich auf einem kegelförmigen Vulkanfelsen 113 Meter über Heldburg die Residenz Herzog Georgs II. von Sachsen-Meiningen (1826-1914), der als Reformer und Förderer der Theaterkunst („Theaterherzog"), Theaterleiter und Regisseur, Bühnenbildner und Kulturpolitiker wie auch als Förderer der Musik bekannt war. Seine Residenz ging hervor aus der Um- und Neugestaltung der ernestinischen

Festung des 16. Jahrhunderts. Aus der mittelalterlichen Burg entwickelte sich 1560–64 nach Plänen des Renaissance-Architekten Nikolaus Gromann (um 1500–1566) ein imposantes Ensemble verschiedener Bauten, die jeweils von außergewöhnlicher architektur- und kunstgeschichtlicher Bedeutung sind. Gromann band die bestehenden Gebäudetrakte in die Gesamtplanung ein und schuf eine beeindruckende, vielgestaltige Anlage. Dem großen neunachsigen Gebäude des sogenannten Französischen Baus beispielsweise gab er eine klare Gliederung durch Fenster- und Farbgestaltungen und durch zwei kunstvolle Standerker. Die Veste Heldburg wird wegen ihrer exponierten Lage und wegen der vom Turm in Gefahrenzeiten ausgeführten Feuerzeichen auch als „Fränkische Leuchte" bezeichnet, vielleicht auch als Antwort auf die nahe gelegene Veste Coburg, die den Namen „Fränkische Krone" erhalten hat. Das Deutsche Burgenmuseum ist heute in der Veste Heldburg untergebracht.

Die ursprüngliche, im 12. oder 13. Jahrhundert gegründete Höhenburg erlebte im Lauf der Jahrhunderte viele Besitzer, darunter das Haus Wettin, später Sachsen-Gotha, Sachsen-Hildburghausen oder Sachsen-Meiningen. Wiederholt erfolgten mehr oder weniger starke Umgestaltungen. Hervorzuheben sind die bereits erwähnten Maßnahmen unter Herzog Johann Friedrich II. von Coburg und Gotha ab 1560 mit der Errichtung des Neuen oder Französischen Baus und die Arbeiten im Stil des Historismus ab 1875 unter Herzog Georg II. von Sachsen-Meiningen mit der Umgestaltung der Türme, Dächer und Innenräume.

Die letzten adligen Besitzer wurden 1945 entschädigungslos enteignet. Die Veste lag künftig im Grenzgebiet der DDR, diente als Amtsgericht, als sowjetische Kommandantur und bis 1982 als Kinderheim. Am 7. April 1982 richtete ein Großbrand vor allem am Französischen Bau schwerste Schäden an. Die gesamte Innenausstattung wurde ein Raub der Flammen. Erst nach der Wende konnten Dächer aufgesetzt und Geschossdecken eingezogen werden. Nachdem die Stiftung Thüringer Schlösser und Gärten 1994 die Veste übernahm, konnten die Sanierungsarbeiten fortgesetzt werden.

Französischer Bau der Veste Heldburg (Foto: Störfix)

Der unregelmäßige Grundriss der aus dem 13. Jahrhundert stammenden Burg bestimmt bis heute die Gesamtanlage. Der Besucher passiert zunächst die hoch aufragende Außenseite des Französischen Baus und das Torhaus und gelangt in den inneren Schlosshof. Auf der linken westlichen Seite erheben sich der

Amtsbau mit dem 45 Meter hohen Hauptturm und der Kommandantenbau mit dem Hexenturm. Die rechte südliche und östliche Seite ist besetzt mit dem Jungfernbau und dem repräsentativen Französischen oder Neuen Bau, an den sich nördlich spitzwinklig der Heidenbau anschließt, neben dem über den Gewölben des ehemaligen Küchenbaus eine Terrasse liegt.

Der Französische Bau mit seinem runden Treppenturm, seinen schmuckreichen Standerkern, die nach den ehemals dahinter liegenden Räumlichkeiten Herren- und Frauenerker heißen, und mit der klaren Fenstergliederung ist der kunsthistorisch bedeutendste Teil der Anlage und dokumentiert eindrucksvoll ihren Schlosscharakter. Er besitzt Keller und zwei Untergeschosse. Im Hauptgeschoss lagen die herzoglichen Gemächer, und im Obergeschoss befand sich der Hauptsaal. Der Heidenbau aus dem späten Mittelalter barg einst die im 17. Jahrhundert eingerichtete protestantische Schlosskirche, heute zum Veranstaltungssaal hergerichtet, ferner eine Remise und Vorratsräume. Im Kommandantenbau befand sich der Marstall, der heute Pfeilerhalle heißt und das Besucherzentrum aufgenommen hat. Das Hauptgeschoss diente früher als Amtsstube, darüber lag die neugotische Freifraukemenate, die vom großen Brand verschont blieb und daher noch die historistische Raumausstattung besitzt.

Die Veste beherbergt das Deutsche Burgenmuseum, das nach neuesten wissenschaftlichen Erkenntnissen über Burgen – es gab in Mitteleuropa mehr als 25 000 Burgen – und ihre Geschichte, über ihre Funktionen und ihre Bauweise wie über das Leben auf einer Burg in Friedens- und Kriegszeiten informiert.

Auf der Veste Heldburg finden, über das ganze Jahr verteilt, zahlreiche bedeutende Kulturveranstaltungen statt, beispielsweise das mit einem Mittelaltermarkt verbundene Burgfest, auf dem Ritter und Gaukler, Spielleute und Handwerker und Händler auftreten.

Veste Heldburg von Süden (Foto: Störfix)

WASSERSCHLOSS HELDRUNGEN

Stadt Heldrungen, Kyffhäuserkreis

Die einstige Wasserburg und mächtige Festung ist die einzige vollständig erhaltene Festungsanlage nach französischem Vorbild in Deutschland und dient heute als Jugendherberge.

Zur Sicherung des Übergangs über die Unstrut im Verlauf der Straße von Querfurt nach Frankenhausen entstand die im 12. Jahrhundert errichtete und 1126 erstmals erwähnte Burg. Um 1190 entstand die romanische, aus Steinen aufgeführt Burg. Sie bildete den Kernbereich der heutigen, von zwei Befestigungsringen umgebenen Dreiflügelanlage und bietet ein höchst beindruckendes Erscheinungsbild.

Bis zum 15. Jahrhundert war die Anlage im Besitz der Herren von Heldrungen, kam um 1400 an die Grafen von Hohnstein und fiel 1479 an die Grafen von Mansfeld. Im Bauernkrieg war sie ein entscheidender Rückhalt des Adels gegen die Aufständischen. Nach der Schlacht bei Frankenhausen vom 15. Mai 1525, in der die Bauern vernichtend geschlagen wurden, inhaftierte man ihren Anführer Thomas Müntzer in der Festung Heldrungen, folterte ihn und richtete ihn am 27. Mai in Mühlhausen hin. Die alte Burg wurde seit 1512 unter Graf Ernst I. von Mansfeld zu einem Schloss umgestaltet und erhielt seit 1519 moderne Befestigungen. 1573 kam die Anlage an den Kurfürsten von Sachsen, wurde ab 1623 unter Johann Georg I. erneut modernisiert, aber 1632 durch Truppen Wallensteins erobert, 1640 von den Schweden eingenommen und geschleift und 1645 von hessischen Söldnern erstürmt. Herzog August von Sachsen-Weißenfels ließ die Festung 1664–68 wiederherstellen und weiter verstärken. Ab 1680 verlor die Festung ihre Bedeutung. Die letzte Garnison zog 1712 ab. Die seit 1815 preußische, inzwischen natürlich längst veraltete Festung wurde 1860 endgültig aufgegeben.

Wasserschloss Heldrungen (Foto: Rainer Kunze)

Von der starken mittelalterlichen Burg ist vor allem der runde, 1805 veränderte „Müntzerturm“ erhalten geblieben. Der heute dreiflüglige Schlossbau besaß ursprünglich einen vierten, abschließenden Flügel.

Die Festungsanlagen des frühen 16. Jahrhunderts verfügten über eine starke Ringmauer mit fünf Rundbastionen, die Kernburg und Vorburg einschloss. Noch im gleichen Jahrhundert folgte die Verstärkung durch einen Wall mit acht Rundbastionen und durch einen zweiten Wassergraben. In der 2. Hälfte des 17. Jahrhunderts entstand eine vierseitige Anlage mit Eckbastionen. Erhalten blieben Mauern und Gräben, Teile der Festungswälle mit Kasematten und das starke Haupttor. Zwei mächtige Artilleriebastionen, die leider ihr oberes Geschoss verloren haben, schützen den Tordurchgang. 1974–77 restaurierte man die Befestigungen des 16. Jahrhunderts und legte auch die barocken Festungswerke wieder frei. Das Gelände der Festung ist frei zugänglich.

Wasserschloss Heldrungen (Foto: Norbert Radtke)

unten: Toranlage des Wasserschlosses (links, Foto: Tilman2007) und Hauptbau (rechts, Foto: Varus111)

WASSERBURG KAPELLENDORF

Gemeinde Kapellendorf

Die in einer Talsenke des Sulzbachs liegende Wasserburg, die der Stiftung Thüringer Schlösser und Gärten gehört, zählt zu den größten und am besten erhaltenen Wasserburgen Thüringens. Seit 1950 besteht das Burgmuseum. Die Anlage wird für vielfältige Veranstaltungen genutzt, für Märkte und Theateraufführungen.

Der Ort Kapellendorf wurde in Fuldaer Urkunden zwar schon 833 erwähnt, eine Befestigung oder Burg hat aber damals nicht existiert, auch wenn man lange Zeit von einer Turmhügelburg des 8. bis 10. Jahrhunderts ausgegangen ist. Ein Theoderich von Kapellendorf wird 1182 erwähnt. Ausgrabungen von 1933 im Burgbereich haben erste steinerne Befestigungen aus der zweiten Hälfte des 12. Jahrhunderts zu Tage gebracht, die auf eine runde Burg mit 32 Metern Durchmesser hinweisen. Die Anlage besaß eine starke Ringmauer und war von einem Graben umgeben. An die Ringmauer angelehnt war der romanische Wohnbau, von dem sich Reste erhalten haben. Im Zentrum der Burg stand einst der vermutlich um 1200 erbaute und bis Ende des 18. Jahrhunderts abgetragene Bergfried, der einen Außendurchmesser von 10 Metern besaß.

Burggraf Hartmann von Kirchberg musste 1348 seinen Stammsitz Kapellendorf aus finanziellen Gründen an die Stadt Erfurt verkaufen, die einen Amtssitz einrichtete und die Burg großzügig ausbauen ließ. Dieser Ausbau bestimmt bis heute wesentlich das Erscheinungsbild der Burg mit dem fünfstöckigen Wohnturm, der auch als Kemenate bezeichnet wird, oder auch mit dem großen Küchenbau und seiner „Ochsenbratküche".

Wasserburg Kapellendorf, Nordwestseite mit der Kemenate (Foto: TOMMES-WIKI)

Die Anlage der mehreckigen Vorburg vergrößerte entscheidend das Burgareal. Mit dem bis zu 30 Meter breiten Wassergraben, vor dem früher auch noch ein Wall lag, besaß die Burg einen Durchmesser von rund 180 Metern. Die neue Ringmauer erhielt zwei geschlossene Flankentürme und drei Schalentürme als Verstärkung. Wohn- und Wirtschaftsgebäude lehnten sich direkt an die Mauer an.

Die Stadt Erfurt verkaufte 1446 Burg und Amt auf eine befristete Zeit an den Ritter Apel Vitzthum von Roßla und vertraute ihm damit auch den Schutz ihrer Kaufleute an. Aber der Ritter überfiel mit seinen Brüdern Erfurter und andere Kaufleute und sogar eine Gesandtschaft des Herzogs von Burgund, die über eine Heiratsverbindung zum sächsischen Herzogshaus verhandeln sollte. Die sächsischen Herzöge eroberten daraufhin im Bund mit mehreren thüringischen Städten die Burgen des räuberischen Ritters und seiner Familie. Kapellendorf gelangte wieder in den Besitz der Stadt Erfurt, die Burg und Amt jedoch 1508 aus finanziellen Gründen an Kurfürst Friedrich den Weisen und Herzog Johann von Sachsen verpfänden musste.

Wasserburg Kapellendorf, Gesamtansicht von Süden mit dem heutigen Haupttor (Foto: Misburg3014)

Innenhof der Wasserburg Kapellendorf mit Kemenate (Foto: TOMMES-WIKI)

Im 16. Jahrhundert verlegte man den Burgzugang an den südwestlichen Turm und baute eine Steinbrücke über den Wassergraben. Brände und Unwetter führten 1599 und 1613 zu Zerstörungen. Nach der Einrichtung des Rent- und Justizamts 1684 kam es zu neuen Bautätigkeiten. Andererseits trug man damals den Bergfried bis auf geringe Reste ab. Zwischen 1866 und 1879 diente die Burg als Irrenanstalt der Universität Jena. Danach zog die Dorfschule ein.
Besucher gelangen von Süden über die Brücke und am Torturm vorbei in die Vorburg. Die Kernburg besteht aus der Kemenate, dem Rest des einstigen Bergfrieds, dem Palas und dem Küchenbau. Nördlich der Kernburg liegt im Schutz der äußeren Ringmauer der Zwinger.

OBERSCHLOSS KRANICHFELD

Stadt Kranichfeld

Die obere der beiden Kranichfelder Burgen liegt auf einem steilen Kalksteinfelsen über dem Ilmtal. Ihr heutiges Erscheinungsbild geht vor allem auf das 17. Jahrhundert zurück. Die Anlage besteht aus Vorburg (in Privatbesitz) und Hauptburg mit romanischem Wohnbau, Palas, 27 Meter hohem Bergfried und Ringmauern.

Die erstmals 1143 genannten Herren von Kranichfeld haben wohl Anfang des 12. Jahrhunderts ihre aus Palas, Bergfried und Ringmauer bestehende Burg erbaut. Die Burgkapelle entstand gleichzeitig oder gegen Ende des 12. Jahrhunderts. Die Herrren von Reuß jüngere Linie veranlassten 1453 spätgotische Um- und Neubauten und ab 1530 die entscheidende Umgestaltung zu einem repräsentativen Renaissanceschloss. Im 17. Jahrhundert sollten weitergehende Befestigungen mit Bastionen erfolgen. Die Pläne wurden aber nicht verwirklicht. Dafür ließ das Haus Schwarzburg-Rudolstadt Sanierungen vornehmen und einen neuen Kirchensaal errichten. Nach mehrfachen Besitzerwechseln kaufte 1898 Graf Bopp von Oberstadt als erster privater Besitzer das Schloss und restaurierte es. Nach Plänen Bodo Ebhardts wurde 1906 in historistischer Formensprache u. a. das Torhaus neu erbaut. Wahrscheinlich durch Brandstiftung erlitt das Schloss 1934 ganz erhebliche Zerstörungen. Der letzte Besitzer schenkte sein Schloss Heinrich Himmler, dem Reichsführer SS, der eine SS-Kult- und Ausbildungsstätte plante. KZ-Häftlinge einer Außenstelle des KZ Buchenwald mussten unter unmenschlichen Bedingungen Wiederaufbauarbeiten leisten. Nach dem Krieg verfiel das Anwesen und sollte sogar abgebrochen werden. Zum Glück wurde eine Interessengemeinschaft gegründet, die 1981 mit Erhaltungsmaßnahmen begann. Seit 1994 setzt die Stiftung Thüringer Schlösser und Gärten diese Bemühungen erfolgreich fort.

Über eine Steinbrücke und den Halsgraben gelangt man in den Hof der Burg und findet sich in einer romantisch anmutenden Anlage wieder, deren Bauten mit Giebeln und Zinnen geschmückt sind. In den Innenräumen informiert eine Dauerausstellung über die Geschichte der Burg. Alljährlich finden auf ihrem Gelände an Pfingsten bunte Ritterspektakel statt, ebenso Hochzeiten, Konzerte und Theateraufführungen.

Oberschloss Kranichfeld (Fotos: Peter Schmelzle)

ZITADELLE PETERSBERG IN ERFURT

Stadt Erfurt

Die mächtige, ursprünglich kurmainzische und später preußische Zitadelle steht auf dem Petersberg über der Erfurter Altstadt. Im Rahmen von Führungen kann man die geheimen Gänge der Festung erkunden. Auf dem Gelände der Stadtfestung stand mit der Klosterkirche St. Peter und Paul vom 12. Jahrhundert bis zur Aufhebung des Klosters 1803 einmal die größte romanische Klosterkirche Thüringens, von der wenigstens die Außenmauern weitgehend erhalten geblieben sind. Die Zitadelle zählt zu den bedeutendsten und besterhaltenen Anlagen ihrer Art in Europa.

Der Mainzer Kurfürst und Erzbischof Johann Philipp von Schönborn ließ sie ab 1665 erbauen, um eine unübersehbare und unbezwingbare Machtposition gegenüber der Stadt Erfurt einzunehmen. Außerdem sollte sie mögliche Angriffe von protestantischer Seite verhindern. Später nutzten auch Franzosen und Preußen die strategisch wichtige Festung, die noch bis weit nach dem Zweiten Weltkrieg Militärgelände blieb. Erst ab 1963 wurden Teile der Anlage für die Öffentlichkeit freigegeben. Seit umfangreichen Sanierungen nach der Wende werden die Gebäude und das Gelände von staatlichen Ämtern und kulturellen Einrichtungen oder zu Wohnzwecken genutzt und sind zudem touristisch erschlossen.

Am 1. Juni 1665 legte man den Grundstein der Zitadelle und errichtete in einem ersten Bauabschnitt die vier der Stadt zugewandten Bastionen und das Peterstor mit dem Kommandantenhaus. Die Festungsmauer erhielt Konterminen oder ‚Horchgänge', von denen aus man im Fall einer Belagerung feindliche Mineure aufspüren wollte. Zwischen 1675 und 1702 entstanden die vier restlichen Bastionen, drei Kasernengebäude und zwei Ravelins. Die Garnison war mit 500 bis 800 Soldaten belegt.

Luftbild von der Zitadelle Petersberg in Erfurt (Foto: TomKidd)

Der Nordische Krieg (1700–21), in dem die nördlichen Bereiche des Kurfürstentums mit schwedischen Angriffen rechnen mussten, bewog den Mainzer Kurfürsten zu einer

oben: Peterskirche (zwischen 1103 und 1147), Zitadelle Petersberg in Erfurt (Foto: TomKidd)

unten: Südostseite der Bastion Martin im südlichen Teil der Zitadelle Petersberg in Erfurt (Foto: TOMMES-WIKI)

Modernisierung seiner Festung, die der Festungsbaumeister Johann Maximilian von Welsch vornahm, der nach dem Vorbild des französischen Festungsarchitekten Vauban vor allem die Vorwerke und die Grabenverteidigung verstärkte. Die Konterminen wurden erweitert, und ein großer Festungsgraben sicherte die ganze Zitadelle. Mit dem Bau zweier Geschützkasematten endete diese zweite Bauphase.

Preußische Truppen besetzten 1802 die Stadt Erfurt und die Zitadelle. Das Benediktinerkloster St. Peter und Paul wurde 1803 aufgehoben, weil man Platz für die vergrößerte Garnison brauchte. Nach der preußischen Niederlage 1806 bei Jena und Auerstedt flüchteten preußische Truppen in die Zitadelle, die nach der preußischen Kapitulation kampflos an die Franzosen übergeben wurde. Napoleon kam höchst persönlich nach Erfurt und besichtigte auch die Zitadelle. Nach der verlorenen Völkerschlacht bei Leipzig verschanzten sich die Franzosen in der Zitadelle, wurden belagert und unter Geschützfeuer genommen und übergaben am 5. Mai 1814 die Zitadelle den Preußen. Diese beseitigten die entstandenen Schäden und bauten in nunmehr dritter Bauphase die Festung weiter aus.

Nach der Reichsgründung 1871 verlor die Zitadelle zunächst an militärischer Bedeutung, so dass zwei Ravelins, das Hornwerk, die Kavaliere und Teile weiterer Bastionen abgetragen und Festungsgräben verfüllt wurden. Bis zum Ersten Weltkrieg entstanden dann allerdings Kasernenbauten, Werk- und Lagerstätten. Nach dem Krieg dienten die Gebäude zum Teil als Wohnungen oder als Quartier der Schutzpolizei. Während des Dritten Reichs nutzte die Wehrmacht die Zitadelle. Am 12. April 1945 besetzten amerikanische Truppen die Anlage. Wenig später kamen Erfurt und die Zitadelle an die sowjetische Besatzungszone. Nach der Gründung der DDR zog einmal mehr Militär ein. Nach der Wende richtete die Stadt auf dem Petersberg eine Bauhütte ein, und es begannen umfangreiche Sanierungs- und Rekonstruktionsmaßnahmen. Seither gibt es auf dem Petersberg eine Mischnutzung von Wohnungs-, Verwaltungs-, Kultur- und Touristikeinrichtungen.

Die Zitadelle zählt zu den größten Stadtfestungen des 17. Jahrhunderts, umfasst im Kern eine Fläche von etwa 12 Hektar und weist einen unregelmäßig sternförmigen Grundriss auf. Die Mauen sind an die 2 Kilometer lang, zwischen 8 und 23 Meter hoch und 4 bis 6,5 Meter dick. Im Festungsgraben liegen als eigene Verteidigungseinrichtungen Ravelins und Lünetten.

Der Besucher kann vorbei am Ravelin Peter und zwischen den Bastionen Kilian und Leonhard über die Petersbrücke mit dem Peterstor, über dem als Querriegel das Kommandantenhaus steht, ins Innere der Zitadelle gelangen. Links erhebt sich das lange Gebäude der Oberen Kaserne, hinter der die Bastion Martin mit Lauenturm und Kanonenhof sowie die Bastion Gabriel mit der Hornwerkskaserne liegen. Vom Eingang aus rechts in nördlicher Richtung folgen die Bastionen Philipp, Franz und Johann. Davor stehen die Raufutterscheune, die Geschützkaponiere Nr. 2 und der Ravelin Lothar. Westlich befinden sich die Bastion Michael, die Lünette II, der Ravelin Anselm mit dem Friedenspulvermagazin Nr. 5 und die Geschützkamponiere Nr. 1. Auf dem Festungsplateau finden sich vom Eingang aus in nördlicher Richtung die Neue Hauptwache, die Militärarrestanstalt und der Exerzier- und Paradeplatz. Östlich davon stehen die Artilleriekaserne und dahinter die zu einem Lagerhaus umgestaltete und heute als Ausstellungsbau genutzte einstige Peterskirche mit anschließendem Kriegspulvermagazin Nr. 5. In nördlicher Richtung folgen die imposante Defensionskaserne und die Festungsbäckerei, ferner das Schirrmeisterhaus, die Stadtküche und die Untere Kaserne.

Von der Zitadelle aus kann der Besucher einen großartigen Blick auf die Erfurter Altstadt und den Ausblick über das weite Land genießen. Er kann auf der Festungskrone die Anlage umrunden und erkunden, er kann sie aber auch bei einem Außenrundweg auf sich wirken lassen.

Kommandantenhaus mit dem Peterstor (1666–68) und der Zufahrtsbrücke Peterstor am Eingang der Zitadelle Petersberg in Erfurt (Foto: TomKidd)

Peterstor mit Amtswappen von Johann Philipp von Schönborn, Haupttor der Zitadelle Petersberg in Erfurt (Foto: Lukas Götz)

BURG RANIS

Stadt Ranis

Die große und großartige Burg, die erst seit wenigen Jahren die Beachtung erfährt, die ihr längst gebührt hätte, liegt langgestreckt in west-östlicher Richtung mit einer Länge von 240 und einer Breite von 50 Metern auf einem schmalen Bergsporn über dem Orlatal.

Seit dem 11. Jahrhundert existierte auf dem Burgberg eine Befestigung. Kaiser Heinrich IV. gab 1084 das „Castrum Ranis" Wiprecht von Groitzsch zu Lehen, dem späteren Markgrafen von Meißen. 1199 wird die Anlage als Sitz von Reichsministerialen erwähnt. Sie spielte als Grenzfestung gegen die Slawen eine wichtige Rolle. Zu dieser Zeit bestand die Burg aus Bergfried, Wohnturm und schützender Ringmauer. Im 13. und 14. Jahrhundert bildete sich dann die heutige Anlage heraus, also die Kernburg mit Bergfried, Kapelle und weiteren Gebäuden, mit festen Torbauten und Hungerturm, Wehrmauern, Wällen und Gräben sowie Wirtschaftsgebäuden im Bereich der beiden weitläufigen Vorburgen.

Kaiser Friedrich II. belehnte 1220 die Grafen von Schwarzburg mit Ranis, die die Burg 1389 an die Wettiner verkauften. Wilhelm II. übergab sie 1463 Heinrich von Brandenstein, dem Bruder seiner Gemahlin. Die Herren von Brandenstein mussten wegen Überschuldung ihre Burg 1571 an die Herren von Breitenbuch veräußern, die sie um die Wende zum 17. Jahrhundert zu einem repräsentativen Schloss umgestalteten. Damals entstanden der südliche Renaissanceflügel und mit Ziergiebeln versehene Dachausbauten. Die Familie von Breitenbuch verkaufte 1942 die Burg an das Deutsche Rote Kreuz. Heute gehört sie der Stiftung Thüringer Schlösser und Gärten.

Dietrich von Breitenbuch hatte schon 1926 ein erstes Burgmuseum eingerichtet, das nach dem Krieg ab 1956 durch die Stadt Ranis als Heimatmuseum weitergeführt wurde. Es dokumentiert die Geschichte der Burg wie der Region und informiert über die unmittelbar

Gesamtansicht von Burg Ranis oberhalb der Stadt Ranis (Foto: Ansgar Koreng / CC BY 3.0 (DE))

Luftbild der Burg Ranis (Foto: Wolkenkratzer)

unter der Burg liegende Ilsenhöhle, die wegen ihrer vorgeschichtlichen Funde von größter Bedeutung ist.

Der Besucher gelangt nach Überquerung des ersten Grabens und dem Passieren des äußeren Vorburgtors aus dem 15. Jahrhundert in den aus spätmittelalterlicher Zeit stammenden äußeren Vorburgbereich, der einst etliche Wirtschaftsbauten besaß und noch den Stumpf eines runden Turmes aufweist. Die umlaufende Ringmauer stammt aus dem 14. Jahrhundert. Am westlichen Ende liegen eine Bastion, das Zwingertor und der Zwinger des 14. Jahrhunderts. Dahinter steht das große Torhaus von 1465, das 1648 durch einen Brand beschädigt und wieder aufgebaut wurde. Mittig befinden sich die Tordurchfahrt und das Zwerchhaus. Der südliche wie der nördliche Teil zeigen verschieferte Zwerchhausreihen. Das südliche Ende bildet der um 1200 erbaute romanische Turmstumpf. An der nördlichen Mauerecke steht der ursprünglich frei stehende quadratische Hungerturm aus dem 14. Jahrhundert mit Wächterstube und Verlies. Im Innenhof der Hauptburg stehen links der repräsentative Renaissancebau oder Südflügel, in der Mitte der imposante Querflügel des 15. Jahrhunderts mit dem dominierenden runden Bergfried aus dem 12. Jahrhundert und auf der nördlich gegenüberliegenden Seite die ehemalige Remise. Durch den Querflügel gelangt man in den engen Innenhof der Kernburg, den nördlich der Saalbau und ein zweigeschossiger Bau auf der südlichen Seite begrenzen. Dahinter stand früher die Kapelle.

WARTBURG

Stadt Eisenach

Die majestätisch hoch über Eisenach gelegene Wartburg zählt zu den historisch bedeutendsten Burgen Deutschlands und ist wegen ihres überragenden kulturgeschichtlichen Rangs als erste deutsche Burg 1999 von der UNESCO zum „Welterbe der Menschheit" erhoben worden. Trotz oder gerade wegen ihrer im Lauf der Jahrhunderte erfolgten vielfachen Umgestaltungen bündelt sie in ganz besonderer Weise 1000 Jahre deutscher Geschichte. Man denke an den berühmten mittelalterlichen Musenhof der Thüringer Landgrafen, der den Künstlern und Künsten der Zeit offenstand, an dem die Lieder Walthers von der Vogelweide gesungen wurden oder Wolfram von Eschenbach an seinen Werken arbeitete. Der auf der Wartburg ausgetragene sagenhafte Sängerkrieg wurde durch die Wagneroper „Tannhäuser" in aller Welt bekannt. Man denke an das Wirken der heiligen Elisabeth, die 1211–27 hier lebte, oder an Luthers Aufenthalt auf der Wartburg als „Junker Jörg" und seine dort 1522 entstandene Übersetzung des Neuen Testaments. Man denke an das studentische Wartburgfest von 1817, auf dem die Burschenschaften für die nationale Einheit Deutschlands eintraten. Die Burg war nicht nur eine wehrhafte Festung, sie war auch eine glanzvolle Residenz, wovon der großartige romanische Palas des 12. Jahrhunderts kündet. Die Burg diente als Herberge und Zufluchtsort. Im 19. Jahrhundert wandte man ihr einmal mehr besondere Aufmerksamkeit zu, als man die mittelalterliche Bausubstanz sicherte und erneuerte oder durch neue Bauten ergänzte

Wartburg, Gesamtansicht mit dem Torhaus im Vordergrund

und die Gesamtanlage im Stil der Zeit dekorativ ausgestaltete. Auf Empfehlung Goethes stattete man die Burg mit einer bedeutenden Kunstsammlung aus, die dem Besucher wertvolle Gemälde Lucas Cranachs oder Skulpturen Tilman Riemenschneiders präsentiert, großartige Bildteppiche, kostbares renaissancezeitliches Kunsthandwerk oder kunstfertiges Mobiliar. Diese Hinweise wie auch die zahlreichen unterschiedlichen Veranstaltungen machen es verständlich, dass die Wartburg als ein nationales Denkmal gilt und dass die Besucherströme aus aller Welt nicht abreißen.

Wartburg, Palas

Der Gründungssage zufolge wurde die Wartburg 1067 gegründet. Damals soll Landgraf Ludwig der Springer aus dem Geschlecht der Ludowinger auf einem Jagdausflug auf den Berg gelangt sein und angesichts der schönen Landschaft und des steilen Felsens ausgerufen haben: „Warte, Berg, Du sollst mir eine Burg tragen!" Aber der Berg gehörte den Herren von Frankenstein. Ludwig ersann jedoch eine List und ließ heimlich Erde von seinen Ländereien auf den Berg bringen. Als die Frankensteiner ihn vor Gericht verklagten, konnte er seine Männer schwören lassen, er stehe und baue auf eigenem Boden. Auf diese Weise behielt er den Berg und konnte die Wartburg erbauen. In Wirklichkeit ist der Name auf den Begriff ‚Warte' zurückzuführen, also auf einen Turm (Wartturm, Sternwarte), Beobachtungsposten oder Aussichtspunkt.

Ludwig der Springer oder Graf Ludwig von Schauenburg (1042–1123) bestimmte die Wartburg zum Stammsitz seines Geschlechts. Erstmals urkundlich erwähnt wurde sie 1080. Als Anhänger der Mainzer Erzbischöfe konnten die Ludowinger ihre Stellung entscheidend ausbauen, so dass Kaiser Lothar III. 1131 Ludwig I., den Sohn des Springers, zum Landgrafen beförderte und damit den Herzögen gleichstellte. Die Ludowinger wandten sich dann den Kaisern zu und gewannen in Thüringen auf Kosten von Mainz zusehends an Bedeutung.

Diese Hinweise sind allerdings historisch nur bedingt belastbar. Nachweislich saßen die Ludowinger erst seit etwa Mitte des 12. Jahrhunderts auf der Wartburg. Ihr wichtigster Bauherr wurde Landgraf Ludwig II. der Eiserne (1128–1172), der den großartigen romanischen Palas der Wartburg zwischen 1156 und 1162 errichten ließ. Eine besondere Blütezeit erlebte die Wartburg unter Hermann I. (1190–1216), der sich als eifriger Förderer von Kunst und Kultur betätigte und seine Burg zu einem wahren Musenhof machte, weshalb ihm auch der sagenhafte Sängerkrieg auf der Wartburg zugeschrieben wurde, ein fiktiver Wettstreit von Dichtern und Sängern. Letzter Ludowinger war Heinrich Raspe IV., der von 1227–1247 regierte und die Burg als alleinige Residenz nutzte, also nicht, wie sonst üblich, von Burg zu Burg zog, um seine Herrschaft zu sichern. Nach dem Tod Heinrich Raspes und dem unvermeidlichen thüringischen Erbfolgestreit fiel die Wartburg an die Wettiner. Nachdem Thüringen an die Markgrafen von Meißen gelangt war, wurde die Wartburg Sitz des wettinischen Landgrafen Albrechts des Entarteten oder Unartigen (1240–1314), der später auch Markgraf von Meißen war. Nach dem Tod des Land- und Markgrafen Balthasar von Wettin (1336–1406) blieb der Wartburg im 15. Jahrhundert nur noch eine Rolle als Nebenresidenz, was sich nicht zuletzt an den Bauten der Zeit ablesen lässt, die man wie das Ritterhaus und die Vogtei nur noch in Fachwerk ausführte.

Nach dem Reichstag zu Worms von 1521 fand Martin Luther als Junker Jörg vom 4.5.1521 bis zum 1.3.1522 auf der Wartburg Zuflucht. Er nutzte die Zeit, um das Neue Testament ins Deutsche zu übersetzen und damit die Bibel allen Menschen zugänglich zu machen. Diese Übersetzung sollte allerdings auch für die Entwicklung der deutschen Sprache von herausragender Bedeutung werden.

Politisch bedeutsam war das erste Wartburgfest vom 18.10.1817, auf dem rund 500 Studenten und etliche Professoren an den 300. Jahrestag des Beginns der Reformation und an den 4. Jahrestag der Leipziger Völkerschlacht erinnerten, sich gegen die deutsche Kleinstaaterei wandten und für einen deutschen Nationalstaat eintraten.

Wartburg, Elisbabethkemenate im Palas

Großherzog Karl Alexander von Sachsen-Weimar-Eisenach (1818–1901) beauftragte 1853 den Architekten Hugo von Ritgen mit der Restaurierung bzw. dem Wiederaufbau der lange Zeit vernachlässigten Wartburg. Es entstanden mehrere Neubauten, die das heutige Erscheinungsbild der Anlage mitprägen, darunter die Dirnitz mit ihrer Torhalle und der Bergfried, an den sich die Neue Kemenate und das Neue Treppenhaus anschlossen und somit eine Verbindung zwischen Palas und Vorburg schufen.

In den 50er Jahren des 20. Jahrhunderts erfolgten umfangreiche Restaurierungen, in deren Verlauf beispielsweise bauliche Zutaten des 19. Jahrhunderts wieder beseitigt wurden.

Als typische Abschnittsburg steht die Wartburg, die seit 1922 im Besitz der Wartburg-Stiftung ist, in beherrschender Lage etwa 220 Meter über Eisenach auf einem schmalen Felsgrat, der ihr lang gestrecktes Erscheinungsbild bestimmt.

Dem Besucher bietet sich von der Schanze vor dem Torhaus ein besonders imposanter Blick auf die Gesamtanlage mit Wehrgang, Bergfried und Palas. Nach dem Passieren des Torhauses gelangt man in die Vorburg. Rechts erblickt man das Ritterhaus und die Vogtei sowie den Margarethengang. Auf der linken Seite befindet sich der Elisabethengang. Den Abschluss der Vorburg bilden von links die Neue Kemenate, der Bergfried, das innere Torhaus und die Dürnitz. Durch das Torhaus kommt man in den Bereich der Kernburg, die von dem einzigartigen romanischen Palas oder Landgrafenhaus aus der Mitte des 12. Jahrhunderts beherrscht wird. Ritterbad und südliche Wehrmauer schließen sich an. Den Abschluss dieser Seite bilden der Küchengarten und der Südturm. In der Hofmitte liegen die Zisterne und rechts davon Gadem und Kommandantengarten.

Wartburg, Innenhof der Hauptburg mit dem Palas (rechts)

Im Erdgeschoss des Palas liegt der sogenannte Rittersaal, gefolgt vom Speisezimmer. Im gleichen Geschoss ist auch die Elisabethkemenate zu finden, die Kaiser Wilhelm II. durch den Kirchenmaler und Mosaikkünstler August Oetken 1902–1906 mit Glasmosaiken ausschmücken ließ, die Szenen aus dem Leben der heiligen Elisabeth zeigen. Das zweite Geschoss birgt die Burgkapelle und den Sängersaal mit Fresken von Moritz von Schwind, die die Sage vom Sängerkrieg auf der Wartburg thematisieren. Die Elisabethgalerie ist ebenfalls mit Fresken Moritz von Schwinds ausgestattet. Im Landgrafenzimmer lernt der Besucher Sagen und Legenden kennen, die sich um die Wartburg ranken. Das ditte Geschoss schließlich präsentiert den 40 Meter langen und im Stil des Historismus gestalteten Festsaal.

ORTSREGISTER

Buchtipps!

Michael Imhof und Hartmut Ellrich
Das Haus Windsor und seine deutsche Herkunft
Die Royals aus Hannover
und Sachsen-Coburg & Gotha

21 x 28 cm · 176 Seiten · 226 Abbildungen ·
Hardcover · ISBN 978-3-7319-0040-5 ·
22,95 €

Paul Wietzorek
Der Adel und seine Burgen und Schlösser in Europa

22 × 28 cm · 224 Seiten · 268 Abbildungen ·
Hardcover · ISBN 978-3-7319-0274-4 ·
19,95 €

Matthias Donath
Burgen und Schlösser in Sachsen

16,5 x 24 cm · 176 Seiten · 1016 Abbildungen ·
Broschur · ISBN 978-3-86568-768-5 ·
19,95 €